郝璐 ◎ 著

中国对外贸易制度研究

RESEARCH ON FOREIGN TRADE SYSTEM
IN CHINA

中国社会科学出版社

图书在版编目（CIP）数据

中国对外贸易制度研究／郝璐著．—北京：中国社会科学出版社，2017.12

ISBN 978-7-5203-0560-0

Ⅰ.①中… Ⅱ.①郝… Ⅲ.①对外贸易—经济制度—研究—中国 Ⅳ.①F752

中国版本图书馆 CIP 数据核字（2017）第 314728 号

出 版 人	赵剑英
责任编辑	王　衡
责任校对	朱妍洁
责任印制	王　超

出　　版		中国社会科学出版社
社　　址		北京鼓楼西大街甲 158 号
邮　　编		100720
网　　址		http://www.csspw.cn
发 行 部		010-84083685
门 市 部		010-84029450
经　　销		新华书店及其他书店
印　　刷		北京明恒达印务有限公司
装　　订		廊坊市广阳区广增装订厂
版　　次		2017 年 12 月第 1 版
印　　次		2017 年 12 月第 1 次印刷
开　　本		710×1000　1/16
印　　张		15.5
插　　页		2
字　　数		203 千字
定　　价		66.00 元

凡购买中国社会科学出版社图书，如有质量问题请与本社营销中心联系调换
电话：010-84083683
版权所有　侵权必究

前　言

当前，中国经济进入新常态，处于"三期叠加"的发展阶段。在今后的一段时期内，对外贸易发展面临着重要机遇期，同时，也面临着严峻的挑战。虽然中国目前出口竞争优势依旧存在，但传统的劳动力竞争优势明显被削弱，而新的竞争优势尚未完全形成，还存在对外贸易法律制度建设进程缓慢、对外贸易产权制度不健全、内外贸管理制度尚未完全建立、对外贸易技术创新制度缺乏、自由贸易试验区制度不完善、对外贸易行政管理制度不明晰等问题。因此，根据中国对外贸易发展的实际情况，对对外贸易制度进行深入研究，有利于完善对外贸易制度，促进对外贸易健康有序地发展。本书首先对国内外相关研究成果进行梳理和分析，在此基础上，利用制度经济学原理对对外贸易制度、中国对外贸易制度变迁的历程、中国对外贸易制度发展状况等进行深入研究，对中国对外贸易制度的实施效果进行实证分析；同时，借鉴美国、德国、日本等国家对外贸易制度的经验，从培育完善的市场经济制度、加快对外贸易法律制度建设、健全对外贸易知识产权制度、降低对外贸易交易费用、推动自由贸易区制度建设、建立有效的对外贸易管理制度等方面提出了完善中国对外贸易制度的对策建议。

摘 要

对外贸易制度是一国或地区对外贸易管理和经营所采取的管理机构、管理权限分配、管理方式以及经营组织形式、经营分工和利益分配等方面的制度，它是一国国民经济体制的重要组成部分。中华人民共和国成立后，中国对外贸易从无到有，不断发展壮大，取得了举世瞩目的成就。

改革开放以来，特别是加入世界贸易组织以后，中国对外贸易规模迅速扩大，对外贸易结构日益优化，对外贸易国际竞争力快速提升，在世界经济舞台上的地位日益重要。这些成绩的取得与不断完善的对外贸易制度是分不开的。经过多年的改革与完善，中国已经形成了一套具有"中国特色"的、有针对性的、不断变化的对外贸易制度。2016年，面对全球经济缺乏复苏动力、国内经济的下行压力较大、对外贸易发展进入新常态等严峻的形势，中国对外贸易仍然取得了较好的成绩，进出口总额为36849.3亿美元，其中出口贸易总额为20974.4亿美元，进口贸易总额为15874.8亿美元。尽管与2015年相比有所下降，但仍然好于全球主要经济体和新兴市场国家，对外贸易发展的质量和效益得到进一步提高。但是，在取得显著成绩的同时，我们也应清楚地看到中国对外贸易制度存在的问题，如对外贸易法律制度建设进程缓慢、对外贸易产权制度不健全、内外贸管理制度尚未完全建立、对外贸易技术创新制度缺乏、自由贸易试验区制度不完善、对外贸易行政管理制度不明晰以及利用外资制度不合理等，这些问题严重制约了中国对外贸易健康持续的发展。

从制度层面上来看，有效的制度在推动对外贸易发展方面起着至关重要的作用。因为合理的对外贸易制度一方面可以降低交易成本；另一方面还能够缩小收益差距，极大地激发企业或个人从事对外贸易的积极性，加快对外贸易的发展。因而，在分析中国对外贸易制度的基础上，深入探讨中国对外贸易制度创新，对促进中国对外贸易在新形势下平稳增长，提升中国对外贸易国际竞争力具有十分重要的意义。本书紧紧围绕对外贸易制度这一主题，在对国内外相关研究成果进行分析和梳理的基础上，以制度经济学理论为工具，对中国对外贸易制度变迁的历程、中国对外贸易制度的发展现状、中国对外贸易制度存在的问题及原因、中国对外贸易制度的实施效果等进行分析，对中国对外贸易制度进行深入探索，并借鉴美国、日本以及德国等发达国家对外贸易制度的经验，对中国对外贸易制度进行创新。

全文共分为六章。

第一章，导论。主要阐述了中国对外贸易制度研究的选题背景、研究意义、研究方法以及框架结构，指明了本书的可能创新与不足之处。

第二章，对外贸易制度的理论基础。对制度变迁理论、产权理论以及交易费用理论进行梳理与总结，并指出其与对外贸易之间的关系。

第三章，中国对外贸易制度分析。首先，分析中国对外贸易制度变迁的历程以及中国对外贸易制度变迁与对外贸易发展之间的联系。其次，从中国对外贸易制度的构成与特点等方面分析中国对外贸易制度的发展现状。再次，分析中国对外贸易制度存在的问题，即对外贸易法律制度建设进程缓慢、对外贸易产权制度不健全、内外贸管理制度尚未完全建立、对外贸易技术创新制度缺乏、自由贸易试验区制度不完善、对外贸易行政管理制度不明晰以及利用外资制度不合理等。最后，分析中国对外贸易制度存在问题的原因，主要是过度追求利益、过于依靠劳动力优势、国际环境的变化、市场经济体制不完善。

第四章，中国对外贸易制度实施的效果评估与实证检验。通过实证检验分析中国对外贸易制度实施的效果，为完善中国对外贸易制度提供依据。

第五章，国外对外贸易制度及其启示。首先，对美国、日本、德国等发达国家的对外贸易制度进行梳理和分析。其次，分析发达国家对外贸易制度对中国的启示。

第六章，完善中国对外贸易制度的目标及对策建议。首先，确定完善中国对外贸易制度的目标，包括提高中国对外贸易的公平性、提高对外贸易的自由化程度、优化对外贸易结构、降低对外贸易依存度、促进网络对外贸易发展以及形成制度比较优势。其次，提出中国对外贸易制度创新的对策建议，包括培育完善的市场经济制度、加快对外贸易法律制度建设、健全对外贸易知识产权制度、降低对外贸易交易费用、推动自由贸易区制度建设、建立有效的对外贸易管理制度、构建利用外资的新制度等。

关键词： 中国　对外贸易制度　制度变迁　对策

Abstract

Foreign trade system is the system that a country or region takes measures to manage foreign trade management organization, management authority distribution, management mode and business organization form, management division of labor and interest distribution and other aspects. It is an important part of a country's national economic system. After the founding of the People's Republic of China, China's foreign trade has made great achievements.

Since the reform and opening up, especially after entering into WTO, the scale of foreign trade has expanded rapidly, the international competitiveness has been improved rapidly, China has played more and more important role on the stage of the world economy, which is closely connected with the continuous improvement of the foreign trade system. After many years of adjustment and improvement, China has formed a set of "Chinese characteristics", targeted, constantly changed foreign trade system. In 2016, China has faced the weakness of global economic recovery, the downward pressure on the domestic economy, the new normal of foreign trade, China's foreign trade still achieved good results, the value of import and export trade is USD 3684.93 billion, import trade value is USD 1587. 48 billion, export trade value is USD 2097. 44 billion. Although the value of import and export trade is less than previous year, it's still better than the world's major economies and emerging market countries, the quality and efficiency of foreign trade development have further improved. However, China has a lot of problems in the foreign trade system, such as domestic trade system and foreign trade system has not been fully established yet, foreign trade administrative management system is not clear, the construction process of foreign trade legal system is slow, foreign trade property rights system is not perfect, foreign trade technical innovation system is deficient, free trade pilot area system is not perfect, foreign capital utilization system is unreasonable, which seriously restrict the healthy and sustainable development of foreign trade.

Therefore, effective system plays an important role in promoting the development of foreign trade. Because of the reasonable system of foreign trade, on the one hand, can reduce transaction cost, on the other hand, also can narrow the income gap, thus greatly stimulates the activities of engaging in foreign trade and promote the rapid development of foreign trade. Studying the innovation of China's foreign trade system based on the in-depth study of institutional innovation of China's foreign trade system change, is meaningful to promote the foreign trade of China under the new situation, enhance the international competitiveness of China's foreign trade. This book is focusing on the foreign trade system, explores the foreign trade system which is based on theory of institutional economics according to analyzing the changing history, situation, problems, causes and effectiveness of the implementation of China's foreign trade system, learning the advanced experience of foreign trade system changes from the United States, Japan, Germany and other developed countries, to innovate China's foreign trade system.

This book is divided into six chapters.

The first chapter is the introduction. This book mainly expounds the background, research significance, research methodology and research framework of China's foreign trade system, and points out the possible innovation and deficiency of this book.

The second chapter is the theoretical analysis of the foreign trade system. Combing and summarizing the theory of institutional change, property rights theory and transaction cost theory, and points out the relationship between the theories and foreign trade.

The third chapter is the analysis of China's foreign trade system. Firstly, analyzing the history of China's foreign trade system changes and the relationship between China's foreign trade system changes and the development of foreign trade. Secondly, analyzing the present situation of China's foreign trade system according to the composition and characteristics of China's foreign trade system. Thirdly, analyzing the problems of China's foreign trade system, such as the process of foreign trade legal system construction is slow, foreign trade property rights system is not clear, internal and external trade management system has not been fully established, foreign trade technical innovation system is deficient, the free trade zone system is imperfect, foreign trade administrative system is not clear, foreign capital utilization system is unreasonable. Finally, analyzing the main reason for the problems of China's foreign trade system, such as the over pursuit of interests, rely on the labor advantage, the changes of international environment, the imperfect of market economy system.

The fourth chapter is China's foreign trade system effect evaluation and empirical test. Further illustrate the effectiveness of the implementation of China's foreign trade system through empirical analysis, provide a basis for improving China's foreign trade system.

The fifth chapter is foreign trade system and enlightenment in other countries. Firstly, analyzing United States, Japan, Germany and other developed countries' foreign trade system. Secondly, analyzing the enlightenment of the foreign trade system of developed countries to China.

The sixth chapteris the goals and countermeasures. Firstly, determining the goals of China's foreign trade system innovation, including improving the fairness of China's foreign trade, improving the degree of liberalization of foreign trade, optimizing the structure of foreign trade, reducing degree of dependence upon foreign trade, promoting the development of foreign trade on Internet, forming system comparative advantage. Secondly, puting forward the countermeasures of China's foreign trade system. Including cultivating the perfect market economic system, accelerating the construction of foreign trade legal system, improving the foreign trade intellectual property rights system, reducing foreign trade transaction costs, promoting the construction of free trade zone system, establishing an effective foreign trade management system, constructing a new system of utilizing foreign capital.

Keywords: China; Foreign Trade System; System Change; Countermeasures

目　　录

第一章　导论 (1)
第一节　选题背景与研究意义 (1)
第二节　国内外研究综述 (2)
　　一　关于制度对对外贸易影响的研究 (3)
　　二　关于制度创新对对外贸易影响的研究 (6)
　　三　关于对外贸易政策的研究 (11)
　　四　关于对外贸易制度创新路径及对策的研究 (20)

第二章　对外贸易制度的理论基础 (26)
第一节　制度变迁理论 (26)
　　一　制度 (26)
　　二　制度变迁 (32)
　　三　制度与对外贸易 (38)
第二节　产权理论 (44)
　　一　产权的内涵 (44)
　　二　产权的形式 (45)
　　三　产权的功能 (45)
　　四　产权与对外贸易 (46)

第三节 交易费用理论 (46)
  一 交易费用的内涵 (47)
  二 交易费用的形式 (47)
  三 交易费用的决定因素 (48)
  四 交易费用与对外贸易 (50)

第三章 中国对外贸易制度分析 (51)
第一节 中国对外贸易制度变迁 (51)
  一 中国对外贸易制度变迁的历程 (51)
  二 中国对外贸易制度变迁与对外贸易发展 (66)
第二节 中国对外贸易制度的现状 (81)
  一 中国对外贸易制度的构成 (81)
  二 中国对外贸易制度的特点 (82)
第三节 中国对外贸易制度存在的问题 (90)
  一 对外贸易法律制度建设进程缓慢 (91)
  二 对外贸易产权制度不健全 (93)
  三 内外贸易管理制度尚未完全建立 (96)
  四 对外贸易技术创新制度缺乏 (98)
  五 自由贸易试验区制度不完善 (99)
  六 对外贸易行政管理制度不明晰 (100)
  七 利用外资制度不合理 (102)
第四节 中国对外贸易制度存在问题的原因 (104)
  一 过度追求利益 (104)
  二 过于依靠劳动力优势 (105)
  三 国际环境的变化 (106)
  四 市场经济体制不完善 (106)

第四章 中国对外贸易制度实施的效果评估与实证检验……（108）

第一节 理论综述与变量选择……（108）
    一 理论综述……（108）
    二 研究假设……（109）

第二节 研究假设与样本选择……（111）
    一 变量设置……（111）
    二 样本的选取……（114）
    三 多元回归数理模型构建与求解……（114）

第三节 实证结果与分析……（116）
    一 对外贸易制度对贸易总量影响的效果评估与检验……（116）
    二 对外贸易制度对贸易地区影响的效果评估与检验……（123）
    三 对外贸易制度对主要贸易国影响的效果评估与检验……（130）
    四 对外贸易制度对主要产品类别影响的效果评估与检验……（135）

第四节 结论……（140）

第五章 国外对外贸易制度及其启示……（142）

第一节 国外对外贸易制度……（142）
    一 美国对外贸易制度……（142）
    二 日本对外贸易制度……（156）
    三 德国对外贸易制度……（170）

第二节 国外对外贸易制度的启示……（176）
    一 美国对外贸易制度的启示……（176）
    二 日本对外贸易制度的启示……（178）

三　德国对外贸易制度的启示…………………………………（181）

第六章　完善中国对外贸易制度的目标及对策建议…………（183）
　第一节　完善中国对外贸易制度的目标………………………（184）
　第二节　完善中国对外贸易制度的对策建议…………………（187）
　　一　培育完善的市场经济制度…………………………………（188）
　　二　加快对外贸易法律制度建设………………………………（190）
　　三　健全对外贸易知识产权制度………………………………（191）
　　四　降低对外贸易交易费用……………………………………（192）
　　五　推动自由贸易区制度建设…………………………………（195）
　　六　建立有效的对外贸易管理制度……………………………（196）
　　七　构建利用外资的新制度……………………………………（200）

参考文献…………………………………………………………（203）

第一章

导　　论

第一节　选题背景与研究意义

在经济全球化和世界经济一体化趋势不断增强的背景下，随着各国间要素和资源的流动速度不断加快，国际贸易也随之飞速发展，其在带动各国经济发展方面起到了至关重要的作用。中国改革开放以来，在广泛开展对外贸易方针政策的指导下，在外贸体制改革的深远影响下，社会经济发生巨大的变革，对外贸易实现跨越式的发展，国民经济总量实现了快速增长。据商务部相关统计数据显示，1980年中国对外贸易进出口额为381亿美元，到2013年，中国对外贸易进出口总额已达到41589.9亿美元，是1980年进出口贸易总额的109倍，超越了美国成为世界排名第一的货物贸易大国，也是全球货物贸易额超过4万亿美元的首个国家。2016年，受全球总体经济复苏势头不足以及国内经济下行压力较大的影响，中国对外贸易进出口总额为36849.3亿美元，其中出口贸易总额为20974.4亿美元，进口贸易总额为15874.8亿美元。尽管与2015年相比略有下降，但仍好于全球主要经济体和新兴市场国家。这说明，在推动中国国民经济增长的过程中，对外贸易已经成为主要动力之一。

现有的研究表明，在对外贸易发展中，对外贸易制度变迁是重要因素之一。中国改革开放30多年的进程，实际上就是在不断寻找交易成本较低的制度。制度在经济转型过程中已成为不可忽视的重要内容。近年来，有关的专家、学者已经开始利用新制度经济学的理论，对中国对外贸易制度及其对中国对外贸易产生的影响等问题进行了深入的研究，但是，由于适应社会主义市场经济体制的对外贸易体制改革尚未完成，因而在一些深层次问题的研究上尚未取得突破性进展，需要更为深入和广泛地对中国对外贸易制度的成效进行剖析。因此，对中国自改革开放以来对外贸易制度变迁的历程及发展状况进行研究，以制度变迁理论为工具，提出中国对外贸易制度创新的方向，对更好地促进中国对外贸易的发展具有较强的理论意义。

2001年12月11日，中国正式加入了世界贸易组织（WTO），这意味着中国国内市场将不断开放，逐步与国际市场相融合。在日益激烈的国际竞争中，在WTO的多边规则下，中国必须开放市场，积极参与竞争。但是，中国与其他发展中国家一样，面临如何在新形势下保持贸易可持续发展的问题。因而，深入研究中国对外贸易制度变迁的历程，探寻中国对外贸易制度存在的问题，探析对外贸易制度创新对促进中国发挥比较优势，并使其不断转化为竞争优势，取得更大的贸易利益，具有重要的现实意义。

第二节 国内外研究综述

从古典经济学到新古典经济学，再到新制度经济学，学者们越来越重视制度因素的作用，并将其纳入对外贸易理论的研究中。中外学者对对外贸易制度进行了广泛及深入研究，相关文献十分丰富，对于人们理解制度创新及对外贸易制度创新实践提供了坚实的理论前提。中外学者已有的相关研究为本书的研究提供了坚实的理论基础及研究思路。以下对中外学者关于对外贸易制度创新的相关研究成果进行梳理，在此基础上进行评析。

一 关于制度对对外贸易影响的研究

传统贸易理论以规模收益不变及完全竞争作为基本假定前提，之后虽然出现了新贸易理论，但由于忽略制度因素，对真实世界的解释仍不尽如人意，特别是对那些制度不健全的国家和地区。新制度经济学关于制度创新的理论逐步被经济学界认可，并将其引入国际贸易的理论研究中。国外学者在对传统贸易理论没有考虑制度因素这一缺陷批评的基础上，针对制度对对外贸易的影响进行了大量研究。在这些研究中，既包括理论研究，也包括实证研究，既有国外研究，也有基于中国实际的本国研究。王涛生认为，制度对于对外贸易的影响，主要表现为制度因素对贸易流量的影响，制度质量差异对比较优势的影响，制度质量对垂直整合与贸易格局的影响，制度质量对贸易福利效应的影响，贸易发展对制度质量改进的影响等五个方面。[①] 比较有代表性的研究有：

Butter 和 Mosch 考察了非正式制度对贸易流量的影响，认为良好的诚信制度在促进对外贸易的发展方面会产生重要的影响。[②] Groot 和 Linders 等研究了包括制度质量等在内的因素是如何影响双边贸易流量的，认为能够促使双边贸易快速发展的因素之一是贸易国之间存在的同质化制度框架。[③] Acemoglu、Simon 和 Robinson 认为，16 世纪西欧的崛起很大程度上得益于大西洋海岸的国际贸易。

[①] 王涛生：《制度创新影响国际贸易竞争优势的机理、模型与实证研究》，湖南大学，2013 年，第 10—16 页。

[②] Butter, F. A. G. den. and Mosch, R. H. J. Trade, "Trust and Transaction Costs", Tinbergen Institute Discussion Paper TI 2003 – 082/3. 2003.

[③] H. L. F. De Groot, G. J. Linders, P. Rietveld, U. Subramanian, "The Institutional Determinants of Bilateral Trade Patterns", *Kyklos*, 2004, 57 (1).

在推动国际贸易发展的过程中,重要的影响因素是包括产权在内的一系列制度因素。① Berkowitz 和 Moenius 认为,影响对外贸易交易成本的主要因素是进出口双方的对外贸易制度,但不同的对外贸易制度给不同产品交易成本造成的影响也是各不相同的,正因如此,一个国家的比较优势也可以发生改变。出口复杂产品较多的国家通常是制度更为高效的国家,并且制度影响对外贸易的情况也会在降低生产成本等方面体现出来。② Francois 和 Manchin 对一个国家基础设施建设、制度与出口之间的关系进行了实证分析,认为出口绩效取决于制度治理及交通通信基础设施的发达程度。③ Méon 和 Sekkat 认为,制度质量对出口的影响受出口产品类型的限制,好的制度可以对制成品出口起到积极的促进作用,同时,也会对非制成品及产品总出口起到消极的抑制作用。④

Levchenko 研究发现,由于能够获得以制度比较优势为基础进行分工所产生的静态利益以及在改进制度质量的基础上所产生的动态利益,发达国家将会拥有质量较好的制度,其获利总额将远远超过在传统的要素禀赋差异的基础上所产生的静态利益,因此,发达国家所拥有的福利水平也会随之大幅提高。与此相反的是,发展中国家由于制度质量较低,获得的贸易利益相对较小,甚至可能受

---

① Acemoglu, D., J. Simon, J. Robinson, "The Rise of Europe: Atlantic Trade, Institutional Change, and Economic Growth", *American Economic Review*, 2005, 95 (3).

② Berkowitz, D., J. Moenius and K. Pistor, "Trade, Law, and Product Complexity", *The Review of Economics and Statistics*, 2006, 88.

③ Joseph Francois and Miriam Manchin, "Institutions, Infrastructure, and Trade", CEPR Discussion Paper No. 6068, 2007.

④ Méon, P. G., Sekkat, K., "Institutional Quality and Trade: Which Institutional? Which Trade?", *Economic Inquiry*, 2008, 46 (2).

损，从而进一步扩大了南北国家之间的贸易福利差距。[1] Treisman 认为，贸易开放度程度与腐败程度成反比，即贸易开放程度越高，腐败程度则越低。[2] 而 Levchenko 却认为，如果贸易开放与内部寻租活动相结合，将有可能使一国的制度质量进一步恶化。[3] Belloc 和 Bowles 通过构建以制度、文化、贸易演进以及要素流动为基础的模型进行研究，结果表明，各国文化与制度的不同，造成了产品边际成本的比率在各国之间的差异，引发国家间的贸易比较优势，因此制度差异导致了生产专业化和国与国之间的贸易。[4] Feenstra 和 Robert 等基于中国各省市的出口数据，实证分析了制度治理对于各省市出口模式及加工贸易的影响，结果表明前者是后者的重要因素。[5]

进入 21 世纪后，新贸易理论出现，对制度和交易成本问题给予了明显关注，Antras（2003，2004，2005）、Grossman 和 Helpman（2005）、Nunn（2005）等人将产业组织理论和契约理论的概念融入企业内生边界贸易模型中，较好地解释了企业国际贸易、国际外包和国际直接投资等战略选择问题，在企业全球化生产研究领域进行了理论创新。[6]

---

[1] Levchenko, A. A., "Institutional Quality and International Trade", *Review of Economic Studies*, 2007, 74 (3).

[2] Treisman, D., "The Causes of Corruption: A Cross-National Study", *Journal of Public Economics*, 2000, 76 (3).

[3] Levchenko, A. A., "International Trade and Institutional Change", *Journal of Law, Economics, and Organization.* 2012, 12.

[4] Belloc M., Bowles S., "International Trade, Factor Mobility and the Persistence of Cultural-Institutional Diversity", CESifo Working Paper No. 2762, 2011.

[5] Feenstra, Robert, Chang Hong, Hong Ma, and Barbara J. Spencer, "Contractual versus Non-contractual Trade: The Role of Institutions in China", NBER Working Paper 17728, 2012.

[6] 孙杰：《克鲁格曼的理论"接口"和诺思的"贸易由制度启动"命题——关于贸易理论的发展和制度创新比较优势的思考》，《经济研究》1997 年第 12 期。

二 关于制度创新对对外贸易影响的研究

国内学者对于制度创新对对外贸易影响的研究起步相对较晚，迄今不到 20 年，主要是基于西方相关理论及中国现实做出的研究，主要集中于制度创新对对外贸易的意义、必要性及作用机理，理论研究与实证研究并存。

部分学者对制度创新与对外贸易发展关系进行了理论分析，揭示两者之间的内在逻辑关系。孙杰深入探讨了对传统贸易理论的发展和制度创新比较优势。认为基于新古典传统范式的新古典贸易理论忽略了制度因素，无法有效地解决现实问题。在国际贸易竞争中，每个国家的比较优势是可以挖掘的，而制度可以将这种潜力变为现实，也就是说，通过制度创新来启动贸易并且创造比较优势。需要注意的是，制度自身能够持续进行创新也是一种比较优势。[①] 符正平认为，发展中国家在国际竞争中需要通过知识、技术、专业化人力资本的积累来形成内生比较优势，有效的制度设计有助于国家和企业竞争优势的培育。[②] 张亚斌从多个角度和层面剖析了制度因素对于国际贸易发展的作用机制。[③] 张小蒂和李晓钟认为，制度和交易成本是影响比较优势转化为竞争优势的主要因素。[④] 朱宇华阐释了基于规模收益递增及不完全竞争的新国际贸易理论，指出由于其前提假设是每个国家的市场制度都是健全的，所以对现实的解

[①] 孙杰:《克鲁格曼的理论"接口"和诺思的"贸易由制度启动"命题——关于贸易理论的发展和制度创新比较优势的思考》,《经济研究》1997 年第 12 期。

[②] 符正平:《新竞争经济学及其启示:评波特竞争优势理论》,《管理世界》1999 年第 3 期。

[③] 张亚斌:《论制度影响国际贸易的内在机制》,《国际贸易问题》2000 年第 12 期。

[④] 张小蒂、李晓钟:《影响比较优势转化为竞争优势的主要因素分析》,《数量经济技术经济研究》2003 年第 8 期。

释力有限。因此,新贸易理论的缺陷可以由制度创新理论来进行弥补和完善。[①] 王涛生认为,在成本优势决定因素的研究上,传统的国际贸易理论存在一定的缺陷,为了弥补这些缺陷,可在其中引入制度因素。完善的产权制度有助于降低交易成本,科学的微观制度可以降低企业内交易成本,健全的市场制度可以降低市场交易成本,合理的交易制度可以降低宏观交易成本,完善的涉外制度可以降低国际交易成本。所以,作为提升制度有效性的源泉,制度创新有助于降低国际贸易成本。因此,中国应在企业、市场、涉外、产权以及宏观制度等方面大胆创新,利用制度创新形成对外贸易成本的竞争优势。[②] 吕哲和程玉林认为,制度因素对外贸增长方式具有制约作用。现有的对外贸易制度严重阻碍了中国对外贸易增长方式的转变,在当前对外贸易的粗放型增长模式中,制度性因素发挥了较强的影响力。因此,要实现中国对外贸易增长方式转型,制度创新是必然选择。[③]

部分学者通过实证分析来揭示制度创新对于对外贸易的影响。范越龙和杨莉在如何提升中国制造业竞争力方面进行了深入研究,认为提升其竞争力的有效途径之一就是制度创新,并对其内在的作用机制进行探索。[④] 叶蓁基于江苏省企业数据进行了实证研究,结果表明,在提升出口企业生产效率方面,产权制度安排起到重要作

[①] 朱宇华:《关于新贸易理论与制度创新的思考》,《国际经贸探索》2003年第8期。

[②] 王涛生:《制度创新影响国际贸易成本竞争力的内在机理研究》,《经济学动态》2010年第2期。

[③] 吕哲、程玉林:《转变我国对外贸易增长方式的制度分析》,《中国贸易导刊》2012年第29期。

[④] 范越龙、杨莉:《经济制度创新对中国制造业国际竞争力的影响机制》,《经济研究导刊》2008年第19期。

用。① 魏浩、何晓琳和赵春明构建了双边贸易引力模型，将制度因素引入其中。通过实证分析发现，发展中国家和贸易伙伴之间在一定程度上存在制度差距，它们之间的制度差距会增加贸易活动的成本，严重阻碍双边贸易的发展。② 张杰、李勇和刘志彪对中国不同地区的出口程度差异和制度因素间的关系进行实证分析，结果表明，制度相对完善的地区和制度依赖型行业的出口份额与其他地区和行业相比较高。③ 杨青龙的研究结果表明，国与国之间的比较优势很大程度上源自于不同国家之间的制度差异，制度要素所带来的交易成本会对一个国家的比较优势产生重要影响。④ 胡国恒通过对南方国家国际贸易的考察认为，制度创新有助于形成持续的交易效率优势，并可以促进产业技术升级。⑤ 孔庆峰和朱俊丽认为，国家对外贸易政策会受到特殊利益集团的深刻影响。他们基于中国的实际情况，从政治经济学的视角，利用2002—2007年对外直接投资和对外贸易的面板数据，分析政府是否向国有企业提供特殊保护，结果证明，国有企业在中国政府对外贸易政策的制定过程中没有享受特殊的权重，其所拥有的权重与消费者福利权重相当。⑥ 胡超和张捷从制度环境对服务贸易出口竞争力的影响这一角度出发，进行

---

① 叶蓁：《中国出口企业凭什么拥有了较高的生产率？——来自江苏省的证据》，《财贸经济》2010年第5期。

② 魏浩、何晓琳、赵春明：《制度水平、制度差距与发展中国家的对外贸易发展——来自全球31个发展中国家的国际经验》，《南开经济研究》2010年第5期。

③ 张杰、李勇、刘志彪：《制度对中国地区间出口差异的影响：来自中国省际层面4分位行业的经验证据》，《世界经济》2010年第2期。

④ 杨青龙：《基于制度要素的比较优势理论拓展——以交易成本经济学为视角》，《财贸研究》2013年第4期。

⑤ 胡国恒：《制度质量、比较优势与国际生产的组织变迁》，《国际经贸探索》2013年第4期。

⑥ 孔庆峰、朱俊丽：《中国贸易政策的政治经济学分析——基于2002—2007年FDI和对外贸易的面板数据》，《山东社会科学》2011年第1期。

了实证检验，认为制度环境对服务贸易出口竞争力的影响非常明显，制度效率的提升对服务贸易出口规模的扩大有很大帮助。① 阚大学、吕连菊和罗良文基于贸易引力模型，实证分析了制度差异对中国对外贸易流量的影响，认为两者之间存在正相关关系。② 张红丽和胡成林在分析制度创新、企业技术创新与出口贸易之间的相互作用机理的基础上，构建了系统协同演化模型，利用2008—2012年国有高新技术企业的相关数据，对三者之间的关系进行实证分析，认为三者之间存在密切关系，相互影响，同时还存在协同演化发展的趋势。③ 赵家章和池建宇利用2003—2011年世界65个国家的面板数据，对信任、正式制度与中国对外贸易发展之间的内在关系进行探索，认为东道国的信任水平对中国的贸易流量有显著正向影响；中国与东道国的制度差距会增加国际贸易中的交易成本，差距越大，交易成本越高，对中国对外贸易的影响就越强；对于OECD国家来说，对中国的对外贸易流量影响更为显著的是东道国的正式制度；而对于非OECD国家来说，对中国的对外贸易流量影响更为显著的是东道国的信任水平。④

部分学者分析了中国对外贸易的发展历程并论证了制度创新的重要性，并分析了不同阶段的特点。戴志强梳理了中华人民共和国成立以来中国对外贸易制度发展的历程，对每一个阶段对外贸易制

---

① 胡超、张捷：《制度环境与服务贸易比较优势的形成：基于跨国截面数据的实证研究》，《南方经济》2011年第2期。

② 阚大学、吕连菊、罗良文：《制度差异与我国对外贸易流量的实证研究——基于贸易引力模型》，《经济经纬》2013年第2期。

③ 张红丽、胡成林：《制度创新、企业技术创新与出口贸易协同演化研究——基于国有高新技术企业的实证研究》，《石河子大学学报》（哲学社会科学版）2014年第5期。

④ 赵家章、池建宇：《信任、正式制度与中国对外贸易发展——来自全球65个国家的证据》，《中国软科学》2014年第1期。

度的框架进行了分析,并进行了评述。①蓝春汛和周升起将中国对外贸易制度划分为探索时期(1978—1987年)、外贸承包经营管理改革时期(1988—1993年)、不断完善时期(2002年至今),剖析了每个阶段改革的主要内容,深入分析了制度变迁或创新的绩效,指出对外贸易制度的创新在很大程度上促进了对外贸易的发展。此外,还进一步探讨了中国对外制度演变的背景及影响因素、方式和演变趋势。②方悦对中华人民共和国成立以来对外贸易制度的发展历程及其影响进行论述,充分说明了中国对外贸易制度变迁的合理性。③

部分学者研究了单项具体制度对于对外贸易的影响,如出口退税制度、知识产权保护制度、贸易壁垒制度等。余少云分析了中国对外贸易发展存在的若干问题,并指出出口退税制度改革的必要性。④张斌和高培勇分析了出口退税与对外贸易失衡之间的关系,认为中国现阶段出口退税政策与对外贸易失衡、内需不足、出口结构之间有着密切的关联。⑤郭秀君和刘瑞剖析了在金融危机的背景下政府的出口退税政策对对外贸易的宏观调控,指出其是科学发展观的体现。⑥

---

① 戴志强:《我国对外贸易法律制度发展进程述评》,《时代经贸》2006年第12期。

② 蓝春汛、周升起:《改革开放以来中国对外贸易管理制度演变特征及趋势分析》,《经济研究导刊》2010年第1期。

③ 方悦:《我国实行对外贸易制度合理性探析》,《现代商贸工业》2015年第2期。

④ 余少云:《出口退税制度改革对我国对外贸易的影响》,《湖北社会科学》2004年第10期。

⑤ 张斌、高培勇:《出口退税与对外贸易失衡》,《税务研究》2007年第6期。

⑥ 郭秀君、刘瑞:《科学发展观在我国对外贸易宏观调控政策中的体现——以出口退税政策为例》,《国际商务》(对外经济贸易大学学报)2009年第4期。

三 关于对外贸易政策的研究

政府关于对外贸易制定的各种政策属于重要的正式制度安排。研究一国的对外贸易制度，促进其优化调整，实际上也是对制度进行创新的过程。自改革开放以来，大量学者对中国的对外贸易制度进行研究。基于不同的时期及视角，得出大量有价值的研究成果，既有历史研究，也有现状剖析；既有静态分析，也有动态分析；既有横向对比，也有纵向对比。

第一，对外贸易政策回顾。部分学者对过去特定时期的对外贸易政策进行了研究，主要集中在当时阶段对外贸易政策的内容、特点及作用，以此来证明对外贸易政策的重要性，对中国对外贸易政策的调整提供历史经验借鉴。

一是对中华人民共和国成立之前的对外贸易政策进行研究。来新夏和李喜所对第一次鸦片战争前清政府的对外贸易政策进行梳理，指出其发展经历了"禁海闭关到开禁，由多口贸易到严加限制的广州一口贸易的变化"。[①] 也有些学者对中国抗日战争时期的对外贸易政策进行研究。陈晋文指出，在抗日战争时期，为了抗击日本的侵略，当时的国民政府制定了在特殊时期对外贸易统制政策，组建了对外贸易统制机构，利用法律及行政手段对外贸产品进行严格控制，取得了良好的效果。[②] 岳谦厚和韩晋成分析了抗日战争时期晋西北抗日根据地的对外贸易政策，认为其经验教训值得后人吸取。[③]

---

① 来新夏、李喜所：《第一次鸦片战争前清政府的对外贸易政策》，《文史哲》1980年第2期。

② 陈晋文：《抗战时期国民政府对外贸易统制政策述论》，《抗战史料研究》2013年第1期。

③ 岳谦厚、韩晋成：《晋西北抗日根据地的对外贸易政策》，《中国高校社会科学》2015年第4期。

二是对中华人民共和国成立后的对外贸易政策变迁进行研究。周艳娜研究了1956—1966年中国对外贸易政策的变迁。在中国经济建设初期，对外贸易政策是健康有序的，但到"大跃进"时期，出口贸易政策就出现了盲目调整的问题，随后进入了全面调整时期。这一时期，中国对苏联及东欧国家的贸易出现了恶化现象。十年的对外贸易政策实践告诉人们，对外贸易的发展不能脱离国民经济发展实际，同时对外贸易要采取多边贸易，不能"一边倒"。[①] 杜荣对中华人民共和国成立60年来的对外贸易政策进行了梳理，指出前30年阻碍中国对外贸易发展的主要原因是封闭的对外贸易政策，改革开放后的30年，中国逐步实施开放式保护、自由化倾向保护及一般自由贸易政策，有效地促进了对外贸易的迅猛发展。在全球金融危机的背景下，提出了调整中国对外贸易政策的对策。[②] 谭祖谊用中国30年对外开放实践的有关时间序列数据，实证分析了对外贸易增长对经济增长的正相关推动作用。[③]

第二，国外对外贸易政策启示的研究。学者们对外国对外贸易政策进行了大量研究，主要是总结其经验，从中得出对中国有益的启示。

发达国家，特别是美国的对外贸易政策是学者们最为关注的，这方面的研究成果也比较丰富。张杰军从贸易制度创新的视角对20世纪90年代美国经济的繁荣进行了分析并指出，美国在20世纪90年代经历了由自由主义的公平贸易转向单边进攻性管理贸易的制度创新过程，促进了美国的科学技术进步，引致国际经贸领域利益发

[①] 周艳娜：《试论1956—1966中国对外贸易政策的变迁》，《网络财富》2009年第4期。

[②] 杜荣：《我国对外贸易政策60年变迁探析》，《经济纵横》2009年第8期。

[③] 谭祖谊：《我国对外贸易政策经济绩效的实证检验》，《国际商务》（对外经济贸易大学学报）2009年第4期。

生了有利于美国的再分配，进一步促进了美国的经济增长，其制度创新经验值得借鉴。① 原玲玲对克林顿与小布什政府对外贸易政策的内容及其变化情况进行了分析，指出其贸易保护主义的加强给中国带来的严峻挑战。认为，中国应当充分掌握 WTO 规则，促进科技发展，形成产业竞争优势，在致力于多边经济合作的同时，加强区域经济合作，大力发展行业协会等社会中介组织，积极参与网络贸易，促进贸易手段的多样化。② 张庆萍对自 1980 年来美国历届政府（里根政府、老布什政府、克林顿政府及小布什政府）所实施的贸易政策进行了梳理，并全面评价了其对外贸易政策的实施效果，认为其对外贸易政策对美国经济的持续增长以及出口贸易的快速增长起到促进作用，使其科技实力增强，拥有国际竞争的比较优势。认为中国应当充分借鉴美国的经验，使贸易保护政策和产业扶持政策密切配合，强调有条件的自由贸易，鼓励对研究与开发进行投资，充分发挥政府在对外经济中的指导作用，加大对企业的支持力度，将对外贸易政策具体化。③ 戴军对美国对外贸易政策的价值取向进行了分析，认为美国的对外贸易政策服务于国内政治利益，奉行实用性、灵活性的原则，是产业结构的重要组成部分。④ 王丽娜则对奥巴马政府对外贸易政策的特点进行了分析，认为全球金融危机对美国经济造成了重大冲击，美国为了有效应对金融危机带来的负面影响，及时调整了对外贸易政策，使其呈现出重视环境与劳工标准、促进就业、贸易保护主义抬头等新特点。对此，中国应加强

---

① 张杰军：《贸易制度创新与 90 年代美国经济繁荣》，《当代亚太》2000 年第 2 期。

② 原玲玲：《美国对外贸易政策对我国贸易发展的启示》，《理论前沿》2005 年第 14 期。

③ 张庆萍：《1980 年以来美国的对外贸易政策及对我国的启示》，《北京大学学报》（哲学社会科学版）2006 年第 S1 期。

④ 戴军：《美国对外贸易政策的价值取向》，《求索》2007 年第 10 期。

与美国的经济协商，主动规避美国的贸易壁垒，促进对外贸易市场的多元化。①

另外，还有一部分学者对日本与俄罗斯的对外贸易政策进行了研究。李远对第二次世界大战以来日本对外贸易政策的演变历程进行分析，指出了日本对外贸易政策在每一个发展阶段的特点，认为日本在第二次世界大战后经济的快速发展与对外贸易政策有密切关系，日本通过多元化的政策导向与具体措施取得了预期效果，日本在对外政策方面实现了政府和市场调节的有机结合，未来的贸易政策走向不确定。②王杰研究了日美对外贸易政策的取向，认为日美根据内外部经济形势的不断变化灵活调整对外贸易政策，坚持以贸易自由化为基本取向，使管理贸易得以发展。因此，中国应强化与国际管理贸易多边协调机制的融合，完善对外贸易政策法规建设，增强管理贸易实施的力度。③李建民剖析了2007年俄罗斯对外贸易的运行情况、对外贸易政策、中俄经贸关系发展态势以及2008年的对外贸易走势。④刘军梅对俄罗斯对外贸易战略以及对应配套政策进行了梳理并认为，俄罗斯对外贸易政策经历了从"进口替代"到"休克疗法"，再到"能源大棒"的演变过程，并客观评价了其对外贸易体制改革进程。⑤

部分学者还对发展中国家对外贸易政策经验和启示进行了梳理。由于历史、文化、人口等多方面的相似，经常会拿印度与中国

---

① 王丽娜：《美国奥巴马政府对外贸易政策的特点及我国对策研究》，《黑龙江对外经贸》2010年第3期。
② 李远：《二战后日本对外贸易政策的变迁》，《经济体制改革》2005年第6期。
③ 王杰：《日美对外贸易政策的取向及启示》，《学术交流》2005年第5期。
④ 李建民：《俄罗斯对外贸易运行与贸易政策》，《俄罗斯中亚东欧市场》2008年第5期。
⑤ 刘军梅：《俄罗斯对外贸易战略演进的理论逻辑与政策选择》，《经济社会体制比较》2014年第2期。

来进行对比。李好对印度始于20世纪90年代初的以自由化为核心的对外贸易政策改革的经验教训进行了分析，认为其对外贸易政策改革应朝着渐进、有限的自由化方向发展，应将适度保护的外贸政策改革与WTO相关规则有机结合，推动商品贸易、解决就业的关键是推动制造业快速发展，这些对中国对外贸易政策的调整具有借鉴意义。①关春华剖析了印度独立后对外贸易政策的演变历程，印度对外贸易政策改革所产生的经济增长效应、产业结构效应及就业效应。②卢欣梳理了印度对外贸易制度演进的过程，指出其经历了由半管制、半封闭的内向型"进口替代"，到市场化、开放型"贸易自由化"的转变。究其原因，经济发展的矛盾是内因，国际环境的变化是外资推动力。其对外贸易政策的演变过程呈现了一定的规律性，为中国对外贸易政策的发展提供一定的借鉴价值。③

此外，阿不都斯力木·阿不力克木详细分析了乌兹别克斯坦进出口贸易现状及贸易政策，并给出了若干对中国的启示。④陆志强总结了捷克在经历剧变之后的十多年里对外贸易政策的变化过程。剧变之后，随着市场经济的不断建立，捷克大大扩展了对外贸易关系，加入欧盟之后，面临着对外贸易发展机遇的同时，也存在着不小的挑战。⑤

第三，对外贸易政策现状、问题及对策的研究。大多数学者对于中国对外贸易政策的研究，主要集中在现有的政策是什么，存在

---

① 李好：《印度对外贸易政策改革的经验教训》，《南亚研究季刊》2010年第3期。
② 关春华：《印度对外贸易政策改革绩效研究》，辽宁大学，2010年。
③ 卢欣：《印度对外贸易政策选择研究》，东北财经大学，2011年。
④ 阿不都斯力木·阿不力克木：《乌兹别克斯坦对外贸易政策及其对中国的启示》，《经济问题探索》2010年第9期。
⑤ 陆志强：《捷克十多年来的对外贸易政策和经贸状况》，《俄罗斯中亚东欧市场》2005年第2期。

什么样的问题以及如何解决。这些研究较为准确地反映了中国对外贸易政策的实际,提出的对策也具有一定的现实意义。

一些学者将产业结构与对外贸易政策调整紧密联系在一起。谷克鉴从技术、体制、要素密集性等层面揭示了中国外贸发展对竞争政策选择的影响机理,通过引入"大国模型",分析了其对贸易品部门行为模式的影响,认为中国的竞争政策应着重通过对涵养竞争优势进行培育,来提高中国企业在国际市场中的地位,通过竞争政策对企业的部门或者是产品层次的贸易政策、产业政策以及技术政策加以规范,以这种方式实现中国贸易品部门在世界市场结构中所处的均衡位置。[①] 王海燕、滕建州和颜蒙认为,中国对外贸易政策必须要与产业政策相协调,当前双方之间的协调存在一些问题,严重影响了对外贸易及某些产业的可持续发展。当前,中国进出口格局呈现多元化的态势,对外贸易发展迅速,产业结构也在不断优化,为对外贸易政策和产业政策的协调提供了必要的现实基础。在当前的国际经济形势下,对外贸易政策与产业政策协调正面临着机遇和挑战并存的局面。[②]

中国对外贸易政策调整的重要目标是加快经济发展方式转变,摆脱传统的对外贸易模式,实现可持续发展。关嘉麟对转型时期中国对外贸易政策的特点进行了分析,构建了对外贸易政策取向测度指标,动态分析了转型期中国对外贸易的政策取向,并对中国对外贸易政策的影响因素进行了探讨,对中国对外贸易政策的成因与绩效之间的关系进行了实证分析,提出了完善中国对外贸易政策的建议。[③]

---

① 谷克鉴:《中国对外贸易发展中的竞争政策选择》,《中国社会科学》2000年第3期。

② 王海燕、滕建州、颜蒙:《强化我国对外贸易政策与产业政策协调的研究》,《经济纵横》2014年第7期。

③ 关嘉麟:《转型时期中国对外贸易政策研究》,吉林大学,2013年。

刘国晖和张如庆对困境倒逼环境下中国如何转变对外贸易发展方式的问题进行了研究。认为中国在对外贸易发展中所面临的困境之一，是对外贸易方式对加工贸易的过度依赖，对外贸易竞争日趋加剧。造成困境的原因是内源性及外源性因素共同作用的结果，正是由于中国劳动力要素相对丰富而资本技术要素相对稀缺，导致对外贸易发展面临困境。因此，需要建设以促进城镇就业为核心的地方政绩考评机制；合理控制劳动工资增长，渐进培育内需扩张潜力；推动政府职能转变，加快中西部区域承接产业转移；增强对知识产权的保护等，加快中国对外贸易的发展方式转变。① 李慢认为，在低碳经济发展的背景下，中国对外贸易发展方式存在诸多不足，应进一步加以完善。② 戴明辉从贸易生态化的角度，构建了贸易生态化评估指标体系，对中国对外贸易的可持续发展变迁进行深度剖析，认为中国在1987—2012年的贸易可持续发展水平得到了明显提高，但近年来有所降低，可以采取增加一般贸易比重、加快加工贸易转型升级等措施。③ 马涛认为，虽然中国对外贸易取得了快速发展，但付出了巨大的生态环境破坏的代价，面临越来越大的资源环境逆差，国际竞争也越来越激烈。中国正在努力建设绿色贸易政策体系，但是面临着经济增长与环境保护之间的矛盾，并且在国际上遇到了大量的贸易摩擦。对此，中国需要避免陷入"环境比较优势"的陷阱与高耗能产业转移产生的"锁定"效应，应充分利用好 WTO 的相关规则，建立绿色贸易壁垒体系，使对外贸易发展与

---

① 刘国晖、张如庆：《论困境倒逼下的我国对外贸易发展方式转变》，《经济学家》2014年第2期。

② 李慢：《低碳经济条件下我国对外贸易发展方式的转变》，《时代金融》2015年第7期。

③ 戴明辉：《从贸易生态化视角看中国对外贸易可持续发展变迁：一个 PSR 模型的量化评估》，《国际贸易问题》2015年第1期。

生态环境保护之间保持良性关系。①

还有一些学者认为,中国的对外贸易政策要形成要素禀赋优势、减少国家间的贸易摩擦,充分遵守 WTO 有关规则。尹翔硕分析了加入 WTO 以来,中国对外贸易政策的取向以及对外贸易格局发生的巨大变化,指出为了适应对外贸易格局变化,对外贸易政策取向也应改变。②崔日明和张志明认为,虽然中国凭借要素禀赋的传统优势成为贸易大国,但尚未成为贸易强国,需要构建以提升全面要素质量为核心的对外贸易新型竞争力。中国以出口为导向的发展模式扩大了经济发展的规模,产业结构实现了不断优化,民营企业开始迅速发展,具备全要素优势,构成了中国构建对外贸易新型竞争力的现实优势。全要素质量提升的新型竞争优势、产品生产创新升级的新型竞争优势、生产性服务业发展的新型竞争优势以及对外贸易政策优化和协调的新型竞争优势,是中国对外贸易新型竞争优势的主要来源。因此,需要提高资产利用质量、能源利用质量、土地利用质量与人力资本质量,加强产品技术、质量、品牌创新,大力发展生产性服务业。③马健美认为,改革开放以来,尤其是加入 WTO 之后,中国对外贸易发展十分迅速,出口商品结构不断优化,出口市场日益多元化,但面临着国际市场需求偏弱,出口产品竞争力不强等问题,需要加快转变外贸发展模式,充分发挥进出口的带动作用,妥善处理外贸过程中的贸易摩擦。④

---

① 马涛:《中国对外贸易绿色发展的挑战和应对》,《生态经济》2015 年第 7 期。

② 尹翔硕:《中国对外贸易政策取向的变化及贸易格局的变动》,《世界经济》2004 年第 3 期。

③ 崔日明、张志明:《中国对外贸易新型竞争力发展战略研究》,《经济学家》2014 年第 2 期。

④ 马健美:《中国对外贸易发展现状及对策研究》,《对外经贸》2014 年第 5 期。

受金融危机的影响,中国对外贸易的发展面临着严峻的挑战,一部分学者对金融危机下中国对外贸易政策应该如何调整进行了研究。牛君在阐述"特保"与"双反"的基础上,通过案例分析认为,金融危机将加剧国际贸易保护主义,中国必须及时、有效地调整对外贸易政策,实现对外贸易产业结构优化升级,加快转变经济发展方式。中国应实施战略性的自主创新政策,实施贸易反制的策略,有效促进出口市场多元化的发展,地方政府必须从大局出发,切实实现经济增长方式的转变,加快推进产业升级。[①] 李宪铎、马月和戴伦基于全球金融危机的背景,通过京津冀地区对外贸易与经济增长的实证分析,剖析了对外贸易发展的路径。通过对京津冀三省市产业结构与外贸结构的对比,结合金融危机对三省市对外贸易的影响,提出要想充分发挥对外贸易对经济增长的促进作用,就要实现技术和资本密集型产品进口的增加,在市场竞争中引入高水平的国际高新技术产品,使产业结构进一步优化。[②]

经济发展需要实现新常态,并充分利用互联网及现代信息技术,对外贸易政策需要及时进行调整以适应这种趋势,一些学者围绕新常态及"互联网+"对中国对外贸易政策进行了研究。吴煜祺在"互联网+"的背景下,分析了"互联网+对外贸易"模式的发展现状,指出其发展仍处于初级阶段,贸易流程不符合碎片化特点,出口产品同质化,缺乏特色,跨境物流发展滞后。[③] 张彩兰在新常态经济的时代背景下,论证了新常态对于中国对外贸易发展的

[①] 牛君:《谈金融危机背景下我国对外贸易政策调整策略》,《商业时代》2011年第1期。

[②] 李宪铎、马月、戴伦:《金融危机背景下对外贸易发展的路径选择——基于京津冀地区对外贸易与经济增长的实证分析》,《中央财经大学学报》2014年第S1期。

[③] 吴煜祺:《"互联网 + 对外贸易"模式发展分析》,《时代金融》2015年第4期。

影响，认为机遇与挑战并存。①

四　关于对外贸易制度创新路径及对策的研究

对于如何实现对外贸易制度创新，学者们提出了一些有建设性的建议，涉及制度变迁方式、变迁动力及具体的对策。一些学者从宏观角度对制度创新的路径进行了研究。刘庆林剖析了中华人民共和国成立以来中国对外贸易制度创新的路径。他将中国对外贸易制度变迁分为三个阶段，包括计划经济体制下的对外贸易制度变迁阶段、市场经济体制下的对外贸易制度变迁阶段以及经济全球化背景下的对外贸易制度变迁阶段。每个阶段的制度变迁都是对前一阶段的制度创新。整个制度创新过程是不断尊重市场，由浅入深的渐进式过程，属于渐进式与强制性的制度变迁。制度创新的根本动力是制度变迁收益诱致。国际环境的变化是制度创新外部重要的推动力量，将核心制度与配套制度创新结合在一起，实现了对外贸易制度的变迁。②倪晓菁和唐海燕论证了制度创新和中国对外贸易间的联系，认为制度创新在促进中国对外贸易快速发展方面起到非常重要的作用。③黄志峰认为，中国对外贸易制度创新是在一定的框架约束下展开的，因此应执行有管理的贸易自由化战略，制度定位趋向于中性化，具体政策手段趋向于弹性化、柔性化。④沈四宝对加入WTO后中国的对外贸易制度进行了梳理，建议中国应当完善对外贸易制度，包括加快外资立法，加强知识产权保护、研究涉外金融

---

① 张彩兰：《新常态经济背景下我国对外贸易发展问题研究》，《商场现代化》2015年第9期。
② 刘庆林：《建国以来我国对外贸易制度创新的路径分析》，《山东社会科学》2004年第5期。
③ 倪晓菁、唐海燕：《论制度创新与我国对外贸易发展》，《石家庄经济学院学报》2005年第5期。
④ 黄志峰：《加快我国对外贸易制度创新》，《理论导报》2005年第10期。

法等。①柳思维认为，制度创新使中国的对外贸易取得了显著成绩，已成为世界贸易大国。但是，贸易大国并不意味着贸易强国。因此，需要加快制度创新，采取渐进式诱致性的变迁方式为中国向世界贸易强国转变扫清障碍。②池建宇认为，中国应重视各种正式与非正式制度的建设，完善社会信用体系，提高社会信用水平，以此来促进对外贸易的发展。③

部分学者从微观层面，研究了具体对外贸易制度的创新途径，其中有学者借鉴了国外的有益经验。倪斐对美国和欧洲一些国家的对外贸易壁垒调查制度的立法理念进行了比较研究，剖析了制度的本质。④马虎兆和马辉总结了美国、日本、欧盟、印度、韩国和新加坡在对外贸易中知识产权执法保护制度建设上的做法和经验，认为在对外贸易领域知识产权的保护中，国家提升对知识产权保护的认识是基础，持续完善知识产权立法是前提，严格的执法体系是保证，部门、企业、民间机构通力协作是其运行的保证，在履行国际义务的同时注意本国的经济利益是标准。⑤李本美指出，自2002年中国建立对外贸易壁垒调查制度以来，经过了多次的修正及完善，产生了较好的实际效果。但是，当前仍存在一些问题，包括立法层次不高、实体规则及程序规则不足，需要高立法层次，扩大调整范围；准确界定概念，扩大申请者范围；完善调查程序规则；设置救

---

① 沈四宝：《论WTO后过渡期中国对外贸易法律制度的梳理和完善》，《河北法学》2006年第10期。
② 柳思维：《中国走向贸易强国的制度创新思考》，《中国流通经济》2011年第7期。
③ 赵家章、池建宇：《信任、正式制度与中国对外贸易发展——来自全球65个国家的证据》，《中国软科学》2014年第1期。
④ 倪斐：《对外贸易壁垒调查制度立法理念比较研究》，《安徽师范大学学报》（人文社会科学版）2008年第6期。
⑤ 马虎兆、马辉：《对外贸易中知识产权执法保护的国际经验》，《国际经贸探索》2009年第2期。

济程序；等等。① 史晓丽认为，虽然中国已经建立起对外贸易壁垒的调查机制，但对其利用不够充分。她在对中国对外贸易壁垒调查立法及其实体规则进行深入分析的基础上，在完善中国立法以及中国企业如何充分援用对外贸易壁垒调查机制方面提出相关的建议。② 任东方指出，中国出口信用保险法律制度存在法律法规不健全、法律适用不足等问题。因此，中国需要加快立法进程，提高出口信用保险合同的法律适用性，完善资金补充机制和预算管理机制，采取灵活承保方式。③ 綦小菁和付远欣基于后金融危机时代金融深化的背景，分析了违约救济条款的内涵，比较了国内外违约救济方式，并进行了效率分析，最后提出了旨在促进对外贸易发展的中国对国际贸易中违约救济条款应用的对策。④ 徐元认为，中国对外贸易当前面临着前所未有的困难，必须制定并实施高效的对外贸易知识产权战略。⑤ 袁仁辉分析了中国对外贸易方面的法律意识、法律运行和法学研究的发展与演进，认为中国对外开放过度与不足并存，需要提升相关法律意识水平及运行质量，加强相关学术研究；借鉴发达国家的做法，对于法律问题保留必要政治判断的权力；加强法律战略策略研究与实践，积极构筑中国主导的贸易机制。⑥ 孙益武研究了美国对外贸易区知识产权执法制度，认为其经验对中国自由贸

---

① 李本美：《我国对外贸易壁垒调查制度评析》，《特区经济》2010年第10期。
② 史晓丽：《我国对外贸易壁垒调查制度实体规则研究》，《法学杂志》2011年第7期。
③ 任东方：《我国对外贸易中出口信用保险法律制度的研究》，《国际商贸》2012年第5期。
④ 綦小菁、付远欣：《违约救济条款在我国对外贸易中的应用——基于后金融危机时代金融深化的背景》，《西南金融》2014年第4期。
⑤ 徐元：《制定和实施对外贸易知识产权战略的思考——写在〈国家知识产权战略〉实施五周年之际》，《财政研究》2014年第4期。
⑥ 袁仁辉：《市场开放视角下的中国对外贸易法律制度——成就、问题、挑战与完善》，《北京邮电大学学报》（社会科学版）2014年第12期。

易区知识产权执法规则的完善有一定的借鉴意义。①

作为中国对外贸易制度创新的重大举措，上海自由贸易试验区的设立引起了国内学者的广泛关注。刘社建认为，上海自由贸易试验区的重要制度创新包括建立负面清单，加快实现外商投资管理制度与国际接轨，积极构建对外投资服务体系，积极发展服务业，加大金融市场开发力度。②曹广伟和宋利朝认为，作为中国经济建设的制度革命，上海自由贸易试验区在政策法规、投资管理模式、监管服务模式以及金融管理等方面实现了一定的制度创新。③姚东以中国（上海）自由贸易试验区为例，对制度创新实践对于政府治理转型的重要意义进行了研究。认为政府制度创新需要以治理能力现代化为方向，增进制度效率。④汪若尘和陆煊从经济全球化的视角，分析了中国（上海）自由贸易试验区的制度创新。他们剖析了上海自由贸易区制度的现状，并将国际高标准制度进行对比及借鉴，认为国际自贸园区制度创新的价值取向、法理依据、成熟经验都值得上海自贸试验区借鉴。在此基础上，提出了上海自由贸易区制度创新的原则与主要路径。⑤沈开艳和徐琳认为，在新常态经济发展的时代背景下，中国（上海）自由贸易试验区的设立是对中国适应经济全球化及经济结构重构所产生的挑战所做出的有力回应。自由贸易区已经初步设立，运行状况总体良好，制度创新成效

---

① 孙益武：《美国对外贸易区知识产权执法制度研究》，《首都经济贸易大学学报》2014年第2期。

② 刘社建：《论上海自由贸易实验区的制度创新》，《区域经济评论》2014年第1期。

③ 曹广伟、宋利朝：《全面深化经济体制改革的"试验田"——中国（上海）自由贸易试验区的制度创新》，《中国特色社会主义事业研究》2013年第6期。

④ 姚东：《政府治理能力现代化视阈中的政府制度创新——以中国（上海）自由贸易试验区为例》，《云南社会科学》2015年第2期。

⑤ 汪若尘、陆煊：《中国（上海）自由贸易试验区的制度创新及其评估——基于全球比较的视角》，《外国经济与管理》2014年第10期。

突出，负面清单工作不断深化，由"事前"审批向"事中事后"监管转变，贸易管理制度不断创新，金融制度创新也取得了一定成绩。但是，自由贸易区理论准备相对不足，且较缺乏相关国际经验借鉴，相关法律法规及管理制度不健全，负面清单制度缺乏配套政策措施，面临金融安全与金融开放的矛盾。[①]

综上所述，目前在对外贸易制度创新领域国内外学者已经进行了较为丰富的研究，并取得了丰硕的研究成果。综观已有研究，一方面，制度创新理论已经认识到制度以及制度创新的重要性，突破了新古典经济学理论关于制度外生的错误前提，并深入探讨了制度创新的过程、动力、作用等问题，开启了经济学研究新大门，在一定程度上推动了现代经济学的发展；另一方面，制度创新被引入对外贸易领域后，大大扩展了对外贸易理论的研究视野，在一定程度上弥补了传统贸易理论及新贸易理论的缺陷。学者们对制度创新与对外贸易之间的研究十分丰富，实现了理论研究与实证研究的有机结合，充分论证了制度创新在对外贸易发展中的重要性。国外学者在对外贸易制度创新方面研究起步早，成果多，而国内学者对对外贸易制度创新的研究时间不长，深受西方理论的影响，但也取得了一定的研究成果，证明了中国对外贸易制度创新的重要性，其中的一些研究方法和思路值得本文借鉴。

中国对外贸易当前处于一个快速变化的国内外环境之中，对外面临着激烈的国际竞争和国际竞争规则的制约，对内面临着加快转型，实现经济新常态的关键期，可以说遇到了巨大的发展挑战，因此基于过去条件下的研究成果虽然对今天有借鉴意义，但不能盲目跟从。对外贸易制度创新是一个持续的过程，必须要根据新形势和新要求，加大制度创新供给，设计出更为科学合理的制度安排。一

---

① 沈开艳、徐琳：《中国上海自由贸易试验区：制度创新与经验研究》，《广东社会科学》2015年第3期。

些已有研究成果不可避免地存在缺陷，如过度迷信制度作用的"制度决定论"，所以在应用时需要结合中国对外贸易制度现实。而且，学者们关于中国对外贸易制度创新的研究不全面，理论性或实践性不足，系统化、规范化的研究成果不多，对于对外贸易制度创新的路径和对策研究得不够深入，没有形成一个系统的中国对外贸易制度创新的研究框架，这些也是本书所要弥补的。

第二章

对外贸易制度的理论基础

对外贸易制度理论对促进中国对外贸易发展具有重要的指导意义,对对外贸易制度的相关理论进行梳理总结,有助于中国对外贸易的健康、良性发展。对外贸易制度理论主要包括制度变迁理论、产权理论及交易费用理论。

第一节 制度变迁理论

制度变迁理论是中国对外贸易制度的理论基础。本书对制度变迁理论进行梳理与分析,以此探寻中国对外贸易制度发展的一般性规律。

一 制度

1. 制度的内涵

在历史不断向前发展的过程中,关于制度的定义至今仍没有统一的结论,不同的专家学者从各个角度给出了自己的解释。旧制度经济学家凡勃伦认为制度实际上是对人们的行为所产生的一种约束,这种约束是以道德观念、风俗习惯和意识形态为基础的,实际上就是各种规范个人行为的规则。[1] 康芒斯将制度解释为"集体行

---

[1] 国彦兵:《新制度经济学》,立信会计出版社2006年版,第46页。

动控制个体行动"①。他认为制度就是每个个人在社会一定范围内（也许是全社会范围内）必须遵守的行为准则或规范。② 新制度经济学家舒尔茨认为制度是涉及社会、政治及经济行为的一种行为规则。③ 道格拉斯·诺思认为制度是用来约束个人行为的规则，这些规则可以分为非正式的约束以及正式的法规这两种形式。④ 诺思对制度的定义表明制度是约束个人行为的规则，而他指出的"决定人们相互关系"也是以约束人的行为为基础的，也属于规范人的行为范畴。⑤ 柯武刚和史漫飞认为制度是人类相互交往的规则。它对可能出现的、机会主义的以及乖僻的个人行为有抑制作用，使人的行为具有可预见性，并由此促进财富创造与劳动分工。⑥ 青木昌彦从博弈论的视角出发，认为制度是"关于博弈如何进行的共有信念的一个自我维系系统"⑦。李建德认为制度是人类社会中存在的共同信息。个人只有经过社会化这一过程才能够获得这些信息，并将其内化为个人的行为规则。⑧ 由制度经济学派的发展历程可以看出，不同的制度经济学家虽然对制度的理解各不相同，给出的解释纷繁复杂，但其本质却是相同的。将新制度经济学家给制度下的各种定义结合在一起，笔者认为，制度是一系列规范与限制人们行为习惯的规则。这些规则是由人们制定或发明的，包括政治制度、经济制度、社会制度、文化制度、道德伦理制度、婚姻家庭制度以及意识

---

① 康芒斯：《制度经济学》，商务印书馆1962年版，第87页。
② 卢现祥：《新制度经济学》，武汉大学出版社2004年版，第107页。
③ 舒尔茨：《制度与人的经济价值的不断提高　财产权利与制度变迁》，上海三联书店1994年版，第253页。
④ 诺思：《制度、制度变迁与经济绩效》，上海三联书店1994年版，第3页。
⑤ 国彦兵：《新制度经济学》，立信会计出版社2006年版，第47页。
⑥ 柯武刚、史漫飞：《制度经济学》，商务印书馆2000年版，第35页。
⑦ 青木昌彦：《比较制度分析》，上海远东出版社2001年版，第28页。
⑧ 卢现祥：《新制度经济学》，武汉大学出版社2004年版，第110页。

形态等主观制度。本书以此来对制度的基本概念进行分析。[①]

2. 制度的特征

（1）制度与人的动机、行为有着内在联系[②]。在历史发展中，任何制度都可能是人的利益及选择的结果。制度存在于各种社会活动中。人们在一系列规则、规范的约束条件下，合理追求效用的最大化。若在缺乏制度约束的条件下追求效用（或收入）的最大化，便容易引发经济生活的混乱或者导致效率低下。由此可知，制度和人的行为动机有密切的联系。[③]

（2）制度是一种公共产品。公共产品是指供社会所有成员集体享用的消费品。制度就属于这样的公共产品，它不是针对某一个人，或专门为某一个人制定的。它是供全社会或某一个集体共同消费的，要求大家共同遵守，规范所有成员的行为。

（3）制度和组织是不相同的。虽然组织内部有各种制度作为其规则，但组织本身并不是制度，人们把组织当作制度的主要原因是没有正确区分组织和组织制度。组织制度是指一定的内部规则，与组织的构造形式或结构密切相关。这种内部构造规则可以把不同的组织区分开。制度是人们创造出来的，对人与人之间相互交往的行为加以约束和规范的框架，是一种社会游戏规则，组织是参与这种社会游戏的角色。作为一种无形的力量，制度无处不在，时时刻刻都对人们的行为产生影响，人们已经习惯了甚至已经感觉不到它的存在，而经济学家的任务就是要解释这种无所不在的制度是如何影响人们的行为的。[④]

[①] 张宇：《制度变迁与我国对外贸易发展关系研究》，江苏大学，2011年，第2页。

[②] 卢现祥：《新制度经济学》，武汉大学出版社2004年版，第111页。

[③] 同上。

[④] 国彦兵：《新制度经济学》，立信会计出版社2006年版，第50—52页。

3. 制度的功能

在一定的条件下，制度被看作满足人类在社会生活层面上各种需求的行为模式。它构成了社会的整体结构，也就是功能单位。制度是一种常用的概念工具，用来对不同的社会关系及不同的社会生活领域出现的问题进行分析。

（1）制度实现交易成本的降低。降低交易成本是制度各种功能中的一项基本功能。有效的制度一方面可以降低市场的不确定性；另一方面还可以抑制人的机会主义行为的倾向，使交易成本不断降低。交易成本的概念是由科斯首先提出的。他认为，交易成本就是"利用价格机制的成本"，企业制度存在的主要目的是使交易成本得以降低。[1]

（2）制度为实现合作创造条件。对复杂的经济活动进行预测是制度的一项重要功能。经济活动具有高度的相关性。因此，进行个人选择的必要前提条件，是对他人的行为进行预测。但是由于存在信息的缺失、理性的有限性和道德判断分歧等原因，使人的行为难以确定。只有在设定的制度框架下，才能在某种程度上预知人的行为。行为体责任、权力和利益的明确划分与强制规范是在一定制度框架的基础上进行的，每个行为体的目的、手段以及与之出现的结果之间都存在一定的因果关系。正因如此，每个行为体的行为都最大程度地呈现出可预知性、可计算性以及相对的稳定性，为主体间的合作提供了有利的条件。在社会经济生活中，人与人之间的关系中竞争与合作并存，二者既相互矛盾又相对统一。由于存在人有限的理性以及信息不对称等原因，人们难以妥善处理竞争与合作的关系。因此，作为一系列契约总和的制度，是人们在社会分工与协作过程中经过多次博弈而达成的。在广泛的社会分工中，制度为人们

---

[1] 郝璐、年志远：《交易成本与中国企业海外投资分析》，《当代经济管理》2015年第11期。

的合作提供了一个基本的框架，使信息成本及不确定性得以减少，为合作顺利进行提供保障。①

（3）制度为人们提供行动的信息。在经济发展中，个人习惯性的行为会使制度逐渐形成，其所具有的信息功能使它们能发挥积极的作用。② 制度规定了人们与行动相关的各种信息，人们可以通过制度所提供的信息来确定自己的行动，并对他人的行动进行预测。在现实生活中，人们从事任何一项活动都离不开制度，否则就会导致两种情形：一是无所适从；二是产生从众心理。这两种情形会使社会上的一些特殊阶层抓住制度的空白牟取不正当利益。而在存在制度的情况下，人们所担心的是制定能否按照预先规定的程序或尺度去执行。如果该制度没有被有效执行，那么这种信息就会对人们产生强烈的刺激，从而给社会带来较大的危害。

（4）制度为个人选择供应激励系统。通过鼓励、提倡或者压抑等方式可以表现制度的激励功能，借由奖励或惩罚的强制力可以对制度的激励功能进行监督与执行。制度激励在人们行为方向、偏好和选择等方面会产生较大的影响。尽管一切制度都具有激励功能，但由于制度自身的差异，使其产生的激励效应也不尽相同。因此，在不同的时期或不同的国家，人们在价值观和生活观等方面存在差异，形成了主体的能动性或人的本质力量发挥的不同。所有的制度都具有激励功能，制度激励程度的差异也决定了社会发展的速度。③ 个人所做出的从事何种经济活动的选择，取决于在制度限定范围内提供的相关信息。如果某种特定的制度安排鼓励人们进行发明创造或从事生产，则经济将会保持持续增长，而如果制度提供的是不良的刺激（如从事寻租活动较为有利可图），非生产性活动将盛行不

---

① 卢现祥：《新制度经济学》，武汉大学出版社2004年版，第139页。
② 同上书，第138页。
③ 同上书，第139页。

衰，使经济向停滞与衰退发展。[①] 由此可见，个人选择的有效性是由制度的有效性决定的，从而也决定着经济绩效。如果一个社会没有从制度方面给予创新主体理应获得的最低限度的回报，那么经济的快速增长就难以实现。

（5）制度约束主体的机会主义行为。新制度经济学在对人的行为进行研究时，曾假定人具有的一种行为倾向，可以为自己谋取更大的利益。人会采取较为隐蔽的手段去追求自身利益，这种机会主义行为结构会扰乱市场的正常秩序。而制度可以形成良好的秩序，对市场进行合理的限制或约束。如果没有制度的约束，必然导致社会陷入混乱或无序。由此可见，制度能够对人的机会主义行为倾向进行有效的约束。[②]

（6）制度有利于减少外部性。新制度经济学对外部性的研究，是从成本—收益的角度来进行的。新古典经济学家认为，一个人会完全承担他的行动所产生的成本或收益。当一个人的行动所产生的成本或收益不由他自己完全承担的时候，就说明存在外部性问题；另外，在他不行动时，也可能承担他人的行动引起的成本或收益。科斯认为，产权制度界定不清是产生负外部性的主要原因。根据这一观点，部分学者将产权制度的主要功能定义为"引导人们实现将外部性较大地内在化的激励"[③]。实现外部性内在化的这一过程，实际上就是指排他性的产权制度建立的过程。而只有在排他性的产权制度建立后，成本—收益等的经济计算才具有真实的意义。[④]

[①] 何增科：《新制度主义：从经济学到政治学》，载《公共论丛：市场社会与公共秩序》，上海三联书店1996年版，第346页。

[②] 彭光细：《新制度经济学入门》，经济日报出版社2014年版，第94页。

[③] 道格拉斯·C.诺思：《经济史中的结构与变迁》，上海三联书店、上海人民出版社1994年版，第98页。

[④] 彭光细：《新制度经济学入门》，经济日报出版社2014年版，第95页。

二 制度变迁

1. 制度变迁的内涵

在历史漫长的发展过程中，伴随着社会不断的变革与发展，制度也会不断发生改变。高效的制度不断取代低效的制度，诱发了制度变迁。总的来说，制度变迁是"制度的替代、转换与交易过程"[①]。制度变迁的实质就是低效制度被高效制度所替代的过程。戴维斯和诺思认为，之所以会出现制度变迁，是因为新的制度安排产生的收益可能会大于其产生的成本。拉坦认为，技术创新推动社会生产力发展的必然结果就是出现制度变迁。它是非连续的、自发的、向更为有效的制度进行演化的一个动态均衡转换的过程。[②] 林毅夫认为，制度变迁的过程主要包括诱致性变迁和强制性变迁两个部分。布罗姆利认为，当人们预期新的制度安排为其带来可观的利益时，就会对现存的制度安排进行改变，提出新的行为准则，即制度变迁的过程。制度变迁是制度的稳定性、环境变动的未知性及追求利益最大化三者之间相互冲突的结果。随着外部环境的不断变化，原本合理的制度开始变得不合理，在这种情况下，人们就会选择通过创造新的合理的制度来替代不合理的制度。也就是说，制度变迁的过程就是在外在环境改变的条件下重新求解新的合理的制度的过程。[③]

2. 制度变迁的动因[④]

新制度经济学家借鉴了古典经济学"需求—供给"分析方法，

[①] 卢现祥：《新制度经济学》，武汉大学出版社2004年版，第162页。
[②] 吴敬琏：《比较》，中信出版社2005年版，第2页。
[③] 国彦兵：《新制度经济学》，立信会计出版社2006年版，第426页。
[④] 袁庆明：《新制度经济学教程》，中国发展出版社2014年版，第318—356页。

对制度变迁的动因进行深入分析。舒尔茨首次将供求分析方法应用到对制度变迁的分析中，并提出了制度的需求与供给、制度的供求分析、制度的均衡与非均衡等概念。① 戴维斯和诺思以制度的供求、均衡及非均衡为基础对制度变迁的一般原因进行分析，他们认为，制度变迁的主要动因是人们对制度的预期收益大于预期成本。② 拉坦论证了制度变迁、技术变迁和经济发展间复杂的关系，并对影响制度变迁供给与制度变迁需求的因素进行了深入分析。菲尼指出了以往的研究中过于侧重制度需求而忽视制度供给，其以戴维斯与诺思等人的研究成果为基础，构建了以制度供求关系为核心的制度变迁分析框架。③ 林毅夫将经典的"需求—供给"理论框架运用于对制度选择、制度变迁等的分析中。④ 综上所述，在分析制度变迁的动因时，制度变迁的供给以及需求对其产生了重要的影响。

（1）制度变迁供给。制度变迁的供给是在一定的条件下产生的。戴维斯和诺思认为当预期成本小于预期收益时，原有的制度安排会被创新。⑤ 由此可知，制度变迁的供给是指在制度变迁的成本小于制度变迁的收益时，新制度的供给主体设计与推动的制度变迁活动。⑥ 其中，制度变迁的供给主体主要包括个人、团体以及政府。在众多主体中，政府具有重要地位，是制度变迁的主要供给者。制

---

① 舒尔茨：《制度与人的经济价值的不断提高》，载《财产权利与制度变迁》，上海三联书店1994年版，第256—258页。
② 戴维斯、诺思：《制度创新的理论，财产权利与制度变迁》，上海三联书店1994年版，第296页。
③ 菲尼：《制度安排的需求与供给，制度分析与发展的反思》，商务印书馆1992年版，第126—130页。
④ 林毅夫：《关于制度变迁的经济学理论》，载《财产权利与制度变迁》，上海三联书店1994年版，第384页。
⑤ 戴维斯、诺思：《制度创新的理论，财产权利与制度变迁》，上海三联书店1994年版，第274页。
⑥ 袁庆明：《新制度经济学教程》，中国发展出版社2014年版，第331页。

度变迁的供给往往会受到不同因素的影响，主要包括以下四个方面。

第一，宪法秩序和规范性行为准则。宪法秩序、规范性行为准则被新制度经济学家视为外生变量，对制度变迁供给产生重要影响。宪法秩序，一方面指明社会经济制度创新的形式，在特定条件下有助于降低制度变迁成本；另一方面对建立新制度的立法基础以及进入政治体系所需的成本也产生直接影响。规范性行为准则由于受到一国传统文化的影响，对制度变迁的供给也产生了深远的影响。规范性行为准则的制定与实施必须与一国的文化背景和传统相适应，否则将会增加制度变迁的成本。

第二，制度设计的成本与实施新安排的预期成本。制度变迁的成本主要包括制度设计成本、实施新安排的预期成本等，对制度变迁供给产生直接影响。制度设计成本的高低取决于新制度安排中的要素价格（如人力资源或其他资源），如果要素价格相对较低，则制度设计成本较少，反之，制度设计成本较高，从而对制度变迁的供给产生影响。实施新制度安排的预期成本的高低之所以会对制度变迁的供给产生影响，原因在于较高的预期成本会阻碍新的制度安排。

第三，科学知识进步与制度选择集合的变革。科学知识进步使制度变迁的成本降低，制度创新的绩效提升，从而有效促进制度变迁的供给。制度选择集合的变革同样可以影响制度变迁的供给，原因在于科学知识进步、与其他经济接触以及政府政策的改变都能够扩大制度选择集合，降低制度变迁成本。

第四，上层决策者的净利益。在集权程度较高的国家，制度变迁的供给受到处于支配地位的上层决策者净利益的直接影响。诺思认为，一个国家提供新制度安排的意愿决定了制度变迁的供给，处于一国支配地位的上层决策者的净利益决定了制度变迁供给的内容与速度。

（2）制度变迁需求。制度变迁的需求是指人们用效益较高的新制度替代效益较低的旧制度的过程。人们之所以需要新的制度安排，原因在于原有的制度安排使其难以获得潜在利益。诺思认为，由于外部性、规模经济、市场失败以及克服对风险厌恶等原因导致现有的制度安排难以获得外部利润，因此，人们就需要新的制度。[①] 制度变迁的需求通常会受到不同因素的影响，主要包括以下四个方面。

第一，产品、要素的相对价格。产品、要素的相对价格的变化改变了原有的制度安排相对稳定的成本与收益状态，可能导致产品或要素的所有者从中获得更多的利益，当获得的利益大于支付的成本时，对新制度的需求就会增加，从而对制度变迁的需求产生影响。

第二，宪法秩序。宪法秩序作为保障经济社会稳定发展的基本制度，为经济社会出现的各种问题提供了解决途径，制度变迁最终往往都会演变成宪法秩序的变化。而宪法秩序的变化实际上就是政权运行基本规则的变化，会影响新制度安排的预期收益与预期成本，从而对新制度安排的需求产生深远影响。

第三，技术进步。技术进步从多方面对制度变迁的需求产生影响。一是技术进步为新制度安排所需的潜在外部利益提供保障；二是技术进步能够降低交易费用；三是技术进步使各经济部门之间原有的收入分配形式发生变化。

第四，市场规模。市场规模的变化可以使某些制度安排的成本与收益发生改变，同样会对制度变迁的需求产生影响。尤其是市场规模的扩大降低了固定成本对制度创新的阻碍，实现了与规模经济

[①] 戴维斯、诺思：《制度创新的理论，财产权利与制度变迁》，上海三联书店1994年版，第296页。

相适应的制度创新，减少了制度运作的成本，从而增加了对制度变迁的需求。

（3）制度均衡与非均衡。

第一，制度均衡。制度均衡是一种相对平衡的状态，是指在影响人们的制度变迁需求与制度变迁供给因素一定的条件下，制度变迁供给与制度变迁需求相适应。制度均衡意味着人们认为现有的制度安排已经达到理想状态，无须进行改变，因为改变任何现有制度安排所花费的成本都大于其收益。

第二，制度非均衡。与制度均衡相比，制度非均衡是指制度变迁供给与制度变迁需求不一致，对现有的制度安排要进行改变的状态。制度非均衡意味着人们为了追求新的盈利而产生了潜在的改变现有制度安排的需求，这种潜在的制度变迁需求超过了制度变迁的供给，出现不均衡。

在制度变迁过程中制度均衡并不常见，原因在于影响制度变迁需求与供给的因素是随着社会发展而不断变化的。与之相反，制度非均衡是常态，原因在于各种潜在利益层出不穷，促使人们不断进行制度变迁与创新。由此可见，制度变迁的过程实际上就是制度由非均衡转向均衡的过程。

3. 制度变迁的方式

根据制度变迁不同的方式，可将其分为突进式制度变迁与渐进式制度变迁、被动式制度变迁与主动式制度变迁、整体制度变迁与单项制度变迁、诱致性制度变迁与强制性制度变迁四类。在新制度经济学中比较具有代表性的是诱致性制度变迁与强制性制度变迁。

（1）诱致性制度变迁。诱致性制度变迁指的是在响应获利机会时，由行为主体自发进行倡导、组织并且实行的，对现有制度安排进行变更或替代，它具有以下三个特点。

第一，盈利性。推进制度变迁的主要原因是有关群体认为制度变迁的预期成本会小于预期收益,有利可图。

第二,自发性。由于外在利润的存在,有关群体在出现制度不均衡的情况时,会形成自发性的反应,引发诱致性制度变迁。

第三,渐进性。出现诱致性制度变迁,并不是轻而易举的,实际上制度变迁的过程是从下至上、从局部到整体逐渐实现的。制度替代、转换以及扩散的过程均需要时间。

(2)强制性制度变迁。强制性制度变迁指的是通过引入政府命令以及相关法律所实现的制度变迁,它具有以下四个特点。

第一,将政府作为制度变迁的主体。政府一直被认为是推动强制性制度变迁的核心力量,由其主动承担制度设计与安排的任务。

第二,程序是自上而下的。作为制度变迁主体,政府在推动制度变迁的过程中所依据的基本程序是在制定制度后,由各级地方政府承担深入推行制度的责任,直至制度开始真正发挥作用为止。

第三,具有激进性质。强制性制度变迁主要体现在制度一出台就一步到位,而不是渐进性的。因此,激进性非常明显。

第四,具有存量革命性质。强制性制度安排直接从核心制度开始进行改革,变迁力度较大,直接触动核心制度。而诱致性制度变迁则是先从核心制度的外围开始,逐步深入。①

4. 制度创新

"创新"这一概念是由熊彼特首先提出的,他认为创新是生产要素的重新组合,就是要在生产体系中引入一种全新的关于生产条件与生产要素的"新组合"。创新主要包括技术创新、市场创新、产品创新以及组织创新等方面。戴维斯和诺思继承了熊彼特的观点,通过制度变革的原因等方面进行分析,提出了制度创新模型。其他的新制度经济学家对制度创新也有不同的论述,总体来看,制

---

① 卢现祥:《新制度经济学》,武汉大学出版社 2004 年版,第 183—188 页。

度创新是对"社会规范体系的选择、创造、新建和优化的通称,包括制度的调整、完善、改革和更替等"。[①] 在社会发展中,制度通过创新来开拓其绩效范围。制度创新的动力来源于制度主体对创新成本与收益的权衡,当现有的制度安排出现预期成本小于预期净收益时,该项制度就会被创新。制度创新在经济发展中发挥了重要作用,主要包括以下三点。

(1) 增加产出。制度创新能在资源总量不变的条件下,通过制定新规则使资源由生产效率较低的部门转向生产效率较高的部门,实现产出增加。

(2) 促进经济增长。制度创新能够建立有效的激励机制,有效的激励机制可以将个人以及社会目标紧密结合,提高社会生产率,促进经济增长。

(3) 降低交易费用。在现实生活中,存在大量的交易费用。在产出不变的条件下,交易费用由于不直接用于生产过程,因此可以反映一国经济活动的效率。当一国在经济、政治以及法律制度不完善的情况下,会使交易费用大幅增加,导致人们失去寻求有效率产出的动力。在这种情况下,制度创新可以减少交易风险,降低交易成本,加快经济发展。

三 制度与对外贸易

通过前面的分析可以看出,制度是一系列规范与限制人们行为习惯的规则。对外贸易制度是一个国家或地区在进行对外贸易活动时,所制定的制度,主要包括管理组织、管理权分配、管理模式、劳动分工以及利益分配等方面的内容。[②] 作为一国国民经济体制的

[①] 卢现祥:《新制度经济学》,武汉大学出版社2004年版,第144页。
[②] 阮卫华:《入世过渡期后我国对外贸易制度创新方向探析》,《生产力研究》2009年第1期。

重要组成部分，对外贸易制度是一国政府运用行政、经济和法律手段，对对外贸易活动的规模、结构、数量和效益所进行的一系列有组织的干预和调节行为，具体表现为一国在一定时期，对其对外贸易产生影响的政策措施的集合。作为一个国家经济制度以及上层建筑的重要组成内容，对外贸易制度由该国的经济基础决定，同时为经济基础服务。对外贸易制度同一国上层建筑的其他组成部分保持密切联系，彼此之间协调运行。

在国际贸易理论发展中，当其用来解释贸易问题时，大多忽略了制度因素对国际贸易的影响，导致对部分贸易问题难以做出合理的解释。作为新制度经济学的代表人物，诺思在其著作中多次提到了制度和国际贸易理论之间的关系，用制度经济学的理论解释了国际贸易理论难以解释的问题，认为在国际贸易发展中应将制度作为其内生变量，提出了"国际贸易由制度启动"的命题。并在国际贸易理论中引入了制度、产权等相关理论，丰富了国际贸易理论的内容。

国际贸易分工理论的创始人亚当·斯密在其著作《国民财富的性质和原因的研究》中提出了绝对成本理论，并用该理论来说明国际贸易发生的基础。他认为各国进行国际分工的基础是绝对成本的差异，如果一国专业化生产本国具有绝对优势的产品并进行国际贸易，结果将会使各国的劳动生产率大幅提升，社会福利增加。大卫·李嘉图在继承了亚当·斯密思想的基础上，提出了比较成本理论。他认为绝对成本的差异并不完全是各国参与国际分工的基础，由于各国的劳动生产率不同，存在比较优势。因此一国专业化生产本国具有比较优势的产品并参与国际贸易分工就能从中获利，使社会财富增加。绝对成本理论和比较成本理论均以劳动为内生变量，以劳动价值论为基础。但是在探寻不同国家的劳动成本以及劳动生产率存在差异的原因或者国际贸易发生在劳动生产率水平相似的国家间的原因时，无论是绝对成本理论还是比较成本理论都难以做出合理的解释。

赫克歇尔和俄林为了回答这些问题，在其要素禀赋理论（即H-O模型）中又增加了资本这一变量。他们认为各国之间由于资源禀赋的不同使资源或要素的价格不同，各国的比较优势存在差异。因此，各国应专业化生产并出口其比较丰裕的生产要素的商品，进口其较为稀缺的生产要素的商品。但是里昂惕夫以美国的情况为例验证要素禀赋理论时，却得到了完全相反的结论，即"里昂惕夫之谜"。随后，经济学家们围绕里昂惕夫之谜从不同的角度进行解释。

第二次世界大战以来，随着全球经济的复苏，国际贸易得到长足发展并涌现出包括产业内贸易、公司内贸易以及垄断竞争等新的贸易现象。这些新现象的出现一方面使传统的生产要素禀赋理论难以做出令人信服的解释，另一方面也使新国际贸易理论得到发展。经济学家们基于传统贸易理论以静态比较优势为分析依据难以对比较优势的转移等现象给予合理的解释等情况，将新的变量引入贸易模型中，对新的贸易现象进行解释。波斯纳在技术差距论中引入了技术这一变量，他认为一国在技术方面的优势可使其要素禀赋的比率发生变化，从而改变贸易格局。弗农在产品生命周期理论中也纳入技术变量，对战后一些国家从出口某些产品转变为进口这些产品的现象进行了解释。克鲁格曼分析了技术创新对国际贸易的影响，对传统的静态比较优势分析以动态方式加以完善。

传统贸易理论的假设条件是市场完全竞争与规模收益不变，但现实中却出现了不完全竞争与规模收益递增等现象。为了解释这些现象，经济学家们又将市场资源引入贸易模型中。克鲁格曼的"新张伯伦模型"证明了市场结构达到规模经济递增阶段时，两国间即使在要素禀赋与技术方面不存在差异，规模经济、产品水平性差异同样可以使国际贸易得到发展。

尽管经济学家们在国际贸易模型中引入了许多新变量，但对于现实中诸如产生技术、资本变量的差异的原因，相似的自然发展过程中产生资源禀赋差异的原因，比较优势较明显的国家间难以开展贸易的原因等问题仍无法做出合理的解释。

通过上述内容可以看出，传统的贸易理论对国家对外贸易的影响与干预较为重视，但是没有将制度因素作为内生变量来研究。而国际贸易中交易费用等问题的复杂性超出了传统经济学所涉及的运输成本以及保护主义等范围。诺思将制度引入国际贸易模型的分析中，进一步完善了国际贸易理论的内容，扩展了国际贸易理论的应用空间。

制度与对外贸易的发展相互影响，相互促进。制度对对外贸易的影响主要包括以下几个方面。

1. 宏观层面的影响

（1）降低交易费用。经济学家认为，对外贸易能够获利，是因为各国之间存在价格差异。在经济全球化快速发展的今天，随着生产要素的自由流动，各国之间的价格差异逐渐减小，获利的难度越来越大。新制度经济学家认为，促进世界经济持续增长的主要原因，是各个国家实施的贸易制度不同。诺思认为，制度与对外贸易之间存在正相关关系，而交易费用是决定对外贸易能否获利的关键因素，良好的制度可以降低交易费用，从而提高对外贸易的竞争优势。建立有效制度的途径主要包括：一是建立完善的信用制度。在对外贸易活动中，由于买卖双方身处不同的国家，难以实现面对面交易，因此在交易过程中，存在信息不对称、信息缺失等风险，从而使交易费用不断增加。完善的信用制度可以强化买卖双方交易过程的透明度，约束双方的交易行为，保障双方的利益，从而使交易成本大幅降低。二是建立有效的产权制度。产权制度是经济制度的重要组成部分,良好的产权制度可以减少由于信息不对称或不完全所产生的负面影响,从而达到降低交易费用的目的。

(2) 促进产业结构调整。产业竞争力是一个国家发展对外贸易的关键性基础。制度建立和变迁有利于推动相关产业加快形成产业竞争力,使具有竞争优势的产业在一国的产业结构中处于导向地位,产业结构不断优化升级。从另一个角度来说,随着对外贸易活动不断深入,各国产业发展与国际市场的联系日益紧密,为了提升本国产业在国际市场的竞争力,就要求更多具有竞争优势的贸易企业参与对外贸易活动。制度会给外贸企业从事对外贸易活动提供制度保障,提升其在相关产业发展中的活力,明确产业结构的发展模式,从而推动产业结构升级。

(3) 促进政府行为转变。政府是制度建立及变迁的主要推动力量,在对外贸易发展中扮演极其重要的角色。一是政府可以借鉴其他国家先进的技术、管理经验以及市场经验,促进本国对外贸易制度的变迁;二是对外贸易是一国与国际市场发生联系较早的领域,一国政府为了促进本国对外贸易的发展,不断创新对外贸易制度,使其能够满足对外贸易发展的需要;三是政府在对外贸易领域建立的制度所产生的示范效应会推动其他行业制度的建立和变迁,从而带动对外贸易的快速发展。[①]

2. 微观层面的影响

(1) 促进企业实现规模经济效益。一国通常选择本国优势较大的产品或产业来开展对外贸易活动,原因在于这些优势较大的产品或产业在国际市场上竞争力较强,更容易通过贸易获利。在获得一定的利益之后,就会带动该国其他具有比较优势的产品或产业开展对外贸易活动,从而带动一国对外贸易的发展。在此过程中,对外

[①] 张伟:《论制度因素对发展中国家贸易的影响——以中国的外贸发展为例》,《云南民族学院学报》(哲学社会科学版) 2003 年第 3 期。

贸易制度安排能够促进国内市场实现专业化分工，从而形成规模经济效益，带动一国对外贸易的发展。当国内产业更多走向国际市场，就不可避免地会面临更为激烈的竞争，通过专业化分工与规模经济，可以提升企业的国际竞争力，使一国企业在国际市场竞争中处于有利地位。由此可见，制度可以促进企业专业化分工以及形成规模经济效应，反过来，规模经济与专业化分工的不断发展又会形成新的对外贸易制度变迁激励。

（2）激励人力资本开发。在生产要素中，人力资本属于后天创造的要素，是一国竞争优势的主要来源之一，在推动对外贸易发展中起到至关重要的作用。对外贸易活动中，由于各国人力资本的制度通常存在较大的差异，各国人力资本在对外贸易中发挥的作用不同，致使各国对外贸易发展速度各不相同。诺思认为，人力资本内生于一国的经济制度和对外贸易制度安排之中。一国有效的制度会对企业的人力资本形成进行激励，从而使人力资本在对外贸易中充分发挥其优势；相反，如果制度制约了企业人力资本的开发，没有形成有效的激励机制，则会导致人力资本的存量不足，难以发挥其比较优势，从而阻碍对外贸易的发展。

（3）促进技术创新。诺思将制度创新与技术创新联系起来并认为，技术创新实际上是产权制度的一种激励，通过这种激励作用，促进一国技术创新的快速发展。通过对历史经验的总结可以看出，企业是从事对外贸易活动的主体。外贸企业一是通过明晰的产权制度可以促进技术创新，为技术创新提供内部的驱动力以及自由的外部环境，推动技术创新活动。二是通过有效的法律制度保护技术创新的成果。技术创新的快速发展是以全面的法律保护为基础的，技术创新的成果如果有完善的知识产权体系加以保护，就会充分调动企业进行技术创新的积极性，从而以技术优势促进对外贸易的发展。三是通过外贸企业内部的激励制度，把科技人员的利益与技创新的利益紧密结合，从而带动技术创新的快速发展。

从上述分析可知，制度作为人们从事对外贸易活动时必须遵守的游戏规则，必然对一国的对外贸易产生深远的影响。一国的微观层面和宏观层面的对外贸易制度，不仅可以直接影响对外贸易的发展，还可以间接影响对外贸易活动。

第二节 产权理论

在各国经济交往中，对外贸易扮演了重要的角色。中国对外贸易在发展中，应重视产权问题。对产权理论进行深入分析，有助于提升贸易竞争力，改善资源配置效率。

一 产权的内涵

关于产权的内涵，新制度经济学家从不同角度进行界定。德姆塞茨认为产权是人们收益或者受损的权利。[1] 华特斯认为产权是人们处理其控制的东西的权利。[2] 柯武刚与史漫飞认为产权是组织或个人一种受保护的权利，使所有者能通过特有方式处置或持有某些资产，并占有其所产生的效益。[3] 费雪认为产权是抽象的社会关系。一种产权不是一种物品。[4]

通过上述内容可以看出，产权实际上是人对财产的一种行为权利，这种行为权利充分体现了人与人之间在财产的基础上形成的相

---

[1] 德姆塞茨：《关于产权的理论，财产权利与制度变迁》，上海三联书店1994年版，第97—98页。

[2] 华特斯：《经济增长与产权制度，发展经济学的革命》，上海三联书店2000年版，第128页。

[3] 柯武刚、史漫飞：《制度经济学》，商务印书馆2000年版，第212页。

[4] 转引自平乔维奇《产权经济学》，经济科学出版社1999年版，第28—29页。

互认可的关系。① 产权具有所有权、收益权、占有权以及处置权等基本权利。

二 产权的形式

作为一种财产权利，产权有其归属主体。按归属主体的不同，产权可以分为以下两种形式：(1) 私有产权。私有产权是给予特定的人使用、转让资源以及享用收入的产权安排。产权的拥有者可自行决定行使或转让权利。私有产权还具有排他性，对产权持有者与其他经济主体进行明确限制。在市场经济中大部分产权形式都是私有产权。(2) 共有产权。共有产权是给予由多个经济主体组成的共同体内所有成员共同拥有的权利。共有产权不具有排他性，其在个人之间是不可分的。共同体的每个成员都可对某一资源拥有全部产权，实际上这一资源并不为任何个人所有。

三 产权的功能

第一，激励与约束功能。产权关系既是利益关系又是责任关系。一方面产权主体拥有产权的最终目的是获利。当产权主体具有界限明晰的产权，就确定了其获得利益的条件。产权能激励产权主体行使产权权能，调动其积极性，从而获得相应的利益。另一方面，在获得明确的产权后，产权主体有责任维护产权。正是由于产权利益与产权责任密切相关，产权主体通过自我约束，确保产权运营的效果，以期获得利益最大化。

第二，外部性内部化功能。产权的界定实现外部性内部化主要包括两个方面：一是正外部性内部化，可以增加产权主体的利益，有效地激励产权主体；二是负外部性内部化，可以增加产权主体的

---

① 袁庆明：《新制度经济学教程》，中国发展出版社2014年版，第121页。

成本，有效地约束产权主体。

第三，减少不确定性功能。不确定性会增加产权主体进行决策的难度，难以进行合理的预期，使交易费用大幅增加。明晰的产权可以确定产权主体对各种资产的权利，减少经济交往中的不确定性。

第四，优化资源配置功能。产权的交易或转让是资源优化配置的先决条件。产权主体如果具有独立的产权，企业之间的资源流动、企业之间相互合作就都被视为产权制度的正常机制，从而使资源得以优化配置，提高其使用效率。

四 产权与对外贸易

在对外贸易发展过程中，应界定对外贸易活动主体的产权，明确其产权利益与责任，这样才能充分调动产权主体的积极性，使对外贸易发展充满动力。产权与一国的对外贸易制度密切相关，是建立对外贸易制度的重要基础。明晰的产权制度能够促进市场结构日益完善、专业化分工水平不断提升，有利于合理的市场经济体制与对外贸易制度的建立。另外，建立现代外贸企业制度的核心就是产权结构安排。合理的产权结构一方面能够使外贸企业根据建立现代企业制度的要求不断提升自身的经营能力，深化外贸企业改革进程；另一方面对于外贸企业完善外部的监管制度以及形成企业内部的控制制度有极大的促进作用。[①]

第三节 交易费用理论

对外贸易是一国与其他国家之间所进行的贸易活动，由于各国

---

① 唐海燕、张斌盛：《产权结构与我国外贸体制创新》，《生产力研究》2006年第7期。

在政治、经济以及文化制度等方面都存在较大的差异,故在对外贸易活动中存在的风险更大,交易费用更为复杂。由此可见,交易费用理论对对外贸易的发展具有重要的影响。

一 交易费用的内涵

关于交易费用的内涵,新制度经济学家从不同的角度进行了界定。科斯首次"发现"了交易费用,认为交易费用是利用价格机制的成本。威廉姆森将交易费用形象地比作摩擦力,认为其是经济运作所付出的费用。[1] 阿罗认为交易费用是经济制度运行的费用。迈克尔·迪屈奇认为交易费用包括调查与信息成本、谈判与决策成本以及制定与实施政策成本。[2] 张五常认为交易费用"包括一切不直接发生在物质生产过程中的成本"。[3]

综上所述,我们可以看出经济学家对交易费用界定的角度虽然不同,但本质是相同的。根据上述内容可将交易费用定义为当发生法律上或有形意义上的转移时,产生的各种金钱或非金钱的代价。[4]

二 交易费用的形式

新制度经济学中最为核心的内容就是交易费用。在现实经济生活中,交易费用主要有以下几种形式。

1. 市场型交易费用

市场型交易费用涉及交易的全过程,主要包括:(1)搜寻与

---

[1] 威廉姆森:《资本主义经济制度》,商务印书馆2002年版,第32页。
[2] 迈克尔·迪屈奇:《交易成本经济学》,经济科学出版社1999年版,第44页。
[3] 张五常:《经济组织与交易成本,经济解释》,商务印书馆2000年版,第407—408页。
[4] 袁庆明:《新制度经济学教程》,中国发展出版社2014年版,第43页。

信息费用。在进行市场交易时，交易主体首先需要寻找潜在的交易伙伴，因此会产生搜寻费用。与交易伙伴根据交易的主要内容进行沟通，收集相关的交易信息，又会产生信息费用。（2）讨价还价与决策费用。在交易合同签约过程中，会针对交易合同的相关内容进行协商谈判以及做出相应的决策，由此产生了讨价还价与决策费用。（3）监督与执行费用。签订交易合同之后，交易主体之间会根据合同条款的规定对交易各方的履约情况进行监督，由此产生了监督与执行费用。

2. 管理型交易费用

管理型交易费用是企业内部的交易费用。主要包括：（1）固定交易费用。固定交易费用涉及公共关系、人事管理等众多活动，主要包含建立、维持及变革组织设计的费用。（2）可变交易费用。可变交易费用涉及组织运行的费用，主要包含运输、库存费用以及信息费用等。

3. 政治型交易费用

政治型交易费用是由政府等机构提供公共产品的费用，主要包括：（1）建立、维持及变革政治组织的费用。主要包含建立司法体系、管理架构等的费用。（2）政体运行的费用。主要包含国防、教育以及立法等的费用。[①]

三 交易费用的决定因素

交易费用理论的核心是探讨产生交易费用原因及决定因素。威廉姆森在进行了深入研究之后，将其决定因素分为以下三类。

1. 人的因素

威廉姆森认为现实经济生活中的人是"契约人"，表现为有限

---

① 袁庆明：《新制度经济学教程》，中国发展出版社2014年版，第45—47页。

理性与机会主义行为。

（1）有限理性。是指在主观上追求理性，但客观上由于受到限制只能做到有限理性。由于人们的理性是有限的，在建立合约时难以将合约安排的全部信息搜集起来，也难以预测未来可能发生的变化，由此可见合约是不完全的。在现实经济生活中，人们组建形式各异的经济组织，选取各种合约形式的目的是弥补个人在外界事物复杂性与不确定性时理性缺乏。

（2）机会主义。是指在交易过程中，人们不仅追求利益最大化，而且采取各种不正当的手段来实现这一目标。机会主义行为通常与信息不对称有关。当交易一方具有信息优势时，为了获利而采取欺骗、偷窃等手段。这就加深了交易伙伴之间的怀疑程度，从而增加了交易中的监督费用。

2. 与特定交易有关的因素

（1）资产专用性。是指在不牺牲生产价值的前提下，资产被不同的人用于不同用途的程度。资产专用性与沉没成本有密切的关系。当特定交易中投入耐久性投资时，这种投入的资产具有专用性。投入的资产通常包括可变成本和固定成本两部分。当交易一旦提前终止，固定成本往往难以回收或者转为他用，有较强的资产专用性，也会产生较高的交易费用。

（2）交易的不确定性。包括在交易过程中发生的难以预测的突发事件、交易双方信息不对称、事先预测的成本和在合约中制订处理措施的成本过高等所引发的不确定性。不确定性与有限理性及机会主义密切相关。如果在交易中不确定性较大，交易双方会设计一种使彼此都能接受的合约安排，以保证一旦发生难以预测的情况，交易双方能平等进行谈判，这必然会导致交易费用的增加。

（3）交易频率。交易频率是指重复发生同类别的交易的次数。交易发生的频率与交易中合约安排的平均成本有关。交易主体为了保证交易的稳定性，愿意花费资源设计特殊的合约安排，交易的次数越多，交易费用就越低。相反，如果交易是偶然的或一次性的，则交易费用就很高。

（4）商品与服务的多维属性。不同的商品与服务自身具有多种属性和不同的特点，在交易双方进行交易之前，对这些商品与服务的属性和特点需进行全面的了解，要获取与之相关的信息就要承担较高的信息费用。

（5）交易的关联性。当交易具有很强的关联性时，交易各方需要收集更多的信息，最终使彼此之间达成一致。交易依赖的程度越高，进行相互协调的需求就越大，因此产生高额的交易费用。

3. 交易的市场环境因素

交易的市场环境是指潜在交易对手的数量。在完全竞争市场中，交易对手越多，交易费用则越小。在垄断市场中，高昂的垄断价格使交易费用也不断增加。资产专用性越强，说明垄断势力越大，从而使交易费用增加。

四 交易费用与对外贸易

在对外贸易发展中，由于交易费用的存在，一方面阻碍了对外贸易范围的扩大。这是因为不同国家之间进行贸易往来机会的大小取决于交易费用的高低，如果各国之间进行贸易时交易费用较低，则贸易机会较大，也使贸易范围得以扩大。反之，交易费用较高时，贸易机会较小，贸易范围会受到影响。另一方面影响了国际分工的发展。如果在国际分工中交易费用较低，各国将通过贸易往来达到均衡状态，国内产品中既包含国际贸易商品也包含非国际贸易商品，从而促进国际分工的发展。反之，则限制国际分工的发展。

第三章

中国对外贸易制度分析

从中华人民共和国成立至今已经有68年的历史,在这68年当中,中国的经济水平和对外贸易发展水平发生了显著的变化,实现了飞跃式的发展。对外贸易发展所取得的众多成绩,与中国实施对外贸易制度安排密切相关。中国对外贸易制度与对外开放是同步进行的,在对外开放战略的指导下,中国对外贸易制度也经历了变迁和创新的过程,发生了根本性的变化。在这个过程中,中国对外贸易制度由计划经济体制下的保护贸易制度转变为市场经济体制下的自由贸易制度。这使得传统贸易制度对商品和要素市场的不利影响不断降低,并且通过制度创新,进一步提升了中国的资源配置效率及生产率水平,使国内企业在国际市场上的竞争力不断增强,实现对外贸易高速增长,加快了中国经济与世界经济相互融合的进程,对中国经济发展起到了强有力的推动作用。

第一节 中国对外贸易制度变迁

一 中国对外贸易制度变迁的历程

中华人民共和国成立至今,中国对外贸易制度变迁大致可分为以下四个阶段:第一个阶段为1949年至1978年;第二个阶段为1979年至2001年;第三个阶段为2002年至2007年;第四个阶段为2008年至今。对外贸易制度变迁在不同阶段都呈现出不同的特征。

1. 计划经济体制下对外贸易制度（1949—1978年）

中华人民共和国成立以后，由于对外受到帝国主义的经济封锁，对内受到资源短缺等原因的限制，中国建立了具有自身特色的对外贸易制度。一是效仿苏联的做法，由国家统一领导、集中管理对外贸易；二是为了减少对发达国家的经济依赖，强调独立自主，弱化对外贸易对经济发展的促进作用。逐渐形成了由国家统一集中领导，国营外贸企业为主体统一经营，国家统负盈亏、高度集中的对外贸易制度。这种对外贸易制度能极大地满足高度集权的计划经济体系的需求，而且，不断变化的国内外形势，又使这种在特定的历史条件下建立和发展起来的高度集中的对外贸易制度逐步得到强化。但是，中华人民共和国成立以来，中国对外贸易一直奉行"互通有无，调剂余缺"的贸易方针，使对外贸易处于从属地位，只作为国内生产的延伸，使对外贸易在贸易范围和贸易规模等方面都受到较大限制，主要特征包括以下几个方面。

（1）统一管理对外贸易工作。中央政府于1949年11月设立了中央贸易部，并在贸易部内又设外贸司，主要承担对国内外贸易进行统一的管理和领导等工作。与此同时，各地方政府在中央贸易部的统一领导下，相继组建了地方对外贸易管理机构。中央贸易部于1950年在该部国外贸易司下设立了国营外贸公司，专门从事相关的对外贸易工作。由国营外贸公司负责对社会主义国家的贸易统一管理，并对资本主义市场重要物资的进出口业务逐渐进行统一经营和管理。中央政府于1952年9月实施内外贸分别管理的政策，撤销原有的中央贸易部，新建对外贸易部，对全国的对外贸易工作进行统一管理。同时，在各大行政区、主要口岸等建立对外贸易部特派员办事处，实行对外贸易部与地方政府的双重领导。在各大行政区于 1954 年撤销以后又成立了地方对外贸易局。集中统一的对外贸易管理机构在全国范围内开始逐步建立。

（2）统一对外贸易管理条例。中央政府于 1950 年 12 月先后颁布了《中华人民共和国对外贸易管理暂行条例》和《对外贸易管理暂行条例实施细则》，此后政府及相关职能部门又陆续颁布了一系列与对外贸易经营管理有关的法规，主要包括审批登记各类外贸企业和外商机构、实行进出口商品分类管理、推进进出口许可证制度、审核进出口价格等[①]。并在此基础上，逐步在全国范围内统一对外贸易管理条例，改善对外贸易分散管理的情况，以立法的形式保证中央政府在对外贸易管理中的统一领导。

（3）国营专业外贸公司垄断经营。中央贸易部成立后，在其所属国营外贸公司下，先后设立了主管与苏联等国家对外贸易的中国进口公司；主管与西方国家对外贸易的中国进出口公司；经营外贸出口和收购业务的中国矿产、畜产、蚕丝、油脂和茶叶等公司。1953 年，在对外贸易部成立以后，重新调整和改造了原中国进口公司和中国进出口公司，成立了 14 个由外贸部直接领导的专业进出口公司和两个从事海洋运输和陆路运输业务的外贸运输公司，由有关的总公司和当地外贸局对各大口岸和内地的分公司实行双重领导。此后，又多次对各外贸专业公司进行调整，设立了各地方分公司及子公司。1950 年 9 月中央贸易部与合作事业管理局共同发出指示，在规定的条件内，准许合作机构对部分进出口业务进行经营。[②]由于对外贸易的经营权集中在国营专业外贸公司，在对外洽谈贸易之前，通常由外贸公司先从生产企业预先购进商品，然后再出口给外国客户。由于生产企业不直接面对外国客户，无法了解国际市场

---

① 中国外贸体制改革的进程、效果与国际比较课题组：《中国外贸体制改革的进程、效果与国际比较》，对外经济贸易大学出版社 2006 年版，第 10 页。

② 同上。

上该产品的供求状况，造成产销脱节，从而难以生产适销对路的商品，不利于提升对外贸易竞争力。

（4）对私营进出口企业进行社会主义改造。1949—1955年，中国虽然保留了一定比例的私营进出口企业，但在对外贸易领域始终占据领导地位的仍是国营进出口企业。中华人民共和国成立后，中央政府明确划分了对外贸易领域的企业经营范围，实行了公私兼顾及区别对待的政策。限制私营进出口企业的外贸经营范围、电汇、信贷、税收及价格等方面的活动，同时对私营进出口企业的经营渠道加以充分利用，以此服务于国营外贸企业，与此同时也对私营进出口企业在一定程度上进行了社会主义改造。中央政府于1952年通过了委托经营以及公私联营的经营方式，在国家计划的轨道中加入私营进出口企业经营的成分。1956年，基本完成私营进出口企业的社会主义改造。从此以后，一切对外贸易业务的经营和管理都通过对外贸易部下属的各专业进出口公司完成。在全部对外贸易业务领域，国家经营对外贸易所占的比重从1950年的66.8%上升至1957年的99.9%，形成了以国家统制为基本特征的对外贸易格局。[①]

（5）实行贸易保护政策。中央政府于1949年9月发布了《中国人民政治协商会议共同纲领》，明确规定在社会主义计划经济框架下，中国将对对外贸易进行管制，并且逐步对贸易进行保护。这项制度的制定与中国当时所面临的国内外环境有直接关系。国内方面由于经历多年的战争摧残，工业发展停滞不前，百废待兴；国际方面由于受到西方资本主义国家经济封锁，最终促使中国在对外贸易的发展过程中实行贸易保护。从中华人民共和国成立到改革开放以前，中国主要通过关税及非关税壁垒的形式保护对外贸易，取得

[①] 夏英祝：《中国对外贸易》，人民邮电出版社2014年版，第130页。

了显著的成绩。

（6）国家统负盈亏。这一阶段由于中国建立起由国家统负盈亏的外贸财务制度，难以调动外贸企业的生产积极性，存在"吃大锅饭"的思想。不利于外贸企业充分发挥其出口促进作用，走向企业化经营道路。

这一时期，中国对外贸易制度逐步建立，并且具有高度集中、国家统一管理、统负盈亏等特点。这种对外贸易制度满足了计划经济体系发展的需求。这一阶段中国对外贸易制度变迁具有明显特点：第一，作为对外贸易制度变迁的主体，政府供给大量的制度安排，有效地推动制度变迁。第二，在对私营进出口企业进行社会主义改造的过程中，制度变迁显现出强制性制度变迁的特点。

2. 改革开放条件下对外贸易制度（1979—2001年）

改革开放以来，随着国内外经济形势的改变，中国经济体制从高度集中的计划经济体制逐步转向市场经济体制。与此同时，中国对外贸易制度也从高度集中、统一管理逐步向对外开放的方向进行变革。变革的主要原因，一方面原有的对外贸易活动由国家进行统一安排和管理，难以充分调动对外贸易企业的积极性；另一方面，也清楚地认识到开展对外贸易活动可以获得较为可观的经济利益，并能实现自身经济的快速发展。按照中国外贸制度变革的具体情况，其改革的过程主要可以分为以下几个阶段：第一阶段是1979—1986年以外贸经营权下放为主要内容；第二阶段是1987—1990年以外贸经营承包责任制的推行为主要内容；第三阶段是1991—1993年以取消外贸财政补贴、自主经营、自负盈亏为主要内容；第四阶段是1994—2001年以实行汇率改革、取消承包制、建立适应国际经济通行规则的综合配套改革为主要内容。

（1）中国对外贸易制度探索改革阶段。这一阶段是对原有的对外贸易制度进行改革的探索阶段，主要特征包括以下几个方面。

第一，调整外贸管理机构。1979年7月第五届全国人大常委会第10次会议通过决议，对外贸管理机构进行大幅调整，成立了中华人民共和国进出口管理委员会和外国投资管理委员会，以加强对外贸业务的管理。"国务院于1980年将对外贸易部的海关管理局改为中华人民共和国海关总署，将全国商品检验总局改为中华人民共和国进出口商品检验局。第五届全国人大常委会第22次会议于1982年3月通过决议，将对外贸易部、对外经济联络部、国家进出口管理委员会、国家外汇投资管理委员会合并成立对外经济贸易部。"[①] 另外，中央政府为了给专业外贸公司"走出去"提供便利，在一些主要国家建立了贸易机构。对外贸易部先后在日本、英国、法国等设立中国进出口公司代表处，在美国、阿联酋、巴拿马及德国等地设立了由对外经济贸易部直接投资和领导的西欧中国贸易中心，除此以外，还在海外设立许多贸易公司，负责对外销售、进口订货等相关工作。通过以上的调整，确立了对外经济贸易部的主要职责，即对中国对外贸易的发展进行统一管理和领导。

第二，简政放权。经过充分的准备工作，中国政府于1980年1月1日正式启动了以简政放权为主要内容的对外贸易制度改革。自1984年起，对外经济贸易部实施简政放权的一系列改革措施，主要包括以下几个方面：一是大部分省份有权对外汇收入按比例进行保留；企业自行使用的外汇留成比例为50%。二是明确28种限制进口商品，允许一批机构无须经过经贸部就可以进口非限制类商品。三是在对外贸易制度改革报告中，将"政企分开""简政放权""实行外贸代理制""改革外贸计划体制"和"改革外贸财务体制"等作为核心内容。四是在广东省与福建省采取扩大外贸经营权的措施，省外贸公司负责自行经营大部分产品的出口业务。分别在北

[①] 中国外贸体制改革的进程、效果与国际比较课题组：《中国外贸体制改革的进程、效果与国际比较》，对外经济贸易大学出版社2006年版，第20页。

京、天津、辽宁和福建等省市设立外贸总公司，由其负责经营部分本地自产商品出口以及引进地方所需物资及技术等核心业务。五是批准19个中央有关部委建立进出口公司或工贸公司，由其负责接管原来由外贸专业公司经营的部分商品的进出口业务，实现"工贸、技贸结合"，使国内生产企业直接面向国际市场，更广泛地参与国际竞争。六是成立了一些综合性贸易公司，其经营范围较广，除了系统内的进出口业务外，还兼营某些商品和代理国内单位的进出口业务。此外，其他部门和团体也成立了进出口业务公司和服务性业务公司，主要负责某类商品的进出口业务及对外广告宣传、展览和咨询等业务。

第三，实行出口承包经营责任制。为了打破原有由国家统负盈亏的财务制度，外贸专业总公司于1987年实行出口承包经营责任制，主要承包出口总额、出口盈亏总额、出口商品换汇成本三项指标。外贸公司内部机构之间也推行责任制，以此实现企业发展与员工利益的紧密连接。总承包的外贸专业总公司的自主经营权合理的扩大，并开展多种贸易形式，不断扩大对外贸易渠道。

第四，简化外贸计划制度。随着外贸经营权逐渐向企业下放，外贸专业总公司全部承担外贸计划的情况也逐渐改变，除外贸总公司外，其他单位和企业经批准经营进出口业务，承担国家出口计划任务。1984年，国家在制定对外贸易计划的过程中，将部分中心城市视同为省级计划单位，实行了计划单列，在外贸管理权限方面享有省级待遇。1985年，对外经济贸易部不再编制与下达外贸收购与调拨计划，不断缩小指令性计划范围，进一步扩大指导性计划范围。

第五，调整外贸财务制度。在此阶段，中央财政对外贸财务制度进行了深入的调整与完善，在财务管理方面使外贸企业与其主管部门脱离；改变进出口商品原有的征税办法，全面调整了进口商品征税以及出口商品退税的范围；执行财政部试行企业基金的规定，使企业日益重视经济效益的提升。①

第六，实行国家统治下趋向开放的保护贸易政策。1986年7月，中国向关贸总协定提交了《中国对外贸易制度备忘录》，并在其中声明：由于相关条件的制约，中国在确定进口商品结构时，只能依据有利于提高出口能力、促进国内技术进步以及节约使用外汇的基本原则。② 这一阶段，中国在出口方面实施的是出口导向战略，而在进口方面实施的是进口限制措施。

（2）中国对外贸易制度扩大改革阶段。中国对外贸易制度经过上一阶段的变迁，强化了市场机制在对外贸易运行中的作用，使中国对外贸易基础结构发生重要变化。虽然取得了一些成绩，但是在对外贸易制度变迁中还存在一些关键性问题尚未得到有效的解决，还未取得突破性的成果。国务院于1988年2月颁布了《关于加快和深化对外贸易体制改革若干问题的规定》，宣布对外贸易承包经营责任制将进行全面推行，进一步推动对外贸易制度变迁的进程，使中国对外贸易朝着"自负盈亏、放开经营、工贸结合、推行代理制"③ 的方向前进，主要特征包括以下几个方面。

第一，推行对外贸易承包经营责任制。对外贸易承包经营责任制的实施，使对外贸易主体在财务方面与总公司进行脱离，与地方财政实现挂钩，承包任务落实到各相关企业；各承包单位自负盈亏；各承包单位获得的外汇收入在承包指标以内的按照一定比例分别上缴国家以及留给地方和企业，由于地区、行业及商品不同其留成比例也各不相同。一般商品外汇收入的超出部分留给地方和企业

---

① 中国外贸体制改革的进程、效果与国际比较课题组：《中国外贸体制改革的进程、效果与国际比较》，对外经济贸易大学出版社2006年版，第24页。

② 谭祖谊：《中国经济结构演进中的贸易政策选择》，人民出版社2008年版，第124页。

③ 《国务院关于加快和深化对外贸易体制改革若干问题的规定》，中华人民共和国中央人民政府门户网站，http://www.gov.cn，1988年2月26日。

较大比例,其余部分上缴国家,其留成比例基本上拉齐,而出口机电产品的外汇收入实行全额留成。

第二,进行自负盈亏改革试点。对外贸企业进行自负盈亏试点改革,以轻工业、工艺品及服装三个行业为主。将出口收入按比例用于企业经营及职工福利。1988年还改变了利润留成办法,将试点企业的利润留成大部分改为承包上缴利润基数,另外一部分实行承包基数内和超基数利润按不同比例留成。试点企业完全实行自负盈亏。

第三,深化外贸计划体制改革。在出口承包经营责任制的推动下,对外贸易计划体制也发生了深刻的变革。与以往不同,国家进一步缩小了进出口商品指令性计划的范围。在进出口商品计划中,指令性计划的商品分别占进出口总额的20%和30%,与此同时,国家还扩大了指导性计划和市场调节的范围,指导性计划的商品占出口总额的15%,其余商品均实行开放经营、市场调节。在出口计划中,大部分出口任务由地方承包经营,属于指导性计划,实行单轨制编报下达,统一经营、联合经营的21种出口商品占小部分,属于指令性计划,实行双轨制编报下达;在进口计划中,地方部门于1988年自有外汇进口所占比重逐渐超过中央外汇进口比重。

第四,转变外贸行政管理职能。在国务院的授权下,对外经济贸易部及各地方经贸厅充分行使其外贸行政归口管理和分级管理职能。各级外贸行政管理部门都要改进和加强外贸行政管理工作。对外经济贸易部对外贸行政管理由直接控制转向间接控制,加强对外贸的宏观管理,实行政企职责分开,逐步实现外贸行政管理职能的转变。对外经济贸易部下放了多项外贸行政管理权力。1988年4月至7月,外贸公司审判权下放期间,新批准成立的外贸企业达2000多家。[①]

[①] 中国外贸体制改革的进程、效果与国际比较课题组:《中国外贸体制改革的进程、效果与国际比较》,对外经济贸易大学出版社2006年版,第26页。

(3) 中国对外贸易制度深化改革阶段。为了促进外贸企业经营机制的转变，国务院于1990年12月9日发布了《关于进一步改革和完善对外贸易体制若干问题的决定》（以下简称《决定》），在《决定》中对深化外贸体制改革做出了进一步的要求，使改革开放的总进程不断加快，主要特征包括以下几个方面。

第一，取消财政补贴制度。《决定》以调整汇率为基础，取消外贸企业的出口财政补贴，增加外贸企业的外汇留成比例，使外贸企业实现自主经营、自负盈亏。通过把外贸企业全面推向国际市场，促进外贸企业的发展，提升自身的国际竞争力，建立较为完善的企业经营机制。

第二，改革外汇留成制度。对原有的外汇留成制度进行调整，实行按不同商品大类统一比例外汇留成制度。以此消除地区间不平等竞争，推动市场有序发展。外汇留成制度与汇率"双轨"制的实施，使企业支配和使用外汇的权力不断扩大，在一定程度上推动了进口的增长，为进一步开展良好的对外贸易关系奠定了基础。为了保证国家及时收汇并防止逃汇、套汇等现象的发生，外汇管理部门和结汇银行对外汇实行跟踪结汇，对出口外汇的管理进一步加强。

第三，下放部分外贸管理权。中央政府向地方逐渐下放外贸管理权，外贸企业逐渐减少了对国家财政补贴的依赖，企业的经营模式也逐步转向"自负盈亏，增长效益"，外贸企业开展业务的主动性和积极性得以充分调动。

第四，调整外贸部门组织机构。1993年对外经济贸易部正式更名为对外贸易经济合作部（以下简称"外经贸部"），为了适应职能的转变，对所设机构进行调整，侧重于增设宏观管理机构。外经贸部在原有组织机构的基础上，增设了经贸政策和发展司、经济协调司等，并撤销了进出口司等微观管理机构。

第五，改革进出口管理制度。进一步加大进出口管理制度改革的力度，在出口方面，完善出口管理制度，取消原有出口商品分类经营的相关规定，缩减国家对商品进行管理的范围，除了少数需要由国家组织统一经营的特殊出口商品以外，各相关外贸企业对其余的各类商品出口实行自负盈亏、开放经营；在进口方面，加快进口管理制度改革的步伐，通过降低进口关税，取消某些商品的进口补贴，合理缩减进口许可证管理商品的品种范围，简化进口行政审批手续等方式，积极推动进口贸易的发展。

（4）中国对外贸易制度改革创新阶段。自1994年以来，中国在改革开放的过程中逐步建立起国民经济新体制，使经济发展迈进新的历史阶段。为了最大限度地满足社会主义市场经济体制发展的需要，中国进一步创新对外贸易制度，初步建立起符合社会主义市场经济体制的对外贸易制度，成为国民经济发展中不可缺少的组成部分，主要特征包括以下几个方面。

第一，深化对外贸易管理制度改革。在外汇方面。1993年年底发布了《国务院关于进一步改革外汇管理体制的通知》和《中国人民银行关于进一步改革外汇管理体制的公告》，从1994年1月1日开始进行外汇制度改革，实行"以市场供求为基础的、单一的、有管理的浮动汇率制度"，取消外汇留成制度等，逐步建立统一规范的外汇市场，逐步实现人民币可兑换。

第二，完善对外贸易法律制度。1994年5月12日正式颁布对外贸易的根本立法——《中华人民共和国对外贸易法》，揭开了中国对外贸易法制化的进程。此后，又陆续颁布《对外贸易经济合作部关于设立中外合资对外贸易公司试点暂行办法》以及《中华人民共和国反倾销和反补贴条例》等法律法规，使中国的对外贸易在市场经济体制下得以有序运行。加入世界贸易组织意味着中国对外贸易的法制建设要以世界贸易组织的法律制度框架为基础。中国于

2001年年底已基本完成国家涉外经济法律、法规、规章的清理和修订工作。

第三，改革对外贸易行政管理制度。一是国家放宽对生产企业经营对外贸易的审批标准，经营主体逐步实现多元化。二是国家还逐渐放开了商品经营的范围，如经营蚕丝、茶叶等商品的企业不断增加，同时，国家也对大宗和重要敏感商品的出口加强管理，控制这类商品的出口。三是将行政管理手段按照国际通行的规则进行改革，并通过配额加许可证的办法或配额有偿招标、拍卖和规范化的分配办法或核定经营的办法对不同商品进行管理。

第四，实行国家管制下趋向贸易自由化的保护贸易制度。与上一阶段相比，国家本阶段对外贸的管制逐渐放开，开始通过市场调节对中国对外贸易的发展。对外贸易政策与国际贸易惯例相互融合，涉及的内容日益广泛。

改革开放以来，中国对外贸易的发展进入了新的阶段，对外贸易制度也由高度集中、统一管理逐步向对外开放的方向进行变革。国家逐渐减少对对外贸易活动的干预和管理，而从事对外贸易活动的企业的经营自主权也不断加大。符合社会主义市场经济发展要求的、相对自由化的对外贸易制度基本建立。在这一阶段对外贸易制度变迁的主体仍然是政府，对外贸易制度变迁的方式以强制性变迁为主，并伴随着诱致性制度变迁。从事对外贸易活动的企业不断增多，市场规模不断扩大，企业活力日益增强。

3. 经济全球化背景下对外贸易制度（2002—2007年）

经过漫长而又艰难的谈判，中国于2001年12月11日正式加入了WTO，成为其第143个成员。从此以后，中国对外贸易制度改革都要在WTO多边贸易体制框架的约束下进行。中国在享受WTO多边贸易体制促进贸易自由化的成果同时，也要使经济更深入地融入经济全球化的运行体系之中。经过多年的发展，中国对外贸易制度变迁取得了一定的成绩,与 WTO 多边贸易体制相互矛盾的问题得到有效的解决,但在某些领域仍然存在不相适应的地方,因此,中国政府需要结合 WTO 要求及中国具体国情进行规范和调整。

(1) 改革行政管理组织机构。在加入 WTO 之后,为了适应建立健全统一、开放、竞争、有序的市场体系的要求,国务院于 2003 年 3 月,撤销了外经贸部以及国家经贸委,组建商务部。在整合原有对外贸易管理机构相关职能的基础上,商务部主要负责研究和拟定与对外贸易发展相关的法律法规,并对外贸活动进行有序的控制和管理。

(2) 完善对外贸易法律制度。为了使国内原有的对外贸易法律法规符合 WTO 多边贸易规则的要求,中国清理并修订了国内的相关法律法规,并陆续出台了《货物进出口管理条例》和与之配套的多项部门规章,涵盖了中国进出口管理的全过程。另外,又对一系列法案进行修订,不断完善,使中国对外贸易法律体系与国际通行的法律体系接轨,更好地为中国对外贸易的快速发展服务。

(3) 规范货物进出口管理制度。在降低关税及非关税措施方面,加入 WTO 之后,为了履行承诺,中国于 2002 年开始在较大范围内进行实质性降税,平均关税水平下降至 9.8%。同时还对非关税措施进行大幅削减和规范,对于部分商品的进出口取消数量限制,对于重要农产品以关税配额管理代替原来的绝对配额管理。在货物进出口管理方面,商务部等主管对外贸易的部门还相继出台了进出口配额许可证管理等与货物进出口管理有关的规定;在出口退税方面,从 2004 年 1 月至 2010 年 7 月先后 9 次从担负体制、增值税率以及出口退税率等方面对出口退税制度进行改革,促进货物出口;在利用外资方面,修订并颁布了《指导外商投资方向规定》和《外商投资产业指导目录》,完成了 WTO 知识产权理事会对中国入世以来执行《与贸易有关的知识产权协定》和相关承诺的审议工作，使市场准入程度不断加大；在运用多边贸易规则方面，中国政府较快完成角色转换，积极投身多哈回合新一轮的多边贸易谈判，合理行使 WTO 成员权利，处理各种贸易纠纷时灵活运用多边贸易机制，有效地维护了中国的正当权益。

（4）实行公平与保护并存的对外贸易政策。加入 WTO 之后，中国在确立对外贸易政策时要兼顾 WTO 的相关规则以及对外贸易发展的现状，在享受 WTO 各种优惠政策的同时，履行其所赋予的义务与责任。因此，中国在 WTO 规则框架下确立了公平与保护并存的对外贸易政策。确定此类对外贸易政策的主要原因是：加入WTO 后，面向国际市场需要履行其责任以此保证各国对外贸易的公平；面向国内市场需要对幼稚产业进行保护以此促进这些产业的发展，从而提升其市场竞争力。中国在制定对外贸易政策的过程中，以较为持久的比较优势为基础，实现产业结构优化升级，带动经济均衡发展，使其进一步与全球经济相融合。

从总体上看，加入 WTO 后中国对外贸易制度变迁的方向正确，比较稳健。但与前一阶段相比，对外贸易制度变迁的方式也发生了一定的变化。一方面由于 WTO 要求实现贸易自由化，这使得中国在短期内围绕贸易自由化这一核心制定并实施了多项制度安排；另一方面在某些领域摒弃了以往渐进式对外贸易制度变迁，大大加快了中国对外贸易制度变迁的进程。该阶段政府仍然是制度变迁的主体，为了促进对外贸易健康有序发展，加大引导从事对外贸易活动的企业进行自我完善的力度，在企业内部建立健全经营管理制度，有效地提高了外贸企业的经营活力。

4. 金融危机后对外贸易制度（2008 年至今）

美国于 2008 年爆发的次贷危机，引发了全球范围的金融危机，在国际贸易领域产生了较为不利的影响。很多国家在金融危机爆发以后，对进口商品的需求持续减少，许多外贸企业倒闭。近几年，中国对外贸易增长率出现不断下降的情况，除了受到金融危机的影响以外，也与中国劳动力成本上升，导致生产成本上升有密切的关系。这使得中国原来依靠生产成本的比较优势渐渐消失，因此，需要不断地进行制度创新，来促进中国对外贸易的持续、稳定的增长。[①]

（1）转变对外贸易发展方式。随着中国经济与世界经济进一步互相融合，其联系日益紧密，受世界经济变动的影响也越来越大。在金融危机爆发后，对中国对外贸易的发展产生了较为不利的影响。现阶段中国面临的主要问题是外需不足，导致出口贸易持续下降。因此，中国将扩大内需作为宏观经济政策的核心目标，并召开常务会议，明确通过增加居民收入、完善社会保障制度、建立拉动内需政策的配套设施以及逐渐改变居民的消费观念等途径扩大内需，拉动经济发展。与此同时，也将稳定外需作为转变经济发展方式的重要目标。国务院为了进一步稳定外需，转变对外贸易发展方式，保持中国出口产品国际竞争力，在完善出口贸易措施、减轻外贸企业负担以及解决资金周转困难等方面确定了相关的制度安排，主要体现为完善出口信用保险制度、完善出口税收制度、完善外贸企业融资制度、完善加工贸易制度等。

（2）调整对外贸易政策。金融危机后，国际经济形势日趋严峻，西方发达国家经济发展速度放缓，导致贸易保护主义在全球范围抬头，制约了中国对外贸易的发展。正是这些影响的存在，使中国不断调整对外贸易政策，由原来以"奖出限入"为核心，逐步转变为在保障出口的前提下，鼓励进口发展为中心。调整的具体内容包括：首先，调整出口退税政策。中国政府通过上调在国际市场上受影响较大的出口商品的出口退税率以及削减相关产品出口费用等

---

① 郝璐、年志远：《比较优势、交易成本与对外贸易制度创新——兼论中国对外贸易制度改革》，《云南社会科学》2015 年第 6 期。

措施推动国内企业参与国际竞争。其次，调整加工贸易政策。给予加工贸易企业更多的资金及政策支持。最后，完善贸易摩擦应对机制。中国政府通过建立贸易摩擦预警机制以及颁布应对有关贸易摩擦的法律法规政策，帮助企业有效地应对贸易摩擦。

（3）完善海外投资制度。由于以美国为代表的发达国家受到金融危机的影响，对进口商品实施了较为严格的限制措施，因而使中国的出口贸易受到阻碍。为此，中国政府采取各种有效措施，为中国企业"走出去"提供有力的金融支持，鼓励中国企业在海外通过并购、参股以及注资等方式进行投资，以扩展国际市场。

现阶段，在全球经济下滑、中国经济发展步入新常态的背景下，对外贸易制度变迁以培育新的贸易优势与贸易结构的长期性调整为方向。本阶段对外贸易制度变迁仍以政府为主导的强制性、整体性变迁为主，但逐渐向诱致性、局部性变迁过渡。尤其针对现阶段复杂的国际经济局势，中国在对外贸易制度变迁过程中，以更为科学的方式进行决策，在一定程度上降低了制度变迁成本，取得了较好的效果。

加入 WTO 以后，中国也开始意识到过度追求对外贸易顺差，其结果过于片面并不利于对外贸易发展。因此开始注重贸易结构的优化和质量的提高，有利于发挥进口贸易的经济增长效用。金融危机所带来的消极影响促使中国在保持对外贸易总体发展战略不变的前提下，不断调整和完善对外贸易制度，重视进出口贸易平衡，削弱贸易保护主义的不利影响，提升国际竞争力。[①]

二 中国对外贸易制度变迁与对外贸易发展

中华人民共和国成立以来，随着中国对外贸易制度的建立及不

---

① 赵春明：《低碳经济环境下中国对外贸易发展方式转变研究》，人民出版社 2014 年版，第 52—55 页。

断完善，促进了对外贸易的快速发展，取得了显著的成绩。

1. 中国对外贸易制度变迁与对外贸易总量变化

通过对中国对外贸易制度变迁的历程进行梳理与总结，我们可以看出，在不同的历史阶段，对外贸易制度的深入变革有效地促进了对外贸易总量的提升。中国对外贸易制度变迁对外贸总量的提升可根据前述历史阶段的划分加以阐述。

（1）第一阶段（1949—1978年）。中华人民共和国成立以来，为了尽快恢复国民经济，保证国内经济发展所需物资的进口，国家建立了高度集中和统一的对外贸易制度。其在一定程度上，推动了中国对外贸易的发展。从表3.1可以看出，进出口贸易总额从1950年的11.3亿美元增加到1978年的206.4亿美元，年均增长率为10.9%。其中，出口贸易总额从5.5亿美元增加到97.5亿美元，年均增长率为10.8%；进口贸易总额从5.8亿美元增加到108.9亿美元，年均增长率为11.0%。而且出口商品结构也不断改善，制成品出口比重从1950年的20%左右上升到1978年的46.5%，对外贸易总量不断提升。但是，这种以国家统制为主的对外贸易制度也存在较大的弊端，如难以调动地方外贸经营的积极性、管得过死、产销脱节等。这些弊端严重制约了中国对外贸易的发展。

表3.1　　　　　　1950—1978年中国货物进出口情况统计　　　　单位：亿美元

年份	进出口贸易总额	增长率（%）	出口贸易总额	增长率（%）	进口贸易总额	增长率（%）	贸易差额
1950	11.3		5.5		5.8		-0.3
1951	19.6	73.5	7.6	38.2	12.0	106.9	-4.4
1952	19.4	-1.0	8.2	7.9	11.2	-6.7	-3.0
1953	23.7	22.2	10.2	24.4	13.5	20.5	-3.3
1954	24.4	2.9	11.5	12.8	12.9	-4.4	-1.4
1955	31.4	28.7	14.1	22.6	17.3	34.1	-3.2

续表

年份	进出口贸易总额	增长率（%）	出口贸易总额	增长率（%）	进口贸易总额	增长率（%）	贸易差额
1956	32.1	2.2	16.5	17.0	15.6	-9.8	0.9
1957	31.0	3.4	16.0	-3.0	15.0	-3.9	1.0
1958	38.7	24.8	19.8	23.8	18.9	26.0	0.9
1959	43.8	13.2	22.6	14.1	21.2	12.17	1.4
1960	38.1	13.0	18.6	17.7	19.5	-8.0	-0.9
1961	29.4	-22.8	14.9	19.9	14.5	-25.6	0.4
1962	26.6	-9.5	14.9	0	11.7	-19.3	3.2
1963	29.2	9.8	16.5	10.7	12.7	8.6	3.8
1964	34.7	18.8	19.2	16.4	15.5	22.1	3.7
1965	42.5	22.5	22.3	16.2	20.2	30.3	2.1
1966	46.2	8.7	23.7	6.3	22.5	11.4	1.2
1967	41.6	-1.0	21.4	-9.7	20.2	-10.2	1.2
1968	40.5	-2.6	21.0	-1.9	19.5	-3.5	1.5
1969	40.3	-0.5	22.0	4.8	18.3	-6.2	3.7
1970	45.9	13.9	22.6	2.7	23.3	27.3	-0.7
1971	48.4	5.5	26.4	16.8	22.0	-5.6	4.4
1972	63.0	30.2	34.4	30.3	28.6	30.0	5.8
1973	109.8	74.3	58.2	69.2	51.6	80.4	6.6
1974	145.7	32.7	69.5	19.4	76.2	47.7	-6.7
1975	145.7	0	72.6	4.5	74.9	-1.7	-2.3
1976	134.3	-7.8	68.5	-5.7	65.8	-12.2	2.7
1977	148.0	10.2	75.9	10.8	72.1	9.6	3.8
1978	206.4	39.5	97.5	28.5	108.9	51.0	-11.4

资料来源：国家统计局网站 http://www.stats.gov.cn。

(2) 第二阶段 (1979—2001年)。第一，1979—1987年。中国对外贸易制度变迁打破了计划经济对对外贸易发展的垄断，激发了对外贸易的发展潜能，对外贸易规模快速扩大。从表3.2可以看出，1979年进出口贸易总额是293.3亿美元，其中出口贸易总额是136.6亿美元，进口贸易总额是156.7亿美元。到1987年进出口贸易总额是826.5亿美元，其中出口贸易总额是394.4亿美元，进口贸易总额是432.1亿美元。进出口贸易总额年均增长率达17.5%，出口贸易总额的年均增长率达17.56%，进口贸易总额的年均增长率达18.3%。在这一段时间内，进口贸易总额的年均增长率要高于出口贸易总额的年均增长率，但两者的差距不是很大。尽管这一阶段对外贸易制度变迁使中国对外贸易发展取得了一定的成绩，但仍未形成对外贸企业有效的激励机制。在管理方式上，由国际通行的商业性管理取代了计划性管理，但利用的方式还不成熟。出口鼓励也主要针对一些特定地区的特定企业，难以以抵消汇率高估等政策所产生的负面效应，对进口贸易的限制较为严格。导致这一阶段进出口贸易增速有所放缓。

表3.2　　　　　1979—2001年中国货物进出口情况统计　　　单位：亿美元

年份	进出口贸易总额	增长率（%）	出口贸易总额	增长率（%）	进口贸易总额	增长率（%）	贸易差额
1979	293.3	42	136.6	40.2	156.7	43.9	-20.1
1980	381.4	30.0	181.2	32.7	200.2	27.8	-19
1981	440.3	15.4	220.1	21.5	220.2	10.0	-10
1982	416.1	-5.5	223.2	1.4	192.9	-12.4	30.3
1983	436.2	4.8	222.3	-0.4	213.9	10.9	8.4
1984	535.5	22.8	261.4	17.6	274.1	28.1	-12.7
1985	696.0	30	273.5	4.63	422.5	54.1	-149

续表

年份	进出口贸易总额	增长率（%）	出口贸易总额	增长率（%）	进口贸易总额	增长率（%）	贸易差额
1986	738.5	6.1	309.4	13.1	429.1	1.6	-119.7
1987	826.5	11.9	394.4	27.5	432.1	0.7	-37.7
1988	1027.9	24.4	475.2	20.5	552.7	27.9	-77.5
1989	1116.8	8.7	525.4	10.6	591.4	7.0	-66.0
1990	1154.4	3.4	620.9	18.2	533.5	-9.8	87.4
1991	1357.0	17.6	719.1	15.8	637.9	19.6	81.2
1992	1655.3	22.0	849.4	18.1	805.9	26.3	43.5
1993	1957.0	18.2	917.4	8.0	1039.6	29.0	-122.2
1994	2366.2	20.9	1210.0	31.9	1156.1	11.2	54
1995	2808.6	18.7	1487.8	23.0	1320.8	14.3	167
1996	2898.8	3.2	1510.5	1.5	1388.3	5.1	122.2
1997	3251.6	12.2	1827.9	21.0	1423.7	2.6	404.2
1998	3239.5	-0.4	1837.1	0.5	1402.4	-1.5	434.7
1999	3606.3	11.3	1949.3	6.1	1657.0	18.2	292.3
2000	4742.9	31.5	2492.0	27.8	2250.9	35.8	241.1
2001	5096.5	7.5	2661.0	6.8	2435.5	8.2	225.5

资料来源：国家统计局网站 http://www.stats.gov.cn。

第二，1988—1990年。这一阶段对外贸易制度改革是以全面推行承包责任制为中心，对外贸部门独家经营对外贸易的局面进行调整，经营渠道不断拓宽；外贸指令性计划的范围逐渐缩小，指导性计划的范围不断扩大；外贸企业自主经营的活力日益增强，外贸企业参与国际市场竞争的积极性和主动性得以提升，对推动对外贸易的增长起到较为重要的作用。从表3.2可以看出，1988年进出口贸易总额是1027.9亿美元，其中出口贸易总额是475.2亿美元，进口贸易总额是552.7亿美元。到1990年进出口贸易总额是1154.4亿美元，其中出口贸易总额是620.9亿美元，进口贸易总额是533.5亿美元。进出口贸易总额年均增长率达5.97%，出口贸易总额的年均增长率达14.30%，进口贸易总额的年均增长率达1.00%。在这一段时间内，进出口贸易总额保持增长态势，出口贸易总额的年均增长率高于进口贸易总额的年均增长率。从总体来看，这一阶段中国对外贸易在出口鼓励政策发生较为明显的强化，但仍然没有解决抑制出口的本币高估这一问题，据测算，1987—1990年官方汇率高估了大约32%。[①]

第三，1991—1993年。这一阶段中国对外贸易制度以自主经营、自负盈亏为目标进行全面改革，调动了企业开展对外贸易的积极性。从表3.2可以看出，1991年进出口贸易总额是1357.0亿美元，其中出口贸易总额是719.1亿美元，进口贸易总额是637.9亿美元。到1993年进出口贸易总额是1957.0亿美元，其中出口贸易总额是917.4亿美元，进口贸易总额是1039.6亿美元。进出口贸易总额年均增长率达20.1%，出口贸易总额的年均增长率达12.9%，进口贸易总额的年均增长率达27.7%。在这一段时间内，进出口贸易总额依然保持持续增长态势，出口贸易总额的年均增长率低于进口贸易总额的年均增长率，呈现出波动的特征。值得注意的是，这一阶段中国政府在进口贸易发展中仍然进行了较多的干预，一方面导致对出口形成歧视，造成了资源的消耗；另一方面，对进口的过多干预也容易遭受到其他国家的报复，难以创造出口增长所需的有利的外部环境。

第四，1994—2001年。改革开放以来，中国对外贸易制度变迁进入贸易自由化阶段，国家对对外贸易制度进行了以汇率并轨、财

---

① 盛斌：《中国对外贸易政策的政治经济分析》，上海人民出版社2002年版，第175页。

税改革为核心的新一轮改革,对外贸易体制由原来的国家集中垄断逐步转变为向下放权,对外贸易政策由国家高度管制逐步趋向开放,对外贸易经营管理制度由计划实施逐步转向以宏观调控、依法治理为主,有效地促进了对外贸易的发展。从表3.2可以看出,1994年进出口贸易总额是2366.2亿美元,其中出口贸易总额是1210.0亿美元,进口贸易总额是1156.1亿美元。到2001年进出口贸易总额是5096.5亿美元,其中出口贸易总额是2661.0亿美元,进口贸易总额是2435.5亿美元。其进出口贸易总额年均增长率达13.1%,出口贸易总额的年均增长率达14.8%,进口贸易总额的年均增长率达11.7%。在这一段时间内,由于1997年下半年以来受到亚洲金融危机的影响和冲击,进出口贸易总额的增长有所回落,波动较为明显,出口贸易总额的年均增长率高于进口贸易总额的年均增长率,对外贸易额实现连续顺差。在对外贸易实现稳定增长的同时,我们也需看到,某些贸易制度的实施在一定程度上也抑制了对外贸易的增长速度。

(3)第三阶段。在这一阶段,中国与各国进行谈判,承诺为了符合WTO的要求,对对外贸易制度进行合理的改革。总的来说,中国不仅基本建立了市场经济体制下的对外贸易制度,而且对外贸易制度的改革已经基本适应了WTO的相关要求。

从表3.3可以看出,加入WTO以来,中国对原有的对外贸易法律法规进行了大规模的调整和清理,对进出口货物逐步实现法律化和规范化管理。根据WTO的要求,大幅度降低关税,减少非关税壁垒,履行了自己的承诺,充分融入国际贸易环境。从表3.3可以看出,2002年进出口贸易总额是6207.7亿美元,其中出口贸易总额是3256.0亿美元,进口贸易总额是2951.7亿美元。到2007年进出口贸易总额是21765.7亿美元,其中出口贸易总额是12204.6亿美元,进口贸易总额是9561.2亿美元。进出口贸易总额年均增长率达27.53%，出口贸易总额的年均增长率达29.0%，进口贸易总额的年均增长率达25.88%。

表3.3　　　　2002—2007年中国货物进出口情况统计　　　单位：亿美元

年份	进出口贸易总额	增长率（%）	出口贸易总额	增长率（%）	进口贸易总额	增长率（%）	贸易差额
2002	6207.7	21.8	3256.0	22.4	2951.7	21.2	304.3
2003	8509.9	37.1	4382.3	34.6	4127.6	39.8	254.7
2004	11545.5	35.7	5933.3	35.4	5612.3	36.0	320.9
2005	14219.1	23.2	7619.5	28.4	6599.5	17.6	1020.0
2006	17604.4	23.8	9689.8	27.2	7914.6	19.9	1775.2
2007	21765.7	23.6	12204.6	26.0	9561.2	20.8	2643.4

资料来源：国家统计局网站 http://www.stats.gov.cn。

（4）第四阶段。这一阶段的对外贸易活动逐渐以市场为基础，逐步取消了地方政府的作用。由中央政府直接调控对外贸易市场，由对外贸易市场直接引导对外贸易企业。在符合国际惯例的前提下，制定行之有效的对外贸易政策措施。通过完善对外贸易立法，使对外贸易管理逐渐以法律形式为依据，进一步解决对外贸易发展中政策透明度差的问题。

从表3.4可以看出，2008年由于全球性金融危机的爆发，对中国对外贸易产生了深远的影响。2008年11月起，中国对外贸易额出现连续数月的下降，特别是到了2009年，当年1—5月进出口贸易总额同比下降24.7%，但是这种影响在2010年即得到很大程度的缓解。与2008年相比，2010年出口贸易总额和进口贸易总额都得到了恢复和提高，到2014年进出口贸易总额仍然保持稳步提升的状态。2016年，受全球总体经济复苏势头不足以及国内经济下行压力较大的影响，中国对外贸易进出口总额为36849.3亿美元，其中出口贸易总额为20974.4亿美元，进口贸易总额为15874.8亿美元，与2015年相比有所下降。

表3.4　　　　　2008—2016年中国货物进出口情况统计　　　　单位：亿美元

年份	进出口贸易总额	增长率（%）	出口贸易总额	增长率（%）	进口贸易总额	增长率（%）	贸易差额
2008	25632.6	17.8	14306.9	17.2	11325.7	18.5	2981.2
2009	22075.4	-13.9	12016.1	-16.0	10059.3	-11.2	1956.8
2010	29740.0	34.7	15777.5	31.3	13962.4	38.8	1815.1
2011	36418.6	22.5	18983.8	20.3	17434.8	24.9	1549.0
2012	38671.2	6.2	20487.1	7.9	18184.1	4.3	2303.0
2013	41589.9	7.6	22090.0	7.8	19499.9	7.2	2590.1
2014	43030.4	3.5	23427.5	6.1	19602.9	0.5	3824.6
2015	39586.4	-8.0	22765.7	-2.8	16820.7	-14.2	5945.0
2016	36849.3	-6.8	20974.4	-7.7	15874.8	-5.5	5099.6

资料来源：国家统计局网站http://www.stats.gov.cn。

在当前世界经济低速增长，全球贸易深度下滑的背景下，中国也意识到过度追求对外贸易顺差，其结果过于片面不利于对外贸易发展，因此，逐渐注重提高贸易质量以及优化贸易结构。金融危机所带来的消极影响促使中国在保持对外贸易总体发展战略不变的前提下，不断调整和完善对外贸易制度，重视进出口贸易平衡，削弱贸易保护主义的不利影响，提升国际竞争力。[1]

2. 中国对外贸易制度变迁与对外贸易商品结构变化

中国对外贸易制度的建立和实施，对扩大中国进出口贸易规模、优化对外贸易结构方面起到了积极的推动作用。尤其是加入

---

[1] 赵春明：《低碳经济环境下中国对外贸易发展方式转变研究》，人民出版社2014年版，第52—55页。

WTO以来，中国在金融、财税等方面制定了多种优惠制度，极大地促进了以出口导向战略为主导的工业部门的发展，以制成品出口代替初级产品出口，从而带动国内经济的发展。

在出口商品结构方面，加入WTO以来，中国出口商品结构有了较大的改善，工业制成品在出口商品中所占的比重已经超过初级产品，并且不断增加，目前已经占据绝对的主导地位。近年来工业制成品的出口份额超过90%，并保持持续增长的态势，而初级产品在出口商品中所占的比重则处于逐渐缩减的状态（见图3.1）。在工业制成品的出口中，机械及运输设备和杂项制品等产品所占的出口份额较大（见图3.2），但这些产品加工程度不深，档次也比较低，通常在生产过程中对环境造成严重的污染，同时在国际市场也以较低廉的价格作为竞争手段，不仅生产企业的利润空间较小，而且也容易遭受贸易伙伴国反倾销制裁，使本国贸易条件不断恶化。高技术、高附加值的工业制成品在出口所占的比重较低，由于这些产品缺乏自有知识产权和核心技术，出口的产品以简单加工组装为主，与发达国家相比还存在很大的差距。

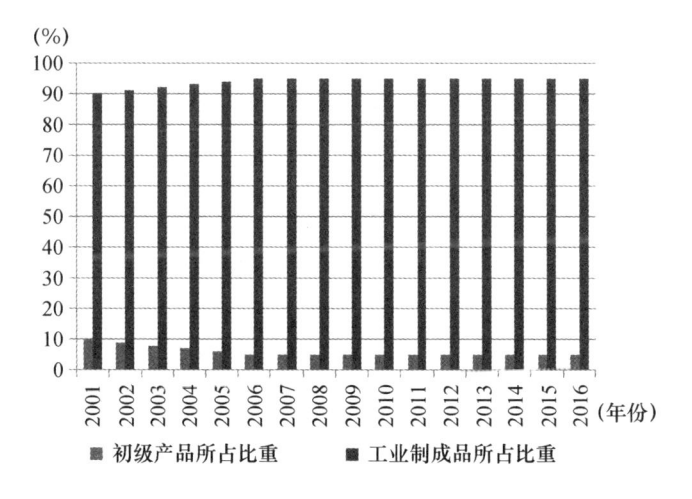

图3.1　2001—2016年出口商品结构

资料来源：中国海关网站 http://www.customs.gov.cn。

(亿美元)

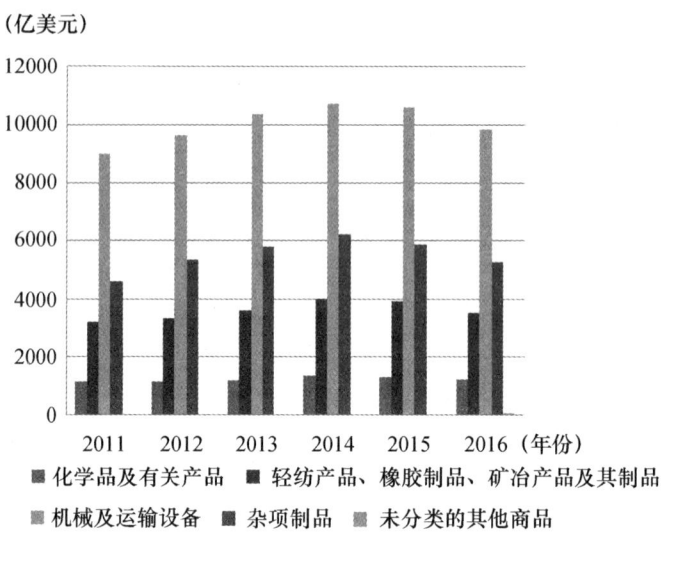

图 3.2 2011—2016 年工业制成品出口分类情况

资料来源：中国海关网站 http://www.customs.gov.cn。

在进口商品结构方面，加入 WTO 以来，工业制成品在中国进口商品中所占的比重较大（见图 3.3）。但是近几年来，随着国内经济形势的变化，初级产品进口的增长速度已经超过工业制成品的增长速度。这是由于中国经济快速增长对资源性产品的需求日益增加，在国内资源供给难以满足的情况下，只能通过从国外进口来满足经济发展的需要。但从总体情况来看，工业制成品仍然是中国进口的主要产品（见图 3.4）。其中机械及运输设备和化学品及有关产品的进口比重较大，尤其是高新技术产品的进口份额较大。这说明中国高新技术产业在产品设计、关键零部件的生产、工艺装备等环节对进口的依赖较为严重。另外，以铁矿石为代表的原材料进口的大增使得原料供应商提高价格，中国企业只能被迫接受高价商品，这会给中国能源安全和经济安全带来影响。[①]

---

① 刘会巧：《我国进口贸易结构问题研究》，东北财经大学，2012 年。

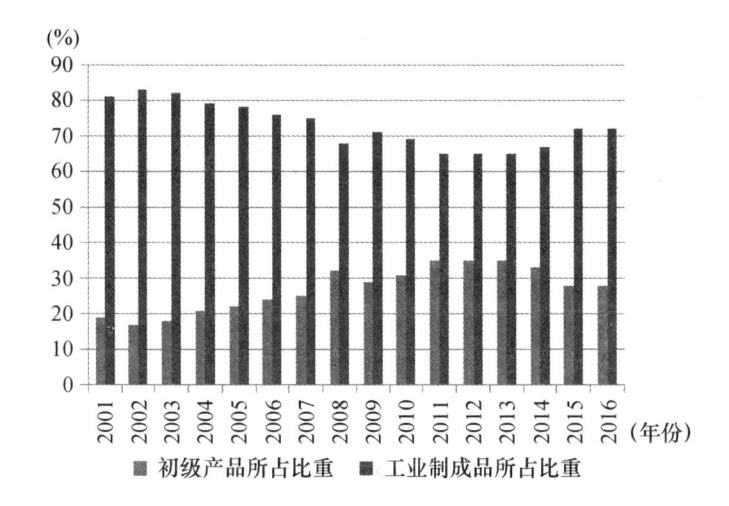

图 3.3　2001—2016 年进口商品结构

资料来源：中国海关网站 http://www.customs.gov.cn。

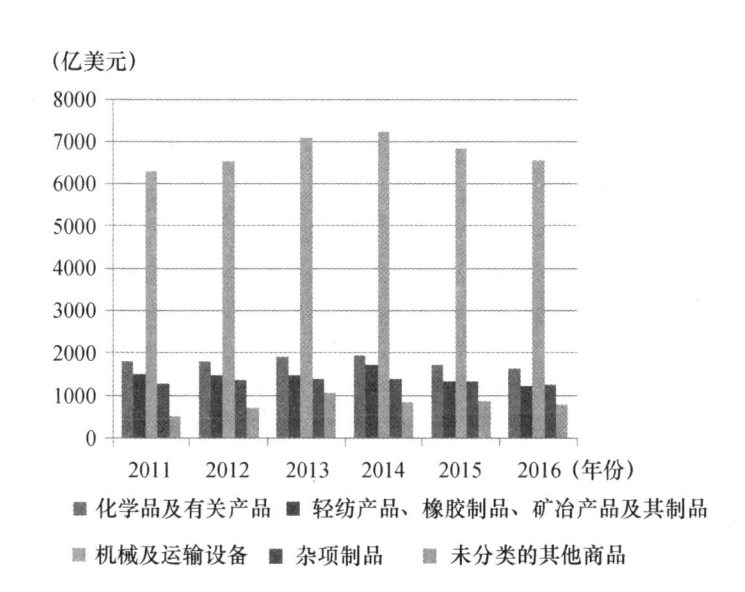

图 3.4　2011—2016 工业制成品进口情况分类

资料来源：中国海关网站 http://www.customs.gov.cn。

3. 中国对外贸易制度变迁与对外贸易方式变化

加入 WTO 以来，由于国内市场的生产和消费需求状况不断变化，中国传统的对外贸易方式不利于中国技术进步和创新，也不利于中国产业升级和经济的长期发展。从表 3.5 可以看出，加入 WTO 以来，中国的一般贸易和加工贸易均稳步增长，贸易规模也不断扩大。2001 年一般贸易的进出口总额为 2253.37 亿美元，2016 年为 20283.14 亿美元，与 2001 年相比增长了 8 倍。2001 年加工贸易的进出口总额为 2414.08 亿美元，2016 年为 11125.81 亿美元，与 2001 年相比增长了 3.61 倍。由此可见，中国进出口贸易方式仍以一般贸易为主，占据主要份额。但是随着中国对外贸易"进口替代"战略以及国有企业产权制度的不断变革，在对外开放程度不断放宽的前提下，以"三来一补"为代表的加工贸易得到迅猛发展，进一步提升了中国加工产品在国际市场的竞争优势。但从长远看，中国的加工企业由于加工技术水平较低，在产业价值链中仍处于低端位置，出口以低附加值的资本与技术密集型产品和零部件组装为主，这使得中国加工贸易产业结构处于传统、低技术的劳动密集型产品和中低技术工序上，对中国对外贸易的长远发展不利。

表 3.5　　　　　　　2001—2016 年中国对外贸易方式统计　　　　　单位：亿美元

年份	一般贸易 出口额	一般贸易 进口额	一般贸易 差额	加工贸易 出口额	加工贸易 进口额	加工贸易 差额
2001	1118.81	1134.56	-15.75	1474.34	939.74	534.6
2002	1361.87	1291.11	70.76	1799.27	1222.00	577.27
2003	1820.34	1877.00	-56.66	2418.49	1629.35	789.14
2004	2436.06	2481.45	-45.39	3279.70	2216.95	1062.75
2005	3150.63	2796.33	354.30	4164.67	2740.12	1424.55
2006	4162.33	3330.74	831.59	5103.55	3214.72	1888.83
2007	5393.55	4268.64	1124.91	6175.60	3684.74	2490.86
2008	6628.62	5720.93	907.69	6751.14	3783.77	2967.37
2009	5298.12	5344.70	-46.58	5868.62	3222.91	2645.71
2010	7206.12	7692.76	-486.64	7402.79	4174.82	3227.97

续表

年份	一般贸易			加工贸易		
	出口额	进口额	差额	出口额	进口额	差额
2011	9170.34	10076.21	-905.87	8352.84	4697.56	3655.28
2012	9880.10	10218.20	-338.1	8627.80	4811.70	3816.1
2013	10875.53	11097.18	-221.65	8608.16	4969.90	3638.26
2014	12036.82	11095.13	941.69	8843.60	5243.81	3599.79
2015	12172.53	9231.88	2940.65	7977.89	4470.03	3507.86
2016	11293.66	8989.48	2304.18	7158.71	3967.10	3191.61

资料来源：中国海关网站 http://www.customs.gov.cn。

4. 中国对外贸易制度变迁与对外贸易主体变化

改革开放以来，随着中国单一垄断的对外贸易制度不断变迁，出口经营权不断放开，越来越多的外商投资企业和民营企业也纷纷加入到对外贸易行列中，并逐渐成为中国对外贸易发展的主要力量，在中国进出口贸易中所占比重逐步上升，使得中国对外贸易主体结构呈现出多元化的特点。从表3.6可以看出，2001年外商投资企业的进出口总额为2590.98亿美元到2016年为16874.13亿美元，与2001年相比增长了5.51倍。由此可见，外商投资企业在中国对外贸易主体结构中所占的比重较大。而国内企业由于资金和科研力量不足、缺乏品牌竞争意识、出口产品竞争力和附加值较低，在对外贸易主体结构中所占的比重相对较小，盈利能力较差。这说明当前中国对外贸易主体结构不合理，应进一步进行优化调整。

表3.6　　　　　2001—2016年外商投资企业进出口情况统计　　　单位：亿美元

年份	全国进出口总额	外商投资企业进出口总额	占全国比重（%）
2001	5097.68	2590.98	50.83
2002	6207.85	3302.23	53.19
2003	8509.90	4721.70	55.48

续表

年份	全国进出口总额	外商投资企业进出口总额	占全国比重（%）
2004	11545.50	6631.76	57.44
2005	14221.22	8317.26	58.48
2006	17606.94	10364.51	58.87
2007	21738.34	12549.28	57.73
2008	25616.32	14105.76	55.1
2009	22072.66	12174.37	55.2
2010	29727.62	16003.07	23.8
2011	36420.59	18601.56	51.1
2012	38667.61	18939.97	49.0
2013	41603.31	19190.93	46.1
2014	43030.40	19840.50	46.1
2015	39586.40	18346.00	46.3
2016	36849.3	16874.13	45.8

资料来源：商务部网站 http://www.fdi.gov.cn。

制度变迁的路径依赖理论认为，制度变迁主要是利益诱致。如果人们没有改变现有制度的意愿，说明现有制度能最大化地实现各方的利益。相反，如果现有制度难以满足利益最大化的需求，则人们就有非常强烈的需求去建立新制度。随着社会的快速发展，制度越来越不能满足各方最大化利益的需求，因而使制度长期处于变迁之中。

综上所述，经过30余年的变迁与创新，中国的对外贸易制度也经历了由集权转变为分权、由完全管制转变为放松管制、由计划经济转变为市场经济的创新过程。对外贸易制度的每一次变迁都继承了前一次制度的思想，同时也在一定程度上否定了前一次制度。对外贸易制度不断的变迁在推动对外贸易发展中起到了至关重要的作用。

第二节 中国对外贸易制度的现状

历经了40年的改革开放，中国对外贸易制度发生了巨大的变化。渐进性、强制性、分阶段的对外贸易制度变迁使中国由保护贸易制度逐步转向管理协调贸易制度。尤其是加入WTO之后，中国以多边贸易制度为基础，逐步建立起与国际接轨的对外贸易制度。这一制度变迁，使传统贸易体制造成的商品市场、要素市场的扭曲大幅减少，资源配置效率及全要素生产率水平显著提高，中国企业的国际竞争力明显增强，带动了中国对外贸易的高速增长，进而促进了整个国民经济的发展。

一 中国对外贸易制度的构成

舒尔茨以制度的功能为依据，认为制度由四种类型构成；柯武刚与史漫飞认为制度由外在及内在制度构成；诺斯以制度约束人的方式为出发点认为制度由正式制度及非正式制度构成，其中，正式制度包括政治、经济规则及契约，非正式制度包括意识形态、伦理道德以及风俗等。[①] 对外贸易制度作为一个国家上层建筑的重要组成内容，由该国的经济基础决定，同时为经济基础服务。对外贸易制度同一国上层建筑的其他组成部分保持密切联系，彼此之间协调运行。因此，为了保证对外贸易制度的有效实施，使其促进作用得以充分发挥，根据经济基础和上层建筑的要求，所形成的对外贸易制度应与其要求相匹配。本书借鉴新制度经济学家们对制度构成的划分，将中国的对外贸易制度分为两部分：一是中国政府对对外贸易进行管理时，在对外贸易法律以及产权等方面所采取的宏观管理

---

① 袁庆明：《新制度经济学教程》，中国发展出版社2014年版，第280—284页。

制度。宏观管理制度包括对外贸易法律制度以及对外贸易产权制度。健全的对外贸易法律制度对贸易主体从事对外贸易活动时的经营行为进行有效的约束，可以使贸易主体在法律框架内合理地开展对外贸易活动，有利于实现对外贸易健康发展。权责明晰的对外贸易产权制度有利于降低在对外贸易中由于信息不对称而产生的交易费用，促进一国对外贸易活动的顺利进行。二是中国政府对对外贸易进行经营时，在经营形式等方面所采取的微观经营制度。良好的对外贸易制度有利于降低经济运行中的不确定性与外部性，推动一国对外贸易快速发展。对外贸易微观经营制度是国家运用经济、行政等手段对对外贸易活动进行调节的制度，主要包括与进出口贸易相关的关税制度、非关税制度、外汇制度以及管理制度等。

二 中国对外贸易制度的特点

1. 宏观管理制度的特点

（1）对外贸易法律制度不断完善。中华人民共和国成立后，特别是加入WTO以来，中国从具体国情出发，根据不同时期发展对外贸易的需要，制定了大量对外贸易法律和法规，并且不断加以修改、补充和完善，迄今已初步形成了与社会主义市场经济体制和国际贸易通行规则相适应的外贸法律制度。第十届全国人大常委会第八次会议于2004年4月6日通过了《中华人民共和国对外贸易法》修订草案，于2004年7月1日起正式施行，这也标志着中国对外贸易法律制度进入逐渐完善的阶段，使中国对外贸易健康有序发展得到法律保障。在这一阶段，为了与WTO的基本原则相一致，中国根据入世承诺，全面地清理了对外贸易法律制度，并在全国范围内统一实施。

第一，建立与完善对外贸易法律制度。从法规数量来看，自加入WTO以来，中国开展了规模最大的法规、政策的清理和修改。

中央政府的有关部门清理了 1150 余件与对外贸易活动相关的法律法规，地方政府清理了 200 余万件。① 通过这些法律清理和修改工作，将许多国际贸易领域通行的规则与惯例融入中国国内法中。从法律体系来看，中国已经建成了较为完备的与国际接轨的对外贸易法律体系。并先后颁布了《中华人民共和国对外贸易法》《中华人民共和国涉外民事关系法律适用法》等作为对外贸易的法律基础，在对外贸易具体实施环节方面也颁布了相关的法律法规，使对外贸易法律制度逐步成为有机统一的整体。从法律调整领域来看，中国对外贸易法律制度已经由货物贸易市场拓展到与对外贸易市场相关的各个环节，法律调整领域不断拓宽。

第二，参与对外贸易法律制度建设的意识不断增强。改革开放以来，随着中国在参与对外贸易法律制度建设方面的意识不断增强，对外贸易法律制度建设也发生着巨变。据统计，中国现阶段正与来自全球的 29 个国家和地区共同组建 16 个自贸区。其中，已经有 10 个自贸区签署并实施了自贸协定，还有 6 个自贸区正在商建过程中。此外，中国加入了《亚太贸易协定》，于 2013 年成立了中国（上海）自由贸易区，颁布了《中国（上海）自由贸易试验区条例》，又于 2014 年 6 月 14 日颁布了《国务院关于促进市场公平竞争维护市场正常秩序的若干意见》等。② 通过法律条例的实施来保护自身的合法权益。由此可见，中国参与对外贸易法律制度建设的意识不断增强，对外贸易法律制度建设将由此跃上新台阶。

（2）知识产权制度保护作用日益显著。知识产权制度作为保障和激励人类不断创新的制度安排，自身具有三个较为重要的机制，

---

① 袁仁辉：《市场开放视角下的中国对外贸易法律制度——成就、问题、挑战与完善》，《北京邮电大学学报》（社会科学版）2014 年第 6 期。

② 同上。

一是具有激励机制。在市场环境中,知识产权制度的实施可以使人们创新成果的合法权益得到有效保护,从而激发人们的积极性,不断进行创新。二是具有产权安排机制。作为新型的产权安排机制,知识产权制度将人们通过创新得到的成果赋予了财产权,并对人们对创新成果所拥有的使用及支配权进行了明确界定。三是具有有效的市场机制。由于知识产权自身具有无形性的特点,因而在市场环境下,其可以通过一定方式进行转让,知识产权的转让有利于新技术、新产品在全球范围内实现共享。知识产权制度的确立,使各个国家都以此作为与他国进行科技与经贸技术交流时所遵循的法律依据。改革开放以来,中国政府紧跟全球知识产权发展的步伐,在全国范围内加快推进了建立现代知识产权制度的进程。[①] 在加入 WTO 之后,中国强化知识产权制度在科技与创新方面的促进作用,并以 WTO 规定为核心,陆续修订了与知识产权相关的法律规定,先后颁布并实施了《国家知识产权战略纲要》《深入实施国家知识产权战略行动计划（2014—2020 年）》《国务院关于新形势下加快知识产权强国建设的若干意见》等多项与知识产权制度相关的法律法规,使中国知识产权制度不断完善。据统计,2016 年中国受理境内外专利申请 346.5 万件,授予专利权 175.4 万件,有效专利 628.5 万件,其中境内有效发明专利 110.3 万件,每万人口发明专利拥有量 8.0 件。[②] 来自"一带一路"沿线国家的企业在华专利申请的数量也呈现出逐步增长的趋势。现阶段随着中国经济发展进入新常态,作为激励创新的基本保障,知识产权制度对技术创新的保护作用日益凸显。

---

① 范丽敏:《从"加强贸易摩擦应对"到"加强外贸知识产权保护"中国外贸知识产权保护应提前布局》,《中国贸易报》2016 年 5 月 12 日。
② 《中华人民共和国 2016 年国民经济和社会发展统计公报》,新华网,http://news.xinhuanet.com,2017 年 3 月 1 日。

(3) 区域性自由贸易区制度逐步建立。近年来，尽管中国在区域性自由贸易区的建设方面起步较晚，但是伴随着《中国—瑞士自由贸易协定》签署，中国自由贸易区全面进入了高速发展阶段。从区域多边合作角度看，中国正在参与的"区域全面伙伴关系"和APEC会议中力推的亚太自由贸易区已经成为亚太区域内一体化的重要实现路径和通道。目前，"中国在建自贸区共20个，涉及32个国家和地区。其中，已经签署自贸协定的为12个，涉及20个国家和地区，正在谈判中的自贸协定为8个，涉及23个国家"[1]。这表明了中国继续坚持扩大开放，全面参与区域经济一体化的决心。与之相匹配的自由贸易区制度也正在逐步建立。以上海自由贸易区为例，自2013年成立以来，不断加强自由贸易区制度创新，建立与国际通行的贸易与投资规则相衔接的制度体系。在金融风险防范方面，全面建设国际性的金融平台，不断创新金融风险防范制度，对外汇及人民币境外使用进行有效管理；在对外贸易监管方面，围绕"贸易便利化"这一核心进行监管制度创新，实施国际贸易的"单一窗口"制度建设，对进出口货物在监管时进行合理分类，缩短了通关时间，使企业物流成本大幅下降；在外资管理方面，对外资管理模式进行制度创新，实施"负面清单+准入前国民待遇"制度，以形成透明公开的投资环境；在行政管理方面，进一步创新政府行政管理制度，初步建立以政府、企业及各相关机构为一体的多元化管理制度体系，明确了行政管理的主要任务及责任归属；在法律建设方面，出台了以《中国（上海）自由贸易试验区条例》等为代表的地方性法规，通过法律制度建设对自由贸易区的健康发展予以保障。[2]

---

[1] 张琳：《中国区域自由贸易协定的新发展》，网易网，http://money.163.com，2015年2月10日。

[2] 严旭：《加强自由贸易试验区制度创新》，《人民日报》2016年10月21日。

2. 微观经营制度的特点

（1）货物进出口管理制度。中国加入 WTO 以后，逐渐放宽了对经营对外贸易商品的管制，2004 年修订的《中华人民共和国对外贸易法》的规定，除了国家另有规定，货物与技术的自由进出口受到国家的许可。根据进出口货物涉及的管理风险的不同，中国将进出口货物分别纳入禁止进出口、限制进出口和自由进出口的范围，以便实施积极有效的管理。2002 年出台的《中华人民共和国货物进出口管理条例》规定，国家实行的配额管理，主要针对有数量限制的进出口货物；实行的许可证管理，主要针对有其他限制的进出口货物。根据入世承诺，中国已经在 2005 年 1 月 1 日之前，全面取消了进出口许可证、进出口配额等非关税壁垒的限制，对贸易自由化的发展起到了有力的推动作用。与此同时，为了促进中国对外贸易关系的良性发展，中国依据 WTO 相关规则、修订后的《中华人民共和国对外贸易法》《中华人民共和国进出口商品检验法》等法律法规，对进出口商品检验活动进行管理，主要包括以下几个方面。

第一，进出口商品检验管理体制。加入 WTO 之后，根据遵循 WTO 规则和国家经济发展的需要，国务院将国家质量技术监督局和国家出入境检验检疫局进行合并，于 2001 年成立了国家质量监督检验检疫总局。作为正部级国务院直属机构，国家质检总局主要负责全国质量、计量、出入境商品检验、出入境卫生及动植物检疫、进出口食品安全和认证认可、标准化等工作，并充分行使行政执法职能。[①] 国家质检总局的成立，标志着中国进出口商品检验管理新体制的建立，以国家质检总局及其在全国各地设立的出入境检验检疫机构为行政执法主体，以及经国家质检总局许可的第三方检

---

① 中华人民共和国国家质量监督检验检疫总局，百度百科，http://baike.baidu.com。

验鉴定机构为补充力量的新型管理体系逐渐形成。①

第二，进出口商品检验业务运行制度。党的十八大以后，为了适应国家提出的全面深化改革以及转变行政管理方式的要求，2013年7月24日国务院在常务会议上提出了关于减少出口法检商品种类，推进法定检验体制改革的方案。2014年4月30日又进一步提出减少出口商检商品种类，全面推进海关和检验检疫"一次申报、一次查验、一次放行"②合作机制，使贸易便利化水平得到有效提高。国家质检总局为贯彻国务院会议精神，从2013年开始先后两次对出口法检商品目录进行了调整，取消了对机电、轻纺、资化、汽车以及食品接触产品等的出口法定检验。与此同时，还进一步深化进出口商品检验监管机制改革，提出了新的发展思路，为完善进出口商品检验管理制度提供了制度支持。

海关管理是货物进出口管理的重要环节。改革开放以来，中国海关重新恢复了其垂直领导体制以及监管、征税、稽查、统计的四大职能，并在此基础上不断加以完善。加入WTO后，中国海关面临的任务异常艰巨，在国家实施对外开放政策的背景下，海关须及时调整和完善其各项职能，从而使海关的执法能力和通关效率得到提高。2007年全国海关关长会议指出，随着国际经济形势的不断变化，以税收、监管、查缉走私、统计为主的海关传统工作更加艰巨，以维护贸易安全与便利、保护知识产权、履行原产地管理职责、协助解决国际贸易争端、实施贸易救济和贸易保障、参与反恐和防止核扩散、负责口岸规划管理等为主的非传统工作不断加重。③海关管理工作的重要性日益突出。党的十八大报告中明确指出要不

---

① 吴景贤：《我国进出口商品检验制度研究》，苏州大学，2014年。
② 《关于全面推进"一次申报、一次查验、一次放行"的公告》，北京出入境检验检疫局网站，http://www.bjciq.gov.cn，2014年12月30日。
③ 牟新生：《肩负历史使命忠实履行职责》，《法制日报》2007年6月28日。

断强化政府的社会管理职能,形成完善的社会管理体制。① 这表明海关职能在实施有效监管、维护国家经济主权、促进贸易便利化方面所起的作用更大,面临的挑战也将更多。

(2) 关税制度。中国在加入 WTO 之后,根据入世承诺履行关税减让职责,在 WTO 框架内,对关税税率进行了合理、科学的调整,逐步建立起一套较为完备的关税制度,适应了国内外经济发展的需要。

第一,逐渐完善关税政策体系。关税水平大幅度降低。加入 WTO 以来,根据 WTO 的关税减让义务,中国进口关税率逐年下调。到 2010 年,中国已经履行完毕所有商品的降税承诺,关税总水平由入世前的 15.3% 降至 2010 年的 9.8%,降幅达 35.9%。

第二,不断调整税则税目。按照国际惯例,中国于 1992 年开始实施《中华人民共和国海关进出口税则》和《中华人民共和国海关统计商品目录》,这些规则都是以世界海关组织的《商品名称及编码协调制度》为基础。根据《商品名称及编码协调制度》的修改变化情况,中国分别在 1996 年、2002 年、2007 年、2012 年开展了修订翻译和进出口税则转换工作。同时,针对部分特有的贸易量较大或增长较快的产品、新技术产品以及实施进出口管理措施的商品,中国于 2015 年调整了进出口税则中部分税目。调整后,中国的税则税目总数由 8277 个增加到 8285 个。

第三,不断优化关税结构。近年来,中国在关税总水平逐渐下降的同时,对能源等产品的进口关税进行大幅下调,并降低了部分中间产品以及制成品的进口关税。目前,中国在进口化妆品、服装、箱包、鞋帽、手表等消费品方面的关税税率处于中等偏低的水平。经过十几年不断地调整和完善,目前中国关税结构不断优化,

---

① 胡锦涛:《坚定不移沿着中国特色社会主义道路前进,为全面建成小康社会而奋斗》,人民网,http://cpc.people.com.cn,2012 年 11 月 8 日。

税率结构趋于合理,建立了两头小、中间大的税率分布格局,进口税率由 0—65% 不等。[①]

第四,充分发挥关税调控作用。近年来,中国集中调整了进口关税,以暂定税率的形式为主。2015 年,对部分进口商品,中国实施了低于最惠国税率的进口暂定税率。其中,部分先进制造业所需的设备和零部件、有利于节能减排的环保设备、国内生产所需的能源资源性产品、药品和日用消费品等是首次实施进口暂定税率和进一步降低税率的商品。进口暂定税率的实施,在很大程度上促进了相关商品进口和上、下游产业发展,有效地满足了经济社会发展需要。

第五,采取灵活的征收方式。目前除从价税外,中国根据实际还对不同进口商品采取了征收滑准税、选择税、从量税,出口税方面对部分化肥及相关产品开始采用季节税等方式。针对不同商品特点采取不同的征税方式,既考虑了综合利益,又平衡了供需关系,收到了良好的调控效果。

第六,实施专项关税优惠政策。近年来,中国在关税及进口环节税收等方面制定了一系列的优惠政策,大力支持国内产业转型升级和企业自主创新,这些关税优惠政策的实施,对产业转型升级,提升国际竞争力有极大的推动作用。

(3) 外汇管理制度。目前,中国外汇管理制度在经济高速发展的带动下不断改进和完善,形成了包括人民币汇率形成机制、外汇储备、外汇风险、外汇交易在内的四个方面的管理制度。

第一,改革人民币汇率形成机制。2005 年 7 月 21 日,经国务院批准,持续深化改革人民币汇率形成机制,实行以市场供求为基础、参考一揽子货币进行调节的、有管理的浮动汇率制度。人民币

---

① 《中国入世降税承诺完成关税从 15.3% 降至 9.8%》,中国新闻网,http://www.chinanews.com,2010 年 8 月 3 日。

汇率不再单一盯住美元，而是形成更富弹性的人民币汇率机制。2015年8月11日，为增强人民币兑美元汇率中间价的市场化程度和基准性，中国人民银行发布了《关于完善人民币兑美元汇率中间价报价的声明》，在声明中决定完善人民币兑美元汇率中间价报价，人民币兑美元汇率中间价以后会跟随上一交易日的外汇市场收盘汇率而定。这是2005年汇改以来人民币汇率机制的最重要改革，有助于人民币国际化提速，并为人民币加入SDR保驾护航。[①]

第二，调整外汇储备制度。外汇储备是由一国政府持有的，国际储备资产中的外汇，也就是一国政府所保有的债权，通常以外币表示，以此来达到平衡国际收支、稳定汇率、偿还对外债务的作用。截至2016年，中国外汇储备余额为30105亿美元，目前，中国正逐渐形成较为完整的基础货币投放与货币政策调控制度，以适应外汇市场的市场化发展需要。

（4）经营管理制度。中国主要通过行政备案登记制来规范对外贸易经营者的行为。从事对外贸易经营前，对外贸易经营者必须按照国家的有关规定，依法定程序在商务部备案登记，取得对外贸易经营的资格，从事的对外贸易经营活动必须在国家允许的范围内。如未按规定办理备案登记的，其进出口货物的通关验放手续海关将不予办理。对外贸易业务活动的经营，可由对外贸易经营者自身完成，也可在接受他人委托的情况下，在经营范围内代为完成。[②]

第三节　中国对外贸易制度存在的问题

金融危机的爆发导致各国的对外贸易都受到了较为严重的影

---

① 沈建光：《"新汇改"的双重意义》，和讯网，http://opinion.hexun.com，2015年8月12日。
② 对外贸易经营者管理制度，百度百科，http://baike.baidu.com。

响。2016年，中国对外贸易进出口总额为36849.3亿美元，尽管已经成为世界第一货物贸易大国，但是由于世界经济复苏的步伐缓慢，国际市场需求不振，国内经济下行压力较大等原因[1]，中国对外贸易增长速度开始逐渐放缓。在新常态之下，中国对外贸易发展所面临的国内外环境更为复杂多变，这就迫切需要促进对外贸易转型升级。根据制度经济学的观点，制度是一个动态的概念，它随着社会环境和经济环境的发展而不断进行创新。从中国对外贸易的发展历程来看，在一国对外贸易发展中起到重要作用的不仅包含制度安排还包含制度变迁的路径选择。实践证明，中国对外贸易制度强制性、渐进式的变迁在推动对外贸易协调有序发展的方面起到了重要的作用。同时，对外贸易制度创新也带动了国内经济制度的创新。但是，中国的对外贸易制度是在计划经济体制时期形成和发展起来的，在当今经济全球化的背景下，还存在诸多问题，严重制约了中国对外贸易的发展。

一 对外贸易法律制度建设进程缓慢

中华人民共和国成立以后，中国对外贸易法律制度逐步建立起来，尤其是改革开放以来，中国从具体国情出发，在宪法的基础之上先后制定了大量与对外贸易相关的法律、法规，并不断修改、补充和完善。目前已经初步形成了与国际规范相适应的对外贸易法律制度。这对社会主义市场经济发展和兑现入世承诺起到了重要的保障作用。但是中国对外贸易相关的法律制度由于起步较晚，在很多方面仍不完善。

第一，贸易促进方面。中国的贸易促进制度主要包括出口信贷

---

[1] 张婧：《增速连续三年"未达标"，但在提升质量、优化结构等方面取得积极进展——2014年中国外贸：增速换挡，稳中提质》，《中国经济导报》2015年1月15日。

保险、出口退税以及出口补贴制度等,目前专门针对贸易促进制度的法律建设存在较大的空白,缺乏立法保障,在出口信贷方面的法律规定只在《中华人民共和国对外贸易法》《中华人民共和国中小企业促进法》中有所涉及[1],在出口退税方面的法律规定只在《中华人民共和国消费税暂行条例》《中华人民共和国增值税暂行条例》等法规中提及,而且只从较为宏观的角度进行规定,有关税率、税收征管以及退税范围等具体内容仅在税务、财政部门的规章制度中体现。[2] 相关法律体系不完善,现有的法律规定也仅停留在政府发文的状态,难以有效促进中国对外贸易发展。

第二,贸易限制方面。中国在反倾销和反补贴等方面相关的法律建设速度远远落后于贸易实践,绿色贸易法律制度尚未完全建立,目前中国在发展绿色贸易方面制定了《中华人民共和国水污染防治法》《中华人民共和国进出口货物原产地条例》及《中华人民共和国环境保护法》等法律条例,虽然内容较为丰富,但是仍未形成完整的法律体系,与绿色贸易相关的规定仍较为零散,可操作性不高[3]。

第三,服务贸易方面。虽然中国近年来颁布了《中华人民共和国商业银行法》《中华人民共和国广告法》《中华人民共和国保险法》《中华人民共和国会计法》等一系列与服务贸易有关的法律法规,但是与发达国家相比,中国服务贸易相关立法的数量较少,部

---

[1] 任东方:《我国对外贸易中出口信用保险法律制度的研究》,《国际商贸》2012年第5期。

[2] 王海峰:《WTO视角下的我国出口退税制度的完善与发展》,《政治与法律》2011年第9期。

[3] 聂重阳:《循环经济与我国绿色贸易法律制度的构建分析》,《群文天地》2012年第3期。

分法律可操作性较弱，执行度较低，有待于进一步完善①。

第四，在知识产权方面。中国为了进一步与国际接轨，对现有的《中华人民共和国商标法》《中华人民共和国专利法》及《中华人民共和国著作权法》进行了修改，并且在《中华人民共和国对外贸易法》以及《中华人民共和国民法通则》等法律条例中也制定了与知识产权有关的规则，但是知识产权立法完善程度与WTO规则中的具体需求还存在一定的差距，现有法律资源的效用没有得到充分发挥，对知识产权保护的内容设置不合理，对知识产权保护的力度还不足，有待于进一步提高。

第五，法律法规透明度方面。由于中国长期以来对对外贸易的管理主要依赖政府相关行政管理部门，对法律法规操作的透明度不够，使政府管理部门在工作中存在越界干预、政策法规不统一和操作行为不规范等问题，这与WTO的相关要求不符，在一定程度上限制了中国对外贸易的健康发展。

二 对外贸易产权制度不健全

改革开放以来，随着中国出口经营权不断放开，参与对外贸易活动的企业形式日益多样化，目前，虽然中国已经建立了国有外贸企业、民营外贸企业以及外资企业并存的产权结构，但由于还没有完全形成公平的市场经济环境，参与外贸活动的各类企业的市场地位不平等，产权制度还存在一定的问题，限制了企业的发展，主要问题有以下几个方面。

1. 国有外贸企业产权不清晰

长久以来，国有外贸企业作为对外贸易发展的主要力量，在资金和企业规模等方面都具有较大的优势。但是，在经济全球化

---

① 董婉馨：《我国对外贸易的立法现状和完善途径研究》，《法制与经济》2012年第5期。

的背景下，国有外贸企业在产权制度改革方面的滞后性越来越严重，产权界定不清晰、产权主体虚置等问题仍未彻底改变[①]，使企业难以充分发挥其竞争优势。现有的产权制度中，国有外贸企业的产权通常归国家所有，在一定程度上说明一国政府应该参与国有外贸企业的经营管理。为了促进国有外贸企业健康发展，政府往往通过制定法律或政策措施等方式为其发展提供便利条件。这一方面使政府在国营外贸企业的经营中形成过度干预，难以发挥市场机制的作用，降低了国有外贸企业自主经营的积极性，导致企业经营管理模式陈旧，缺乏创新意识；另一方面，一国政府在为国有外贸企业提供各种便利条件的同时，也难以对其运作进行全程监管，缺乏对经营者经营行为的约束，可能出现腐败等问题，导致国有外贸企业难以有效发挥其促进对外贸易发展的作用。

2. 民营外贸企业产权界定模糊

民营外贸企业作为中国对外贸易发展的新生力量，在对外贸易活动中所占的比重逐年增加。由于民营外贸企业规模相对较小，运营资金较为缺乏，在扩大发展的过程中容易陷入制度困境。一方面，民营外贸企业大多数是以家族为单位建立的，产权在家族成员之间的界定较为模糊，使得股权与利润分配等问题没有明确的依据，产权的排他性得不到有效保障；另一方面，由于缺乏金融机构的资金支持以及在某种程度上存在对民营企业所有制的"歧视"，民营外贸企业为了获得发展机遇而依附于国有企业，也造成民营外贸企业产权界定较为模糊的问题，在一定程度上限制了民营外贸企业的快速发展。[②]

[①] 唐海燕、张斌盛：《产权结构与我国外贸体制创新》，《生产力研究》2006年第7期。

[②] 同上。

3. 对外贸易知识产权保护制度不全面

（1）对外贸易知识产权保护意识薄弱。当前，在国际市场上随着科技的快速发展，包含在各类商品与服务中的技术含量不断增加，使得高科技产品的国际市场价格日益攀升，发达国家凭借自身的技术优势，在高科技产品利润分配中处于有利的地位。由此可见，注重知识产权保护，大力发展技术贸易是促进一国对外贸易发展的重要措施。然而，中国很多从事对外贸易活动的企业对知识产权保护的意义及具体实施过程不甚了解，在自身知识产权受到侵犯时，缺乏维权意识，导致企业利益受损。

（2）自主知识产权核心技术缺乏。欧美等发达国家对核心技术研究与开发以及对核心技术的掌握给予极大的重视，每年申请发明专利的数量都在不断攀升。而中国企业在核心技术的研发及掌握方面与发达国家相比仍存在很大的差距，正是核心技术知识产权的缺失，导致中国企业在部分产品出口时需要支付高额的专利使用费用，使出口成本大大提高，削弱了出口商品的国际竞争力。

（3）专利申请能力不强。与发达国家相比，中国企业申请专利的主要集中在药品以及食品等行业，而核技术、生命科学等行业申请专利的比重很低。另外，中国企业绝大部分申请的是国内专利，国际专利的申请量极少，专利申请人以高校或者个人为主。整体来看，中国企业专利申请能力较弱。

（4）知识产权商品化率低。知识产权只有转化为生产力才能充分体现其内在价值。与发达国家相比，中国在成果转化及相关技术服务制度建设上较为落后，导致知识产权转化率较低，据统计，欧美等国在专利技术方面的应用商品化率接近40%，中国的应用商品化率仅为20%左右，差距较大。[1] 另外，在中国申请的专利中一部

---

[1] 邓淑华：《建设知识产权强国 助推创新驱动战略实施》，《中国高新技术产业导报》2015年4月27日。

分的科技含量较低，难以有效地实现科技创新对经济发展的促进作用。

（5）缺乏知识产权长效保护制度。虽然中国现阶段在知识产权保护方面已建立起一定的法律体系，但面对侵犯知识产权等违法行为时，还缺乏有效的法律制裁措施以及长效保护制度，更多的时候是依靠专项治理等手段，难以达到保护的目的。

三 内外贸易管理制度尚未完全建立

"内外贸一体化"是中国经济发展历史中特有的产物，主要是指对外贸易与对内贸易相互联动，充分利用国外与国内两个市场，互相影响，互相协调，促进国内外要素与产品市场的进一步融合，带动国民经济持续发展。新制度经济学认为，企业能有效替代市场的功能，将在外部市场进行的交易转变为在企业内部进行。企业制度得以生存的主要原因就是外部市场的交易成本高于企业内部成本。因此，无论企业选择外部市场机制形式或者是企业内部组织形式，最终目标是将实现总成本的最小化。实施内外贸一体化制度是为了实现要素和产品市场在国内外的相互融合，向外或向内延伸其流通渠道，从而降低交易成本。中华人民共和国成立初期，中国建立了内外贸相互分割的流通体制，满足了国民经济的发展需求，在中国对外贸易发展过程中起到了一定的作用。加入WTO以来，尤其是在经济全球化的大背景下，中国企业面临的全球经济环境发生了巨变，传统的内外贸相互分割的管理制度难以适应现阶段经济发展的需要，这种相互分割的管理制度给内外贸一体化的体制、法规及政策都带来了较大的阻碍，不利于商业流通的发展和统一大市场的形成。近年来，受全球经济低迷的影响，中国经济发展进入新常态，加快内外贸一体化发展的进程，有着重要的战略意义。尽管中国在推动内外贸一体化的进程中破除了一些障碍，取得了一定的成绩，但是长久以来对内外贸一体化认识不足，形成了"重视外贸发展轻视内贸发展"的观念，使得内外贸制度仍处于相互分割的状态，严重阻碍了内外贸管理制度的融合，主要包括以下几个方面。

1. 内外贸行政管理机构分散

（1）内外贸管理机构零散。中国政府在 2003 年组建了商务部，尤其是对国内外贸易及国际经济合作进行统一管理。商务部的组建实际上是由外经贸部与一小块内贸部共同构成的，在其管理机构中绝大多数是围绕外贸进行工作的。主管内贸工作的主要有市场运行调节司、商业改革发展司以及市场体系建设司。在省市级内外贸管理机构中只有少数实现了统一，在某些地区，内贸管理机构与外贸管理机构仍存在并存的现象。这说明中央政府成立的内外贸管理机构不完整，原因在于商务部大量的内外贸管理工作需要落实到地方管理机构。而地方的内外贸管理机构较为零散，难以实现整合，导致商务部后续的内外贸管理业务的整合更为困难。

（2）商务部的职权有限。目前，由于内外贸在行政管理方面仍存在相互割裂的情况，商务部难以对市场流通进行全面监管，国内市场的商品流通及市场行政管理等工作由其他机构负责。由此可见，尽管商务部承担管理国内市场流通的责任，但实际上其职权极为有限，难以有效地对内外贸进行统一管理。

2. 内外贸法律制度差异大

中国在内外贸法律制度安排上存在较大的差异。在外贸方面，加入 WTO 之后，中国为了进一步与世界经济融合，与国际贸易法律制度接轨，建立了一系列与外贸发展有关的法律制度，使得对外贸易法律框架基本建立，逐步消除了企业在市场准入方面的法律障碍，但是，在公平竞争及外商投资企业超国民待遇等方面还存在法律缺失的问题。在内贸方面，与国内贸易相关的法律制度建设滞后，如以商品流通法为代表的法律制度仍在建立过程中，存在法律制度缺失的情况，难以满足国内市场发展的需求，导致许多从外贸转向内贸的企业难以在市场竞争中保持优势。

3. 国内市场相互封闭

中国内外贸一体化进程中的主要障碍是国内统一市场仍未完全建立。导致出现这种情况的主要原因是各地方政府在制定管理制度时，出于各种目的人为地进行地区封锁，形成了条块分割、彼此封闭的市场。地区封锁对要素、商品的自由流动产生阻碍，导致市场机制难以有效地发挥作用，社会经济效率低下，阻碍生产力发展。[1]

四　对外贸易技术创新制度缺乏

对外贸易得以发展的持续动力就是技术创新。中国的外贸企业无论是在产品还是技术创新方面都缺乏动力，严重制约了中国对外贸易的发展，主要问题有以下几个方面。

第一，技术创新制度供给不足。改革开放以来，中国逐渐认识到科技创新的重要性，尽管在新技术、新产品的研发过程中投入的经费数额不断增加，到 2016 年，全国研发投入超过 1.5 万亿元，占 GDP 的比重为 2.1%，[2] 但是与发达国家相比，还存在很大的差距。尤其是在引进技术时，由于缺少对技术应用的制度安排，花费高价引进的技术在国内生产中难以充分发挥其作用，由此导致中国对外贸易的方式以加工贸易为主，尤其在出口商品时，更多是以数量取胜。

第二，技术创新激励机制不足。由于缺少有关技术创新的制度

---

[1] 徐婧：《我国建立内外贸统一管理制度的研究》，《兰州商学院学报》2006 年第 2 期。

[2] 《2016 年我国研发投入超过 1.5 万亿元》，中国政府网，http://www.gov.cn/xinwen/2017-01/11/content_ 5158676.htm，2017 年 1 月 11 日。

安排，外贸企业难以充分认识产品、技术创新对企业发展的重要作用，使企业存在不公平竞争、研发资源难以共享、研发风险难以保障等现象，严重打击了企业进行产品、技术创新的积极性。

第三，技术创新贷款制度不完善。由于受到缺乏资金的限制，企业往往难以有效地开展技术创新活动。政府由于没有针对技术创新建立完善的贷款制度，不能充分地对企业进行技术创新提供资金支持，导致外贸企业缺乏进行技术创新的动力，将新技术投入到产品生产过程的效率低下，使中国出口的产品技术含量较低，在国际市场上的竞争力较弱。

第四，技术创新存在信息障碍。现阶段，中国从事对外贸易活动的中小企业在企业实力、规模以及资金等方面与大型外贸企业相比都存在很大的差距，这些企业在进行技术创新的过程中受到很多限制，遇到诸多问题，迫切希望政府能在技术咨询、人才培训以及相关信息交流等方面提供相应的帮助。尽管政府在促进企业进行技术创新方面建立了服务平台，但是平台建设速度较为缓慢，难以有效地为企业提供服务。正是由于政府难以为外贸企业提供及时、准确的信息，在技术创新过程中存在信息障碍，导致外贸企业缺乏获取这类信息的渠道，无法准确掌握技术领域的发展动态。外贸企业为了获得全面的信息，不得不支付较高的信息搜寻成本，打击了其进行技术创新的积极性。[1]

五 自由贸易试验区制度不完善

2013年，由于国际大环境的变化以及自身的地域优势，上海成为中国第一个被批准建立自由贸易区试验区的城市。2014年，中国又相继批准了福建、广州、天津申请建立自由贸易区试验区的方

---

[1] 王薇：《金融危机背景下扩大河南出口的制度安排研究》，郑州大学，2011年，第44—45页。

案，并发布了相应的暂行条例和法律规定。尽管中国并没有建立自贸区的先例，但从全球的相关经验来看，自贸区的建立对一国的外贸发展及经济发展意义重大。这种全新的模式不仅会满足中国日益增长的消费需求，而且还可以大大提高中国对外贸易的自由性，与全球接轨，给中国外贸发展提供了新的契机。但是，由于发展时间较短，经验不足，加之传统体制的束缚，中国的自由贸易区制度存在一些问题。

第一，监管制度不健全。自贸区的管理制度存在计划经济体制的残余，重视行政手段，没有充分利用市场手段。管委会权威性不足，存在监管多头、管理越位等现象，政府与市场的边界没有得到清晰的划分，导致管理效率不高。监管过程缺乏持续性，重视事前的审批和监管，忽视事后的跟踪监管。自贸区活动中存在信息不对称的现象，不利于其健康发展。

第二，相关法律制度不完善。关于自贸区发展的法律制度尚不健全，当前所依据的仅是政策性文件和地方政府规章制度，法律层次较低，缺乏权威性、规范性和稳定性，导致许多监管细则、法规配套滞后。制度安排低效与真空问题，制约了自由贸易区的发展。

第三，制度创新仍处于摸索阶段。虽然中国在自由贸易区建设方面取得了较大的发展成果，但自由贸易区尚未在全国铺开，距离全国推广还要走相当长的一段路。在这个过程中，由于缺乏现有合适的模式，自由贸易区的制度创新仍然处于摸索的阶段，制度与完善还有很大的距离。

六 对外贸易行政管理制度不明晰

改革开放以来，为了满足对外贸易的发展需求，中国对外贸易管理制度进行了一系列的改革，也取得了一定的进展。但是，目前仍然存在很多不足，主要包括以下几个方面。

第一，组织制度方面。目前，中国对外贸易的组织架构是以"商务部—外贸厅—外贸局—企业这一中央、省、市三级化管理体系为基本架构"[①]，这种结构使职能部门之间的职责范围难以明确界定，导致业务管理混乱、权责不明、办事效率低下等问题。例如，中国虽已在维护产业安全及应对国外反倾销方面建立了包括商务部、各行业商会、各地方政府以及外贸企业在内的"四体联动"机制，但是由于外贸管理部门权责范围不明晰，因而难以有效处理对外贸易中出现的问题。在业务处理中，政府过多地依赖传统行政手段，对企业过度干预造成了外贸企业的经营受到约束，资源难以有效配置，对外贸易的发展受到了限制。由此可见，如果没有建立明确的对外贸易管理体系，不能确立各管理部门的职责范围，长此以往，将会制约各管理部门及外贸企业的发展，从而导致无序竞争。

第二，促进制度方面。中国传统的对外贸易促进制度是以追求商品出口的数量扩张为主要目标，相关的对外贸易制度安排都是紧紧围绕这一目标来实施的。国家将出口创汇以及带动经济增长作为对外贸企业的要求。尤其是改革开放以来，中国对比较优势理论较为依赖，对国内比较优势较大的劳动密集型产业的发展非常重视，为此确立了以促进出口为导向的一系列对外贸易政策措施，以满足增加出口创汇的需求。尤其是在亚洲金融危机爆发后，扩大出口成了带动经济增长的不二之选。在这种思想的引导下，外贸企业对发展对外贸易的认识更集中在扩大贸易顺差以此来提高经济增长速度等方面。在促进出口贸易发展的过程中，中国主要采取了出口促进措施，如出口信贷、出口补贴以及出口退税等。这些出口促进措施的实施，在一定程度上为外贸企业出口提供了便利的条件和政策支

---

① 吕哲、程玉林：《转变我国对外贸易增长方式的制度分析》，《中国经贸导刊》2012年第10期。

持，但是也导致了外贸企业过于看重出口产品的价格优势及数量优势，使中国对外贸易出口一直沿袭粗放型经营模式。出口促进措施的实施在很大程度上带动了中国出口贸易额的快速增长，贸易顺差的持续扩大，也使得设计对外贸易评价指标时，大多以进出口贸易额、进出口商品价格以及出口贸易额对国民经济的贡献等数量指标为主，而诸如外贸企业竞争力指数、进出口与经济社会发展的关系等效益指标的制度安排却较为缺乏，尤其是进出口贸易对社会效益评价等方面的指标尚未确立，导致众多从事对外贸易活动的企业在扩大出口贸易规模等思想的影响下为了追求经济效益而忽视环境、资源等社会效益，由此引发的一系列弊端，如贸易摩擦的加剧等都增加了对外贸易的交易费用。另外，由于发展中国家出口的商品具有一定的相似性以及劳动密集型产品较低的附加值，导致这些商品为了抢占国际市场在出口时不惜降低价格。现阶段，中国面临较为严峻的国际市场形势，对外贸易发展中不确定、不稳定的因素增多。因此，应重新审视传统的对外贸易促进制度，要明确贸易顺差并非衡量一国经济增长的唯一指标。过度追求出口数量而忽视出口商品质量、过度追求出口规模而忽视出口收益的对外贸易促进制度在推动中国对外贸易发展方面难以获得持续的竞争优势。[1]

七　利用外资制度不合理

改革开放以来，中国把利用外资作为对外开放的基本国策，合理的利用外资在扩大对外出口以及推动产业结构升级等方面起到了积极的作用。目前，中国在利用外资方面取得显著的成绩，利用外资的总量不断攀升，据统计，2016年，中国吸收外商直

---

[1] 吕哲：《转变我国对外贸易增长方式的制度分析》，哈尔滨工业大学，2010年，第18—19页。

接投资（不含银行、证券、保险）新设立企业27900家，比上年增长5.0%。实际使用外商直接投资金额为1260亿美元，增长4.1%。[①] 近年来，为了进一步吸引外资，中国制定了一系列优惠制度，各级地方政府也围绕国家在吸引外资方面的制度随着中国经济发展进入新常态，中国在利用外资的制度安排方面存在的问题也逐渐显现，为有效地吸引外资，国家出台了一系列鼓励外资流入的优惠政策，各级地方政府也相应地在本地区推出进一步鼓励外资流入的政策举措。但是，随着经济的深入发展，一些政策已经明显不能适应现阶段的利用外资工作发展需求，由此带来的矛盾也日益尖锐。主要包括以下几点。

第一，公平竞争的市场运行机制受到破坏。改革开放以来，随着中国利用外资制度的建立，越来越多的外资企业进入中国市场，为中国经济与对外贸易发展提供了大量的资金，但也对内资企业的发展形成了一定的影响。一方面，中国给予外资企业超国民待遇，实施了土地、财政以及税收等优惠制度，外资企业利用自身雄厚的资金及技术实力并借助这些优惠制度，在中国市场不断扩大经营规模，甚至在某些领域形成隐性垄断；另一方面，内资企业在发展中不仅难以享受上述优惠制度，而且还要承担高额的税赋，与外资企业在竞争中处于不合理的地位。由此导致内资企业的发展空间受到挤占，大量的人才外流，缺乏竞争优势。

第二，利用外资导向制度不合理。利用外资对扩大对外贸易与经济发展有显著的促进作用，往往导致各级地方政府在利用外资时过度看重引进的数量，忽视外资的质量，从而导致引进外资的成本过高。

---

① 《中华人民共和国2016年国民经济和社会发展统计公报》，国家统计局网站，http://www.stats.gov.cn/tjsj/zxfb./201702/t20170228_1467424.html，2017年2月28日。

一是引进外资技术含量较低。中国引进外资的核心是实现技术进步与技术创新，但是在"政绩驱动"制度的引导下，大多以引进技术含量较低的短期加工项目为主，而且引进的技术多以适用技术为主，先进技术较为缺乏，难以在国内实现技术创新。

二是利用外资监管制度不到位。现有的利用外资导向制度更注重引进外资这一过程，而对外资在进入国内市场之后的监管制度还没有完全建立，导致外资企业利用监管制度的漏洞，通过不法手段进行资本转移，使中国实际利用外资的数量与质量都大幅下降。

三是利用外资的成本较高。国内一些地方政府为了吸引外资，在招商引资过程中让渡了较大的利润空间，导致使用外资成本过高，财政收入大幅减少。另外，部分外资企业在国内建厂生产产品主要目的是利用国内的自然资源，有些外资项目投入到高污染以及高能耗的行业，给国内的资源与环境造成不利影响。作为利用外资制度中的一种优惠因素，土地被外资企业大量占用，导致国内耕地面积缩减，对经济发展产生一定的阻碍。

第四节　中国对外贸易制度存在问题的原因

一　过度追求利益

新制度经济学认为，制度变迁之所以会发生，主要的原因在于制度稳定性、环境变动性和不确定性及人对利益极大化的追求三者之间持久的冲突。[①] 纵观中国对外贸易制度变迁的历程，主要是以中央政府为主体的制度变迁，变迁在很大程度上是由国家利益所导致的。当现有的对外贸易制度无法满足国家利益的需要时，就会发生制度变迁和创新，以新的对外贸易制度来代替旧的制度。中

---

① 卢现祥：《新制度经济学》，武汉大学出版社2004年版，第162页。

华人民共和国成立以来，国家不断下放对外贸易经营权，为地方政府和企业对外贸易活动提供了很多政策支持和制度安排，充分调动了地方政府和企业发展对外贸易的积极性。但有些地方政府和企业在开展对外贸易活动时，为了取得显著的成绩，片面地追求出口贸易的数量和规模，选择了粗放式的增长模式。这导致不同地区产业结构相似度较高，彼此之间在国际市场上形成了激烈的竞争。为了在竞争中获利，企业不惜采取低价竞争的手段，使得国内企业在国际市场上"自相残杀"，从而削弱了国际竞争力。另外，地方政府为了获取税收利益，盲目地大量出口劳动及资源密集型产品。这不仅使中国的对外贸易结构不合理，也导致国内资源过度开发以及环境遭到严重破坏。大量出口的同时，也使人民币在各方面的压力下被迫升值，给中国对外贸易的发展及国内经济造成了恶劣影响。

二 过于依靠劳动力优势

改革开放以来，在推动对外贸易向外发展的过程中，由于国内劳动力资源丰裕并且成本较为低廉，因此，中国在比较优势理论和要素禀赋理论的指导和影响下，充分发挥劳动力资源优势促进出口。但是，以劳动密集型产品为主的出口贸易，更多依赖的是对国内资源的消耗，而忽视了对技术、规模经济和劳动生产率等方面的优势积累。在资本和劳动力的选择中，企业更倾向于通过雇用大量劳动力来实现贸易增长而不是通过技术创新实现增长。这导致中国对外贸易出口数量大幅增长，但出口质量参差不齐，对外贸易结构不平衡，呈现出贸易方式初级化、贸易结构低级化、参与国际经济活动单向化的特点。[1] 因此，过度依靠劳动力优势来促进中国出口

---

[1] 章昌裕：《走出比较优势困境实现对外贸易增长方式转变》，《开放导报》2006年第4期。

贸易增长存在一定的缺陷，而这种缺陷的存在必然对一国对外贸易制度的选择产生影响，从而推动对外贸易制度的变迁。

三　国际环境的变化

中华人民共和国成立伊始，迫于西方发达国家的经济打压，在没有发展对外贸易经验的情况下，中国以国家统治的对外贸易制度的形式开展外贸。改革开放以来，随着国内市场开放程度与日俱增，以外资为代表的各种生产要素大量进入国内市场，以跨国公司为主体的企业形式也迅速抢占了国内市场。尤其是加入世界贸易组织以后，中国与相关的国际经济组织联系日益密切，各种双边以及多边贸易协定的签署引发了不同国家的法律、政策以及贸易惯例相互碰撞。为了在国际市场获得公平、有利的市场地位，中国对外贸易制度不断进行改革。但是在改革的过程中，受国际环境的影响，引发了一定的问题。

四　市场经济体制不完善

有效推进对外贸易制度创新的前提是完善的市场经济体制，这不仅有助于降低制度创新过程中的交易成本，还有助于加快制度创新进程。在完善的市场经济体制下，市场信息不对称现象可以得到有效控制，国家对于外贸企业的信息可以充分掌握，外贸企业也可以充分了解贸易伙伴，这有助于制定科学合理的对外贸易制度。如果市场不健全，那么将存在严重的信息不对称，政府无法获取足够有效的信息，或即使获得也要付出很高的成本，外贸企业则面临机会主义风险。此时，即使制定出相关制度，也会出现制度不适或效率低下问题。

中国市场经济尚处于初级阶段，市场中充斥着大量的信息不对称，导致信息搜寻成本及对外贸易交易成本过高，不利于对外贸易制度创新。国家和外贸企业之间缺乏足够的信息沟通，国家对外贸企业的实际贸易制度需求并不充分掌握。制度安排实施后的实际效果可能与政府所认定的结果不符，导致政策偏差。而且，由于市场经济不成熟，加之对中国企业的不信任及发展的担忧，很多国家都不认同中国市场经济国家的地位，中国企业外贸活动经常受到东道国或第三国政府各种各样的干预，使得中国在国际贸易谈判中处于不利地位，对外贸易制度与国际贸易游戏规则耦合的难度不断增加。

第四章

中国对外贸易制度实施的效果评估与实证检验

通过上文的分析可以看出，传统的国际贸易理论一直将比较优势作为贸易发展的基础。但实际上有些国家尽管存在比较优势，而对外贸易的发展却不尽如人意；相反，有些国家缺乏比较优势，但对外贸易却得到长足发展。研究表明，出现这种情况的原因与制度密不可分。新制度经济学认为制度是经济运行过程中的内生变量，有效的制度能降低交易成本，提供经济发展所需的动力，从而促进经济快速增长。对外贸易制度作为一国经济制度重要组成部分，在推动一国对外贸易发展的过程中起到至关重要的作用，对一国对外贸易的发展具有深远的影响。外贸企业是进行各种对外贸易活动的主体，对外贸易制度也会通过作用于外贸企业，从而对对外贸易活动产生影响。

第一节 理论综述与变量选择

一 理论综述

传统贸易理论以规模收益不变及完全竞争为基本假定前提，之后虽然出现了新贸易理论，但由于忽略制度因素，对真实世界的解释仍不尽如人意，特别是对那些制度不健全的国家和地区。新制度经济学关于制度创新的理论逐步被经济学界认可，将其引入到国际贸易的理论研究中。国外学者在对传统贸易理论没有考虑制度因素这一缺陷批评的基础上，针对制度对对外贸易的影响进行了大量研究。在这些研究中，既包括理论研究，也包括实证研究，既有国外研究，也有基于中国实际的本国研究。王涛生认为，制度对于对外贸易的影响，主要表现为制度因素对贸易流量的影响，制度质量差异对比较优势的影响，制度质量对垂直整合与贸易格局的影响，制度质量对贸易福利效应的影响，贸易发展对制度质量改进的影响五个方面。[①]

二 研究假设

1. 为了检验对外贸易制度对中国外贸的整体影响，提出假设1、假设2和假设3

假设1：中国汇率、外汇储备、对外直接投资总量、对外直接投资存量、外商直接投资总量、外商直接投资项目数量对外贸进出口贸易额存在显著正向影响。

假设2：中国汇率、外汇储备、对外直接投资总量、对外直接投资存量、外商直接投资总量、外商直接投资项目数量对外贸进口贸易额存在显著正向影响。

假设3：中国汇率、外汇储备、对外直接投资总量、对外直接投资存量、外商直接投资总量、外商直接投资项目数量对外贸出口贸易额存在显著正向影响。

2. 为了检验对外贸易制度对中国不同外贸地区的影响，提出假设4、假设5、假设6、假设7、假设8和假设9

---

① 王涛生：《制度创新影响国际贸易竞争优势的机理、模型与实证研究》，湖南大学，2013年，第10—16页。

假设4：中国一般贸易进出口贸易总额、加工贸易进口总额、外商投资企业进出口贸易总额、中国汇率与外汇储备对亚洲贸易额存在显著正向影响。

假设5：中国一般贸易进出口贸易总额、加工贸易进口总额、外商投资企业进出口贸易总额、中国汇率与外汇储备对欧洲贸易额存在显著正向影响。

假设6：中国一般贸易进出口贸易总额、加工贸易进口总额、外商投资企业进出口贸易总额、中国汇率与外汇储备对非洲贸易额存在显著正向影响。

假设7：中国一般贸易进出口贸易总额、加工贸易进口总额、外商投资企业进出口贸易总额、中国汇率与外汇储备对南美洲贸易额存在显著正向影响。

假设8：中国一般贸易进出口贸易总额、加工贸易进口总额、外商投资企业进出口贸易总额、中国汇率与外汇储备对拉丁美洲贸易额存在显著正向影响。

假设9：中国一般贸易进出口贸易总额、加工贸易进口总额、外商投资企业进出口贸易总额、中国汇率与外汇储备对大洋洲贸易额存在显著正向影响。

3. 为了研究对外贸易制度对中国几个重要贸易国的贸易活动影响，提出假设10、假设11、假设12和假设13

假设10：中国一般贸易进出口贸易总额、加工贸易进口总额、外商投资企业进出口贸易总额、中国汇率与外汇储备对美国进出口总贸易额存在显著正向影响。

假设11：中国一般贸易进出口贸易总额、加工贸易进口总额、外商投资企业进出口贸易总额、中国汇率与外汇储备对日本进出口总贸易额存在显著正向影响。

假设12：中国一般贸易进出口贸易总额、加工贸易进口总额、外商投资企业进出口贸易总额、中国汇率与外汇储备对韩国进出口总贸易额存在显著正向影响。

假设 13：中国一般贸易进出口贸易总额、加工贸易进口总额、外商投资企业进出口贸易总额、中国汇率与外汇储备对德国出口总额存在显著正向影响。

4. 为了检验对外贸易制度对主要外贸产品的整体影响，提出假设 14、假设 15 和假设 16

假设 14：中国汇率、外汇储备、对外直接投资总量、对外直接投资存量、外商直接投资总量、外商直接投资项目数量对机电产品进出口贸易总额存在显著正向影响。

假设 15：中国汇率、外汇储备、对外直接投资总量、对外直接投资存量、外商直接投资总量、外商直接投资项目数量对农产品进口贸易额存在显著正向影响。

假设 16：中国汇率、外汇储备、对外直接投资总量、对外直接投资存量、外商直接投资总量、外商直接投资项目数量对纺织品出口贸易额存在显著正向影响。

第二节　研究假设与样本选择

一　变量设置

1. 因变量

因变量即被解释变量，一是反映中国对外贸易总量的指标有三个，分别是出口贸易总额、进口贸易总额以及对外贸易总额；二是反映中国对外贸易地理差异的指标有五个，分别是亚洲贸易总额、欧洲贸易总额、非洲贸易总额、南美洲贸易总额、拉丁美洲贸易总额；三是反映中国主要贸易国的指标有四个，分别是美国贸易总额、日本贸易总额、德国贸易总额、韩国贸易总额；四是反映中国对外贸易结构的指标有三个,分别是机电贸易总额、农产品贸易总额以及纺织品贸易总额。

进出口贸易总额也称为对外贸易值,是以货币表示的贸易金额。一定时期内一国从国外进口的商品的全部价值,称为进口贸易总额或进口总额;一定时期内一国向国外出口的商品的全部价值,称为出口贸易总额或出口总额。两者相加为进出口贸易总额或进出口总额。

国际贸易地理方向通常用以表明世界各洲、各国或各个区域集团在国际贸易中所占的地位。是反映国际贸易地区分布和商品流向的指标,指各个国家(地区)在国际贸易中所处的地位,通常以它们的出口贸易额(进口贸易额)占世界出口贸易额(进口贸易额)的比重来表示。

2. 自变量

自变量即解释变量,主要包括:(1) 外汇储备是衡量一国综合国力的重要指标之一,具有调节国际收支、稳定汇率等作用。外汇储备的波动反映了国内货币供求关系的力量对比。外汇储备是一国调节国际收支、稳定外汇市场、表明一国资信和防范金融风险现实能力的标志。其作为国际储备的主要组成部分。(2) 基础货币 = 政府债权资产净额 + 对外金融资产净额 + 对商业银行的债权 + 其他资产净额。其中,对外金融资产净额由外汇、黄金储备和中央银行在国外金融机构的净资产组成。因此,外汇储备是基础货币的重要组成部分。(3) 贸易结构指两国是否生产并出口同一类型产品。当两国的比较优势不相一致时,每一国都应致力于生产、出口该国具有比较竞争力并能使其获得最高利润率的产品,并进口该国不能以较低成本生产的商品。相反,当两国的比较优势一致时,这两个国家都应致力于生产能使它们获得最高利润的同一类产品。(4) 汇率。名义汇率,一般是指在市场上能够看到的本国货币对各种外币的比价。当根据贸易权重,或者是进出口权重对名义汇率加权以后,就得到了名义有效汇率。所谓有效,其实就是加权的意思。真实汇率也分为双边真实汇率和真实有效汇率,真实有效汇率是根据贸易比重对双边真实汇率进行加权,习惯上还被称为贸易加权真实汇率。真实汇率是在名义汇率的基础上根据本国和外国的物价指数进行调整得到,它反映了用商品篮子衡量的本国和外国商品相对价值的变化。对外直接投资总量与对外直接投资存量。对外直接投资总量是指某年度中国对外直接投资净额,对外直接投资存量是指中国某一期限内对外直接投资累计净额。

表 4.1　　　　　　　　　　变量定义

变量名	变量含义	变量说明或数据来源
Total Import	进口贸易总额	中国年度进口贸易总额
Total Export	出口贸易总额	中国年度出口贸易总额
Total Foreign Trade	对外贸易总额	中国年度进口+出口贸易总额
Asian Trade Volume	亚洲贸易总额	中国亚洲地区贸易总额
European Trade Volume	欧洲贸易总额	中国欧洲地区贸易总额
African Trade Volume	非洲贸易总额	中国非洲地区贸易总额
Latin America Trade Volume	拉丁美洲贸易总额	中国拉丁美洲地区贸易总额
South America Trade Volume	南美洲贸易总额	中国南美洲地区贸易总额
Exchange Trade	汇率	中国年度外汇汇率
Foreign Currency Holdings	外汇储备	中国年度外汇储备年度总额
Growth Rate of Foreign Currency Holdings	外汇储备增长额	中国年度外汇储备年度增长率
General Trade	一般贸易总额	中国年度一般贸易总额
Processing Trade	加工贸易总额	中国年度加工贸易总额
Foreign Trade	外商贸易总额	中国午度外商投资贸易总额
US	美国贸易总额	中国与美国年度贸易总额
Germany	德国贸易总额	中国与德国年度贸易总额
Korea	韩国贸易总额	中国与韩国年度贸易总额
Japan	日本贸易总额	中国与日本年度贸易总额

续表

变量名	变量含义	变量说明或数据来源
Electromechanical Trade	机电贸易总额	中国年度机电贸易总额
Agricultural Trade	农产品贸易总额	中国年度农产品贸易总额
Textile Trade	纺织品贸易总额	中国年度纺织品贸易总额
Total Oversea Investment	对外直接投资总量	中国年度对外投资流量总额
Oversea Investment Stock	对外直接投资存量	中国年度对外直接投资存量总额
Total Foreign Investment	外商直接投资总量	中国年度利用外商投资总额
Number of Foreign Investment Projects	外商直接投资项目数量	中国年度外商直接投资项目数量

二 样本的选取

本章研究的样本数据区间为2004—2015年，选取中国与中国进出口贸易相关的数据。其中，一是反映中国对外贸易总量的指标有三个，分别是出口贸易总额、进口贸易总额及对外贸易总额；二是反映中国对外贸易区域差异的外贸指标有五个，分别是亚洲外贸总额、欧洲外贸总额、非洲外贸总额、南美洲外贸总额、拉丁美洲外贸总额；三是反映中国对外贸易主要贸易国的外贸指标有四个，分别是美国贸易总额、日本贸易总额、德国贸易总额、韩国贸易总额；四是反映中国贸易结构的外贸指标有三个，分别是机电贸易总额、农产品贸易总额及纺织品贸易总额；五是反映中国对外贸易制度层面的指标有七个，分别是汇率、外汇储备、外汇储备增长率、对外直接投资总量、对外直接投资存量、外商直接投资总量、外商直接投资项目数量（见表4.1）。样本数据主要来源于中国统计年鉴、国家统计局、国家海关以及万得（Wind）数据库。

三 多元回归数理模型构建与求解

1. 回归模型

$$y_t = \beta_0 + \beta_0 x_t + u_t \quad (t = 1, 2, \ldots, T)$$

其中 y 为被解释变量，x 为解释变量，u_t 是随机误差项，定义 Q 为残差平方和，则有：

$$Q = \sum_{t=1}^{T} u_t^2 = \sum_{t=1}^{T} (y_t - y_t')^2 = \sum_{t=1}^{T} (y_t - b_0 - b_1 x_t)^2$$，当 Q 对 b_0，b_1 的一阶导数等于 0 的时候，Q 达到最小值，可以得到：

$$\begin{cases} \dfrac{1}{T}\sum_{t=1}^{T} u = \sum_{t=1}^{T} (y_t - b_0 - b_1 x_t) = 0 \\ \dfrac{1}{T}\sum_{t=1}^{T} x_t u = \dfrac{1}{T}\sum_{t=1}^{T} x_t (y_t - b_0 - b_1 x_t) = 0 \end{cases}$$

从中可以解出 b_0，b_1 为：

$$b_0 = \bar{y} - b_1 \bar{x}$$

$$b_1 = \frac{T\sum_{t=1}^{T} xy - T\sum_{t=1}^{T} x \sum_{t=1}^{T} y}{T\sum_{t=1}^{T} x^2 - (\sum x)^2} = \frac{T\sum_{t=1}^{T}(x - \bar{x})(y - \bar{y})}{\sum_{t=1}^{T}(x - \bar{x})^2}$$

2. 多元线性回归模型

$$y_t = \beta_0 + \beta_0 x_{1t} + \beta_0 x_{2t} + \cdots + \beta_0 x_{kt} + u_t$$

模型写成矩阵形式：$Y = X\beta + u$，其中 Y 表示因变量（$t=1$，2，…，T），在模型中作为被解释变量观测值的 T 维向量；X 表示一组与因变量相关的变量，在模型作为解释变量的 T 各样本观测值组成的 $T \times (k+1)$ 维系数向量；u 是 T 随机误差向量。

运用普通最小二乘法（ordinary least square，OLS）对模型进行估计，Q 定义为矩阵的残差平方和，则有：

$$Q = \sum_{t=1}^{T} u_t^2 = u'u = (Y - Xb)'(Y - Xb)$$

确定正规方程组，可以估计出模型的系数向量 b 为：

$$b = (X'X)^{-1} X'Y$$

随机误差项的方差 δ^2 用残差平方和除以自由度来估计，即：$\delta^2 = \dfrac{\sum u_t^2}{T - k - 1}$

在模型估计的最后，我们可用 Durbin-Watson 统计量（D-W 统计量）来检验随机误差项是否存在一阶序列相关，即 $E(u_t u_{t+1}) \neq 0$ 的情况，计算如下：

$$D.W. = \frac{\sum_{t=2}^{T}(u-u_{t+1})^2}{\sum_{t=1}^{T}u^2}$$，依据样本容量 T 和解释变量数 k，查 $D.W$ 分布表，得到临界值 d_l 和 d_u，然后按照准则考察计算得到 $D.W$ 值，并判断相关状态。

第三节　实证结果与分析

一　对外贸易制度对贸易总量影响的效果评估与检验

构建多元回归模型（1）、模型（2）和模型（3）。因变量选取中国历年进口贸易额、历年出口贸易额、历年进出口贸易总额，自变量选取中国历年汇率、历年外汇储备、对外直接投资总量、对外直接投资存量、外商直接投资总量、外商直接投资项目数量。检验外贸政策变化对中国进口贸易、出口贸易以及进出口贸易总额的影响。

在多元回归模型（1）的检验结果中，如果系数 α_{12}，α_{13}，α_{14}，α_{15}，α_{16} 和 β_{17} 显著为正，说明汇率的变化、外汇储备的变化、对外直接投资总量的变化、对外直接投资存量的变化、外商直接投资总量的变化、外商直接投资项目数量的变化对中国进出口贸易存在正向显著影响；如果系数 α_{12}，α_{13}，α_{14}，α_{15}，α_{16} 和 α_{17} 显著为负，说明汇率的变化、外汇储备的变化、对外直接投资总量的变化、对外直接投资存量的变化、外商直接投资总量的变化、外商直接投资项目数量的变化对中国进出口贸易存在负向显著影响。

$$TFtrade = \alpha_{11} + \alpha_{12}Exchangrate + \alpha_{13}ForeignCH + \alpha_{14}Toinvest +$$
$$\alpha_{15}Oinvest + \alpha_{16}Tfinvest + \alpha_{17}Nfinvest + u_1 \quad (1)$$

在多元回归模型（2）的检验结果中，如果系数 α_{22}，α_{23}，α_{24}，α_{25}，α_{26} 和 α_{27} 显著为正，说明汇率的变化、外汇储备的变化、对外直接投资总量的变化、对外直接投资存量的变化、外商直接投资总量的变化、外商直接投资项目数量的变化对中国进口贸易存在正向显著影响；如果系数 α_{22}，α_{23}，α_{24}，α_{25}，α_{26} 和 α_{27} 显著为负，说明汇率的变化、外汇储备的变化、对外直接投资总量的变化、对外直接投资存量的变化、外商直接投资总量的变化、外商直接投资项目数量的变化对中国进口贸易存在负向显著影响。

$$Timport = \alpha_{21} + \alpha_{22}Exchangrate + \alpha_{23}ForeignCH + \alpha_{24}Toinvest +$$
$$\alpha_{25}Oinvest + \alpha_{26}Tfinvest + \alpha_{27}Nfinvest + u_2 \quad (2)$$

在多元回归模型（3）的检验结果中，如果系数 α_{32}，α_{33}，α_{34}，α_{35}，α_{36} 和 α_{37} 显著为正，说明汇率的变化、外汇储备的变化、对外直接投资总量的变化、对外直接投资存量的变化、外商直接投资总量的变化、外商直接投资项目数量的变化对中国出口贸易总额存在正向显著影响；如果系数 α_{32}，α_{33}，α_{34}，α_{35}，α_{36} 和 α_{37} 显著为负，说明汇率的变化、外汇储备的变化、对外直接投资总量的变化、对外直接投资存量的变化、外商直接投资总量的变化、外商直接投资项目数量的变化对中国出口贸易存在负向显著影响。

$$TExpot = \alpha_{31} + \alpha_{32}Exchangrate + \alpha_{33}ForeignCH + \alpha_{34}Toinvest +$$
$$\alpha_{35}Oinvest + \alpha_{36}Tfinvest + \alpha_{37}Nfinvest + u_3 \quad (3)$$

因变量选取中国历年进口贸易总额、历年出口贸易总额、历年进出口贸易总额，自变量选取中国历年汇率、历年外汇储备、对外直接投资总量、对外直接投资存量、外商直接投资总量、外商直接投资项目数量。

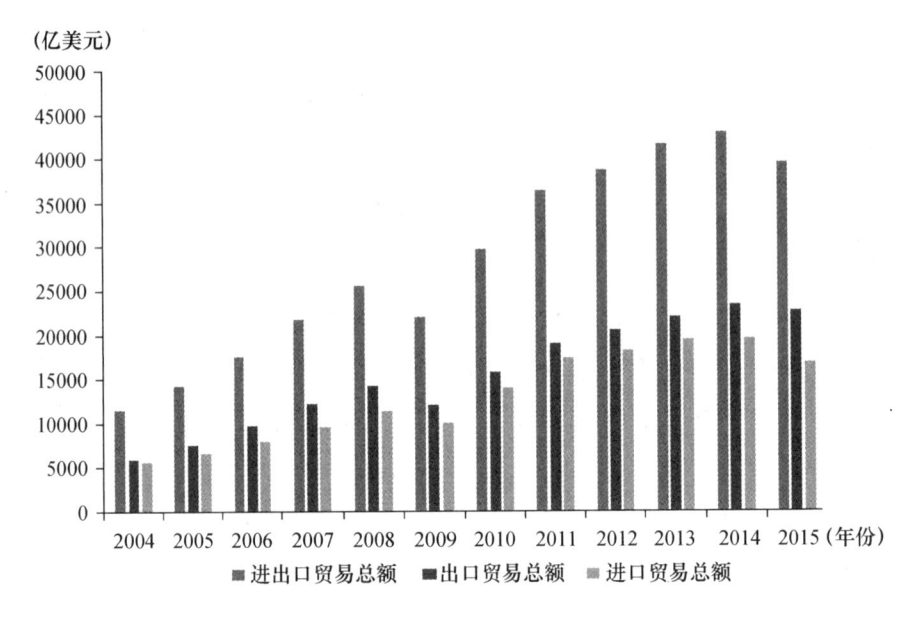

图 4.1　中国历年进出口贸易总额

资料来源：国家统计局网站 http://www.stats.gov.cn。

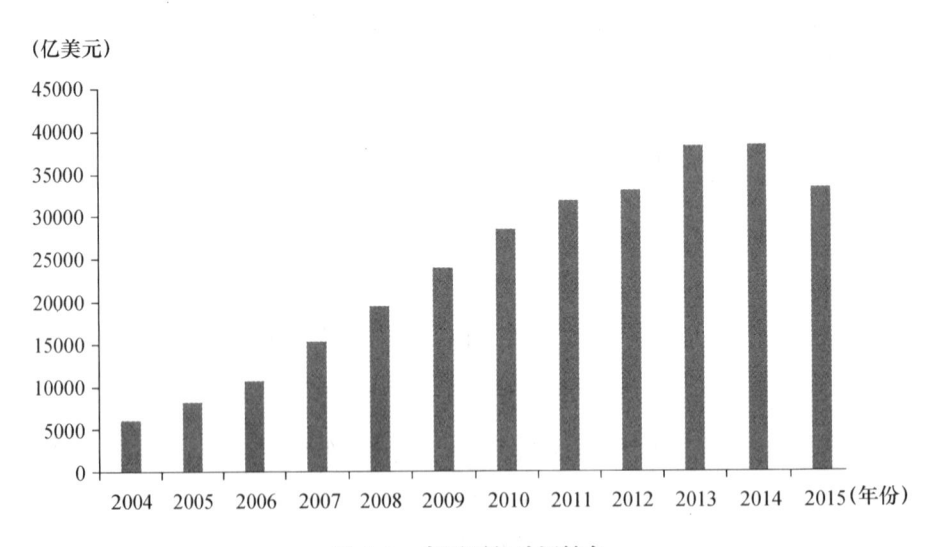

图 4.2　中国历年外汇储备

资料来源：国家统计局网站 http://www.stats.gov.cn。

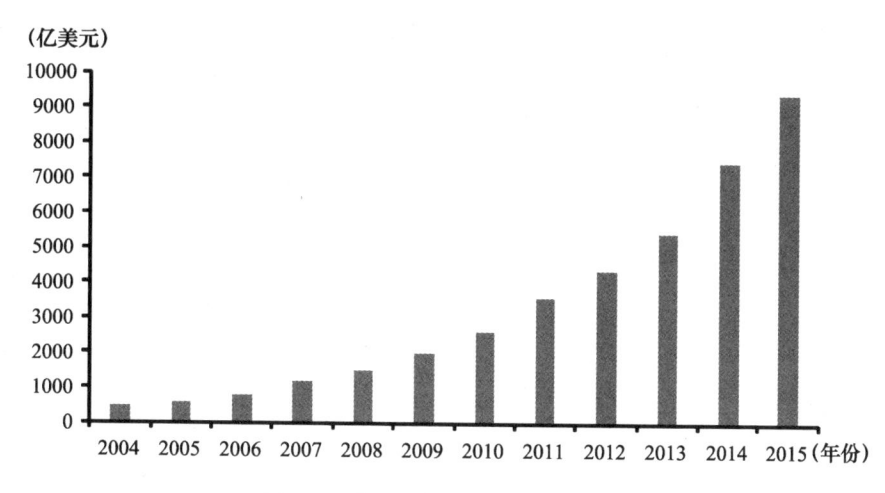

图 4.3　中国历年对外直接投资存量

资料来源：国家统计局网站 http://www.stats.gov.cn。

从图 4.1 可以看出，近十几年中国历年进口贸易总额、出口贸易总额和进出口贸易总额基本保持上升趋势，在 2009 年和 2015 年出现小幅度下滑。从图 4.2 可以看出，近十几年中国外汇储备整体保持上升趋势，在 2015 年出现一定幅度下滑。从图 4.3 可以看出，中国近十几年对外直接投资存量逐年攀升，且近五年均保持较高的年增长率。

中国进出口贸易总额、出口贸易总额、进口贸易总额与汇率、外汇储备、对外直接投资总量、对外直接投资存量、外商直接投资总量、外商直接投资项目数量间的相关性如表 4.2 所示。

表 4.2　各变量相关性分析

	进出口贸易总额	出口贸易总额	进口贸易总额	汇率	外汇储备	外商直接投资总量	外商直接投资项目数量	对外直接投资总量	对外直接投资存量
进出口贸易总额	1	0.996**	0.994**	-0.958**	0.976**	0.966**	-0.839**	0.944**	0.873**

续表

	进出口贸易总额	出口贸易总额	进口贸易总额	汇率	外汇储备	外商直接投资总量	外商直接投资项目数量	对外直接投资总量	对外直接投资存量
出口贸易总额	0.996**	1	0.981**	-0.955**	0.966**	0.966**	-0.834**	0.958**	0.900**
进口贸易总额	0.994**	0.981**	1	-0.951**	0.977**	0.956**	-0.836**	0.917**	0.830**
汇率	-0.958**	-0.955**	-0.951**	1	-0.978**	-0.974**	0.945**	-0.902**	-0.788**
外汇储备	0.976**	0.966**	0.977**	-0.978**	1	0.973**	-0.914**	0.936**	0.834**
外商直接投资总量	0.966**	0.966**	0.956**	-0.974**	0.973**	1	-0.895**	0.951**	0.867**
外商直接投资项目数量	-0.839**	-0.834**	-0.836**	0.945**	-0.914**	-0.895**	1	-0.808**	-0.667*
对外直接投资总量	0.944**	0.958**	0.917**	-0.902**	0.936**	0.951**	-0.808**	1	0.971**
对外直接投资存量	0.873**	0.900**	0.830**	-0.788**	0.834**	0.867**	-0.667*	0.971**	1

由表4.2可知，进出口贸易总额、出口贸易总额、进口贸易总额与汇率、外商直接投资项目数量负相关，与外汇储备、外商直接投资总量、对外直接投资总量、对外直接投资存量间正相关。

根据建立的模型1，中国进出口贸易与汇率、外汇储备、对外直接投资总量、对外直接投资存量、外商直接投资总量、外商直接投资项目数量的关系如表4.3所示。

表 4.3　　　　　　　　进出口贸易总额多元回归分析

模型		非标准化系数		标准系数
		B	标准误差	试用版
1	（常量）	65970.983	45463.497	
	汇率	-10174.618	5340.504	-0.712
	外汇储备	0.846	0.345	0.885
	对外直接投资总量	-25.092	25.485	-0.785
	对外直接投资存量	2.408	1.985	0.622
	外商直接投资总量	-0.756	14.561	-0.017
	外商直接投资项目数量	0.551	0.242	0.408

由表 4.3 可知，外汇储备系数 α_{13}、对外直接投资存量系数 α_{15}、外商直接投资项目数量系数 α_{17} 为正，说明外汇储备、对外直接投资存量、外商直接投资项目数量正向影响中国进出口贸易总额。汇率系数 α_{12}、对外直接投资总量系数 α_{14}、外商直接投资总量系数 α_{16} 为负，说明汇率、对外直接投资总量、外商直接投资总量负向影响中国进出口贸易总额。假设 1 得到部分验证。

根据建立的模型 2，中国进口贸易与汇率、外汇储备、对外直接投资总量、对外直接投资存量、外商直接投资总量、外商直接投资项目数量的关系如表 4.4 所示。

表 4.4　　　　　　　　进口贸易总额多元回归分析

模型		非标准化系数		标准系数
		B	标准误差	试用版
2	（常量）	7631.032	24976.545	
	汇率	-2450.310	2933.943	-0.372
	外汇储备	0.556	0.189	1.261
	对外直接投资总量	-10.006	14.001	-0.679
	对外直接投资存量	0.601	1.090	0.337
	外商直接投资总量	2.880	7.999	0.139
	外商直接投资项目数量	0.291	0.133	0.468

由表 4.4 可知，汇率系数 α_{22}、对外直接投资总量系数 α_{24} 为负，说明汇率、对外直接投资总量负向影响中国进口贸易总额。外汇储备系数 α_{23}、对外直接投资存量系数 α_{25}、外商直接投资项目数量系数 α_{27}、外商直接投资总量系数 α_{26} 为正，说明外汇储备、对外直接投资存量、外商直接投资项目数量、外商直接投资总量正向影响中国进口贸易总额。假设 2 得到部分验证。

根据建立的模型 3，中国出口贸易与汇率、外汇储备、对外直接投资总量、对外直接投资存量、外商直接投资总量、外商直接投资项目数量的关系如表 4.5 所示。

由表 4.5 可知，汇率系数 α_{32}、对外直接投资总量系数 α_{34}、外商直接投资总量系数 α_{36} 为负，说明汇率、对外直接投资总量、外商直接投资总量负向影响中国出口贸易总额。外汇储备系数 α_{33}、外直接投资存量系数 α_{35}、外商直接投资项目数量系数 α_{37} 为正，说明外汇储备、外直接投资存量、外商直接投资项目数量正向影响中国出口贸易总额。假设 3 得到部分验证。

表 4.5　　　　　　　　出口贸易总额多元回归分析

模型		非标准化系数		标准系数
		B	标准误差	试用版
3	（常量）	58341.067	21170.460	
	汇率	-7724.424	2486.851	-0.993
	外汇储备	0.290	0.161	0.558
	对外直接投资总量	-15.086	11.867	-0.867
	对外直接投资存量	1.808	0.924	0.859
	外商直接投资总量	-3.636	6.780	-0.148
	外商直接投资项目数量	0.260	0.113	0.354

二 对外贸易制度对贸易地区影响的效果评估与检验

构建多元回归模型（4）、模型（5）、模型（6）、模型（7）、模型（8）和模型（9）。因变量选取中国历年以及亚洲、欧洲、非洲、北美洲、拉丁美洲、大洋洲进出口贸易额，自变量选取一般贸易进出口贸易总额、加工贸易进口总额、外商投资企业进出口贸易总额、中国汇率与外汇储备。检验外贸政策变化对中国贸易地区的影响。

在多元回归模型（4）的检验结果中，如果系数 α_{42}，α_{43}，α_{44}，α_{45} 和 α_{46} 显著为正，说明一般贸易进出口贸易总额、加工贸易进口总额、外商投资企业进出口贸易总额、中国汇率与外汇储备的变化对中国亚洲地区进出口贸易存在正向显著影响；如果系数 α_{42}，α_{43}，α_{44}，α_{45} 和 α_{46} 显著为负，说明一般贸易进出口贸易总额、加工贸易进口总额、外商投资企业进出口贸易总额、中国汇率与外汇储备的变化对中国亚洲地区进出口贸易存在负向显著影响。

$$Asiantrade = \alpha_{41} + \alpha_{42}Gtrade + \alpha_{43}Ptrade + \alpha_{44}Ftrade + \\ \alpha_{45}Exchangrate + \alpha_{46}ForeignCH + u_4 \quad (4)$$

在多元回归模型（5）的检验结果中，如果系数 α_{52}，α_{53}，α_{54}，α_{55} 和 α_{56} 显著为正，说明一般贸易进出口贸易总额、加工贸易进口总额、外商投资企业进出口贸易总额、中国汇率与外汇储备的变化对中国欧洲地区进出口贸易存在正向显著影响；如果系数 α_{52}，α_{53}，α_{54}，α_{55} 和 α_{56} 显著为负，说明一般贸易进出口贸易总额、加工贸易进口总额、外商投资企业进出口贸易总额、中国汇率与外汇储备的变化对中国欧洲地区进出口贸易存在负向显著影响。

$$Eoerpeantrade = \alpha_{51} + \alpha_{52}Gtrade + \alpha_{53}Ptrade + \alpha_{54}Ftrade + \\ \alpha_{55}Exchangrate + \alpha_{56}ForeignCH + u_5 \quad (5)$$

在多元回归模型（6）的检验结果中，如果系数 α_{62}，α_{63}，α_{64}，

α_{65}和α_{66}显著为正，说明一般贸易进出口贸易总额、加工贸易进口总额、外商投资企业进出口贸易总额、中国汇率与外汇储备的变化对中国非洲地区进出口贸易存在正向显著影响；如果系数α_{62}，α_{63}，α_{64}，α_{65}和α_{66}显著为负，说明一般贸易进出口贸易总额、加工贸易进口总额、外商投资企业进出口贸易总额、中国汇率与外汇储备的变化对中国非洲地区进出口贸易存在负向显著影响。

$$Africantrade = \alpha_{61} + \alpha_{62}Gtrade + \alpha_{63}Ptrade + \alpha_{64}Ftrade +$$
$$\alpha_{65}Exchangrate + \alpha_{66}ForeignCH + u_6 \qquad (6)$$

在多元回归模型（7）的检验结果中，如果系数α_{72}，α_{73}，α_{74}，α_{75}和α_{76}显著为正，说明一般贸易进出口贸易总额、加工贸易进口总额、外商投资企业进出口贸易总额、中国汇率与外汇储备的变化对中国北美洲地区进出口贸易存在正向显著影响；如果系数α_{72}，α_{73}，α_{74}，α_{75}和α_{76}显著为负，说明一般贸易进出口贸易总额、加工贸易进口总额、外商投资企业进出口贸易总额、中国汇率与外汇储备的变化对中国北美洲地区进出口贸易存在负向显著影响。

$$Southtrade = \alpha_{71} + \alpha_{72}Gtrade + \alpha_{73}Ptrade + \alpha_{74}Ftrade +$$
$$\alpha_{75}Exchangrate + \alpha_{76}ForeignCH + u_7 \qquad (7)$$

在多元回归模型（8）的检验结果中，如果系数α_{82}，α_{83}，α_{84}，α_{85}和α_{86}显著为正，说明一般贸易进出口贸易总额、加工贸易进口总额、外商投资企业进出口贸易总额、中国汇率与外汇储备的变化对中国拉丁美洲地区进出口贸易存在正向显著影响；如果系数α_{82}，α_{83}，α_{84}，α_{85}和α_{86}显著为负，说明一般贸易进出口贸易总额、加工贸易进口总额、外商投资企业进出口贸易总额、中国汇率与外汇储备的变化对中国拉丁美洲地区进出口贸易存在负向显著影响。

$$Latintrade = \alpha_{81} + \alpha_{82}Gtrade + \alpha_{83}Ptrade + \alpha_{84}Ftrade +$$
$$\alpha_{85}Exchangrate + \alpha_{86}ForeignCH + u_8 \qquad (8)$$

在多元回归模型（9）的检验结果中，如果系数 α_{92}，α_{93}，α_{94}，α_{95} 和 α_{96} 显著为正，说明一般贸易进出口贸易总额、加工贸易进口总额、外商投资企业进出口贸易总额、中国汇率与外汇储备的变化对中国大洋洲地区进出口贸易存在正向显著影响；如果系数 α_{92}，α_{93}，α_{94}，α_{95} 和 α_{96} 显著为负，说明一般贸易进出口贸易总额、加工贸易进口总额、外商投资企业进出口贸易总额、中国汇率与外汇储备的变化对中国大洋洲地区进出口贸易存在负向显著影响。

$$Oceaniatrade = \alpha_{91} + \alpha_{92}Gtrade + \alpha_{93}Ptrade + \alpha_{94}Ftrade +$$
$$\alpha_{95}Exchangrate + \alpha_{96}ForeignCH + u_9 \quad (9)$$

因变量选取中国历年以及亚洲、欧洲、非洲、北美洲、拉丁美洲、大洋洲进出口贸易总额，自变量选取一般贸易进出口贸易总额、加工贸易进口总额、外商投资企业进出口贸易总额、中国汇率与外汇储备。首先给出历年中国与亚洲、欧洲、非洲、北美洲、拉丁美洲、大洋洲进出口贸易总额的走势图（见图4.4）。

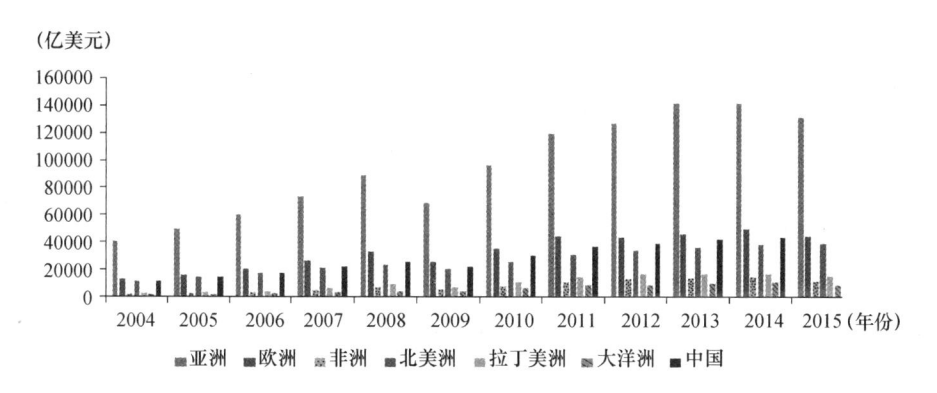

图4.4 各地区历年进出口贸易总额

资料来源：国家统计局网站 http://www.stats.gov.cn。

从中国历年外汇储备走势图可以看出，近十几年中国与亚洲、欧洲、非洲、北美洲、拉丁美洲、大洋洲进出口贸易总额整体保持波动上升趋势。

根据建立的模型4，亚洲进出口总贸易额与一般贸易进出口贸易总额、加工贸易进口总额、外商投资企业进出口贸易总额、中国汇率与外汇储备的变化关系如表4.6所示。

表4.6　　　　　　　亚洲进出口总贸易额多元回归分析

模型		非标准化系数		标准系数
		B	标准误差	试用版
4	（常量）	73548.046	71689.225	
	一般贸易进出口贸易总额	7.349	1.200	1.336
	加工贸易进口总额	11.720	4.723	0.899
	外商投资企业进出口贸易总额	-8.816	4.510	-1.101
	中国汇率	-8369.319	8050.428	-0.179
	中国外汇储备	-0.960	0.530	-0.306

由表4.6可知，外商投资企业进出口贸易总额系数α_{44}、汇率系数α_{45}和外汇储备系数α_{46}为负，说明外商投资企业进出口贸易总额、汇率和外汇储备负向影响亚洲进出口总贸易额。一般贸易进出口贸易总额系数α_{42}、加工贸易进口总额系数α_{43}为正，说明一般贸易进出口贸易总额、加工贸易进口总额正向影响亚洲进出口总贸易额。假设4得到部分验证。

根据建立的模型5，欧洲进出口总贸易额与一般贸易进出口贸易总额、加工贸易进口总额、外商投资企业进出口贸易总额、中国汇率与外汇储备的变化关系如表4.7所示。

表 4.7　　　　　　欧洲进出口总贸易额多元回归分析

模型		非标准化系数		标准系数
		B	标准误差	试用版
5	（常量）	33772.788	23031.824	
	一般贸易进出口贸易总额	1.221	0.386	0.646
	加工贸易进口总额	1.239	1.517	0.277
	外商投资企业进出口贸易总额	0.277	1.449	0.101
	中国汇率	-4133.161	2586.386	-0.257
	中国外汇储备	-0.294	0.170	-0.273

由表 4.7 可知，汇率系数 α_{55} 和外汇储备系数 α_{56} 为负，说明汇率和外汇储备负向影响欧洲进出口总贸易额。一般贸易进出口贸易总额系数 α_{52}、加工贸易进口总额系数 α_{53}、外商投资企业进出口贸易总额系数 α_{54} 为正，说明一般贸易进出口贸易总额、加工贸易进口总额、外商投资企业进出口贸易总额正向影响欧洲进出口总贸易额。假设 5 得到部分验证。

根据建立的模型 6，非洲进出口总贸易额与一般贸易进出口贸易总额、加工贸易进口总额、外商投资企业进出口贸易总额、中国汇率与外汇储备的变化关系如表 4.8 所示。

表 4.8　　　　　　非洲进出口总贸易额多元回归分析

模型		非标准化系数		标准系数
		B	标准误差	试用版
6	（常量）	-1297.252	15894.814	
	一般贸易进出口贸易总额	0.890	0.266	1.327
	加工贸易进口总额	1.986	1.047	1.250
	外商投资企业进出口贸易总额	-1.637	1.000	-1.676
	中国汇率	-225.090	1784.927	-0.039
	中国外汇储备	0.025	0.118	0.065

由表 4.8 可知,外商投资企业进出口贸易总额系数 α_{64}、汇率系数 α_{65} 为负,说明外商投资企业进出口贸易总额、汇率负向影响非洲进出口贸易额。一般贸易进出口贸易总额系数 α_{62}、加工贸易进口总额 α_{63} 和外汇储备系数 α_{66} 为正,说明一般贸易进出口贸易总额、加工贸易进口总额和外汇储备正向影响非洲进出口贸易额。假设 6 得到部分验证。

根据建立的模型 7,北美洲进出口总贸易额与一般贸易进出口贸易总额、加工贸易进口总额、外商投资企业进出口贸易总额、中国汇率与外汇储备的变化关系如表 4.9 所示。

表 4.9　　　　　　北美洲进出口总贸易额多元回归分析

模型		非标准化系数		标准系数
		B	标准误差	试用版
7	(常量)	47532.782	42182.819	
	一般贸易进出口贸易总额	2.223	0.706	1.559
	加工贸易进口总额	0.986	2.779	0.292
	外商投资企业进出口贸易总额	-1.319	2.654	-0.636
	中国汇率	-4753.403	4736.970	-0.392
	中国外汇储备	-0.501	0.312	-0.616

由表 4.9 可知,外商投资企业进出口贸易总额系数 α_{74}、汇率系数 α_{75} 和外汇储备系数 α_{76} 为负,说明外商投资企业进出口贸易总额、汇率和外汇储备负向影响北美洲进出口。一般贸易进出口贸易总额系数 α_{72}、加工贸易进口总额系数 α_{73} 为正,说明一般贸易进出口贸易总额、加工贸易进口总额正向影响北美洲进出口总贸易额。假设 7 得到部分验证。

根据建立的模型 8,拉丁美洲进出口总贸易额与一般贸易进出口贸易总额、加工贸易进口总额、外商投资企业进出口贸易总额、中国汇率与外汇储备的变化关系如表4.10所示。

表4.10　　　　　拉丁美洲进出口总贸易额多元回归分析

模型		非标准化系数		标准系数
		B	标准误差	试用版
8	（常量）	-11024.394	20203.757	
	一般贸易进出口贸易总额	0.480	0.338	0.573
	加工贸易进口总额	-0.543	1.331	-0.274
	外商投资企业进出口贸易总额	0.909	1.271	0.746
	中国汇率	879.006	2268.805	0.123
	中国外汇储备	0.035	0.149	0.073

由表4.10可知，加工贸易进口总额系数 α_{83} 为负，说明加工贸易进口总额负向影响拉丁美洲进出口总贸易额。一般贸易进出口贸易总额系数 α_{82}、外商投资企业进出口贸易总额系数 α_{84}、汇率系数 α_{85} 和外汇储备系数 α_{86} 为负，说明一般贸易进出口贸易总额、外商投资企业进出口贸易总额、汇率和外汇储备负向影响拉丁美洲进出口贸易额。假设8得到部分验证。

根据建立的模型9，大洋洲进出口总贸易额与一般贸易进出口贸易总额、加工贸易进口总额、外商投资企业进出口贸易总额、中国汇率与外汇储备的变化关系如表4.11所示。

由表4.11可知，外商投资企业进出口贸易总额系数 α_{94} 为负，说明外商投资企业进出口贸易总额负向影响大洋洲进出口总贸易额。一般贸易进出口贸易总额系数 α_{92}、加工贸易进口总额系数 α_{93}、汇率系数 α_{95} 和外汇储备系数 α_{96} 显著为正，说明一般贸易进出口贸易总额、加工贸易进口总额、汇率和外汇储备正向影响大洋洲进出口总贸易额。假设 9 得到部分验证。

表 4.11　　　　　　大洋洲进出口总贸易额多元回归分析

模型		非标准化系数		标准系数
		B	标准误差	试用版
9	（常量）	-14398.224	5401.121	
	一般贸易进出口贸易总额	0.458	0.090	0.941
	加工贸易进口总额	0.238	0.356	0.207
	外商投资企业进出口贸易总额	-0.187	0.340	-0.264
	中国汇率	1525.305	606.525	0.368
	中国外汇储备	0.132	0.040	0.475

三　对外贸易制度对主要贸易国影响的效果评估与检验

构建多元回归模型（10）、模型（11）、模型（12）和模型（13）。因变量选取美国进出口总贸易额、日本进出口总贸易额、韩国进出口总贸易额和德国进出口贸易总额，自变量选取一般贸易进出口贸易总额、加工贸易进口总额、外商投资企业进出口贸易总额、中国汇率与中国外汇储备。检验外贸政策变化对中国主要贸易国的影响。

在多元回归模型（10）的检验结果中，如果系数 β_{12}，β_{13}，β_{14}，β_{15} 和 β_{16} 显著为正，说明一般贸易进出口贸易总额、加工贸易进口总额、外商投资企业进出口贸易总额、中国汇率与外汇储备的变化对美国进出口贸易存在正向显著影响；如果系数 β_{12}，β_{13}，β_{14}，β_{15} 和 β_{16} 显著为负，说明一般贸易进出口贸易总额、加工贸易进口总额、外商投资企业进出口贸易总额、中国汇率与外汇储备的变化对美国进出口贸易存在负向显著影响。

$$UStrade = \beta_{11} + \beta_{12}Gtrade + \beta_{13}Ptrade + \beta_{14}Ftrade +$$
$$\beta_{15}Exchangrate + \beta_{16}ForeignCH + \sigma_1 \quad (10)$$

在多元回归模型（11）的检验结果中，如果系数 β_{22}, β_{23}, β_{24}, β_{25} 和 β_{26} 显著为正，说明一般贸易进出口贸易总额、加工贸易进口总额、外商投资企业进出口贸易总额、中国汇率与外汇储备的变化对日本进出口贸易存在正向显著影响；如果系数 β_{22}, β_{23}, β_{24}, β_{25} 和 β_{26} 显著为负，说明一般贸易进出口贸易总额、加工贸易进口总额、外商投资企业进出口贸易总额、中国汇率与外汇储备的变化对日本进出口贸易存在负向显著影响。

$$Japantrade = \beta_{21} + \beta_{22}Gtrade + \beta_{23}Ptrade + \beta_{24}Ftrade +$$
$$\beta_{25}Exchangrate + \beta_{26}ForeignCH + \sigma_2 \quad (11)$$

在多元回归模型（12）的检验结果中，如果系数 β_{32}, β_{33}, β_{34}, β_{35} 和 β_{36} 显著为正，说明一般贸易进出口贸易总额、加工贸易进口总额、外商投资企业进出口贸易总额、中国汇率与外汇储备的变化对韩国进出口贸易存在正向显著影响；如果系数 β_{32}, β_{33}, β_{34}, β_{35} 和 β_{36} 显著为负，说明一般贸易进出口贸易总额、加工贸易进口总额、外商投资企业进出口贸易总额、中国汇率与外汇储备的变化对韩国进出口贸易存在负向显著影响。

$$Koreatrade = \beta_{31} + \beta_{32}Gtrade + \beta_{33}Ptrade + \beta_{34}Ftrade +$$
$$\beta_{35}Exchangrate + \beta_{36}ForeignCH + \sigma_3 \quad (12)$$

在多元回归模型（13）的检验结果中，如果系数 β_{42}, β_{43}, β_{44}, β_{45} 和 β_{46} 显著为正，说明一般贸易进出口贸易总额、加工贸易进口总额、外商投资企业进出口贸易总额、中国汇率与外汇储备的变化对德国进出口贸易存在正向显著影响；如果系数 β_{12}, β_{42}, β_{43}, β_{44}, β_{45} 和 β_{46} 显著为负，说明一般贸易进出口贸易总额、加工贸易进口总额、外商投资企业进出口贸易总额、中国汇率与外汇储备的变化对德国进出口贸易存在负向显著影响。

$$UStrade = \beta_{41} + \beta_{42}Gtrade + \beta_{43}Ptrade + \beta_{44}Ftrade + \\ \beta_{45}Exchangrate + \beta_{46}ForeignCH + \sigma_4 \qquad (13)$$

因变量选取美国进出口总贸易额、日本进出口总贸易额、韩国进出口总贸易额和德国出口总额，自变量选取一般贸易进出口贸易总额、加工贸易进口总额、外商投资企业进出口贸易总额、中国汇率与中国外汇储备。首先给出历年美国进出口总贸易额、日本进出口总贸易额、韩国进出口总贸易额和德国出口总额的走势图（见图4.5）。

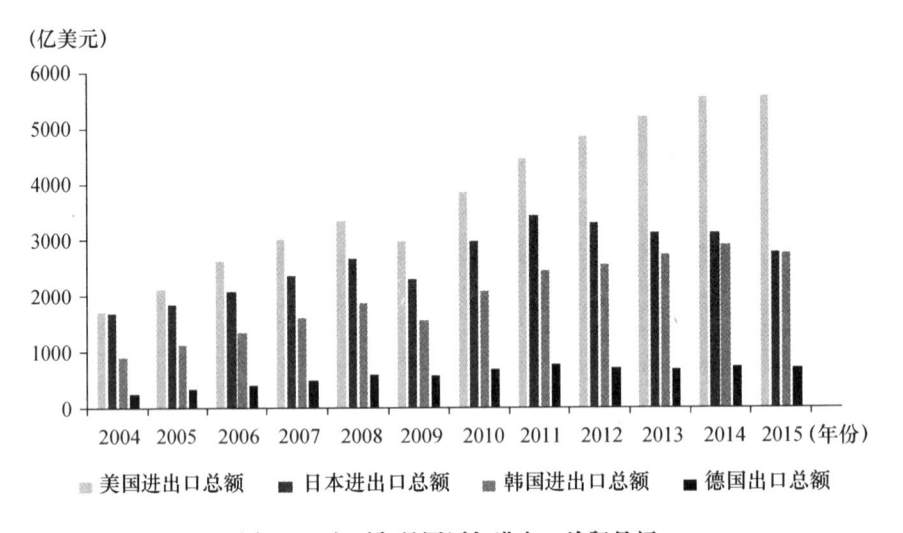

图 4.5 主要贸易国历年进出口总贸易额

资料来源：中国海关网站 http://www.customs.gov.cn。

从中国历年外汇储备走势图可以看出，近十几年中国与美国进出口总贸易额、日本进出口总贸易额、韩国进出口总贸易额、和德国出口总额整体保持波动上升趋势。2009年和2015年均出现小幅度下滑。

根据建立的模型10，美国进出口总贸易额与一般贸易进出口贸易总额、加工贸易进口总额、外商投资企业进出口贸易总额、中国汇率与外汇储备的变化关系如表 4.12 所示。

表 4.12　　　　　　　美国进出口总贸易额多元回归分析

模型		非标准化系数		标准系数
		B	标准误差	试用版
10	（常量）	4037.581	6331.511	
	一般贸易进出口贸易总额	0.266	0.106	1.317
	加工贸易进口总额	0.070	0.417	0.146
	外商投资企业进出口贸易总额	-0.094	0.398	-0.321
	中国汇率	-355.509	711.005	-0.207
	中国外汇储备	-0.041	0.047	-0.359

由表 4.12 可知，一般贸易进出口贸易总额系数 β_{12}、加工贸易进口总额系数 β_{13} 为正，说明一般贸易进出口贸易总额、加工贸易进口总额正向影响美国进出口贸易额。外商投资企业进出口贸易总额系数 β_{14}、汇率系数 β_{15} 和外汇储备系数 β_{16} 为负，说明外商投资企业进出口贸易总额、中国汇率和外汇储备负向影响美国进出口贸易额。假设 10 得到部分验证。

根据建立的模型 11，日本进出口总贸易额与一般贸易进出口贸易总额、加工贸易进口总额、外商投资企业进出口贸易总额、中国汇率与外汇储备的变化关系如表 4.13 所示。

由表 4.13 可知，一般贸易进出口贸易总额系数 β_{22}、加工贸易进口总额系数 β_{23} 为负，说明一般贸易进出口贸易总额、加工贸易进口总额负向影响日本国进出口贸易额。外商投资企业进出口贸易总额系数 β_{24}、汇率系数 β_{25} 和外汇储备系数 β_{26} 为负，说明外商投资企业进出口贸易总额、中国汇率和外汇储备正向影响日本进出口贸易额。假设 11 得到部分验证。

表 4.13　　日本进出口总贸易额多元回归分析

模型		非标准化系数		标准系数
		B	标准误差	试用版
11	（常量）	-4307.053	4023.901	
	一般贸易进出口贸易总额	-0.147	0.067	-1.678
	加工贸易进口总额	-0.289	0.265	-1.395
	外商投资企业进出口贸易总额	0.531	0.253	4.171
	中国汇率	541.026	451.869	0.727
	中国外汇储备	0.027	0.030	0.551

根据建立的模型 12，韩国进出口总贸易额与一般贸易进出口贸易总额、加工贸易进口总额、外商投资企业进出口贸易总额、中国汇率与外汇储备的变化关系如表 4.14 所示。

表 4.14　　韩国进出口总贸易额多元回归分析

模型		非标准化系数		标准系数
		B	标准误差	试用版
12	（常量）	1807.892	1397.659	
	一般贸易进出口贸易总额	0.111	0.023	1.074
	加工贸易进口总额	0.093	0.092	0.377
	外商投资企业进出口贸易总额	-0.051	0.088	-0.338
	中国汇率	-177.153	156.952	-0.201
	中国外汇储备	-0.018	0.010	-0.308

由表 4.14 可知，一般贸易进出口贸易总额系数 β_{32} 和加工贸易进口总额系数 β_{33} 为正，说明一般贸易进出口贸易总额、加工贸易进口总额正向影响韩国进出口贸易额。外商投资企业进出口贸易总

额系数 β_{34}、中国汇率系数 β_{35} 和外汇储备系数 β_{36} 为负,说明外商投资企业进出口贸易总额、中国汇率和外汇储备负向影响韩国进出口贸易额。假设 12 得到部分验证。

根据建立的模型 13,德国进出口总贸易额与一般贸易进出口贸易总额、加工贸易进口总额、外商投资企业进出口贸易总额、中国汇率与外汇储备的变化关系如表 4.15 所示。

表 4.15　　　　　　　德国进出口总贸易额多元回归分析

模型		非标准化系数		标准系数
		B	标准误差	试用版
13	(常量)	718.418	729.713	
	一般贸易进出口贸易总额	-0.037	0.012	-1.463
	加工贸易进口总额	-0.093	0.048	-1.538
	外商投资企业进出口贸易总额	0.122	0.046	3.275
	中国汇率	-73.890	81.944	-0.339
	中国外汇储备	0.005	0.005	0.331

由表 4.15 可知,一般贸易进出口贸易总额系数 β_{42}、加工贸易进口总额系数 β_{43}、汇率系数 β_{45} 为负,说明一般贸易进出口贸易总额、加工贸易进口总额、汇率负向影响德国进出口贸易额。外商投资企业进出口贸易总额系数 β_{44} 和外汇储备系数 β_{46} 为正,说明外商投资企业进出口贸易总额和外汇储备正向影响德国进出口贸易额。假设 13 得到部分验证。

四　对外贸易制度对主要产品类别影响的效果评估与检验

构建多元回归模型(14)、模型(15)和模型(16)。因变量选取历年机电产品、农产品、纺织品进出口贸易总额,自变量选取中国历年汇率、历年外汇储备、对外直接投资总量、对外直接投资存量、外商直接投资总量、外商直接投资项目数量。

在多元回归模型（14）的检验结果中，如果系数 β_{52}，β_{53}，β_{54}，β_{55}，β_{56} 和 β_{57} 显著为正，说明汇率的变化、外汇储备的变化、对外直接投资总量的变化、对外直接投资存量的变化、外商直接投资总量的变化、外商直接投资项目数量的变化对中国机电产品出口贸易存在正向显著影响；如果系数 β_{52}，β_{53}，β_{54}，β_{55}，β_{56}，β_{57} 显著为负，说明汇率的变化、外汇储备的变化、对外直接投资总量的变化、对外直接投资存量的变化、外商直接投资总量的变化、外商直接投资项目数量的变化对中国机电产品出口贸易存在负向显著影响。

$$Electrade = \beta_{51} + \beta_{52} Exchangrate + \beta_{53} ForeignCH + \beta_{54} Toinvest +$$
$$\beta_{55} Oinvest + \beta_{56} Tfinvest + \beta_{57} Nfinvest + \sigma_5 \qquad (14)$$

在多元回归模型（15）的检验结果中，如果系数 β_{62}，β_{63}，β_{64}，β_{65}，β_{66} 和 β_{67} 显著为正，说明汇率的变化、外汇储备的变化、对外直接投资总量的变化、对外直接投资存量的变化、外商直接投资总量的变化、外商直接投资项目数量的变化对中国农产品出口贸易存在正向显著影响；如果系数 β_{62}，β_{63}，β_{64}，β_{65}，β_{66} 和 β_{67} 显著为负，说明汇率的变化、外汇储备的变化、对外直接投资总量的变化、对外直接投资存量的变化、外商直接投资总量的变化、外商直接投资项目数量的变化对中国农产品出口贸易存在负向显著影响。

$$Agritrade = \beta_{61} + \beta_{62} Exchangrate + \beta_{63} ForeignCH + \beta_{64} Toinvest +$$
$$\beta_{65} Oinvest + \beta_{66} Tfinvest + \beta_{67} Nfinvest + \sigma_6 \qquad (15)$$

在多元回归模型（16）的检验结果中，如果系数 β_{72}，β_{73}，β_{74}，β_{75}，β_{76} 和 β_{77} 显著为正，说明汇率的变化、外汇储备的变化、对外直接投资总量的变化、对外直接投资存量的变化、外商直接投资总量的变化、外商直接投资项目数量的变化对中国纺织产品出口贸易存在正向显著影响；如果系数 β_{72}，β_{73}，β_{74}，β_{75}，β_{76} 和 β_{77} 显著为负，说明汇率的变化、外汇储备的变化、对外直接投资总量的变化、对外直接投资存量的变化、外商直接投资总量的变化、外商直接投资项目数量的变化对中国纺织产品出口贸易存在负向显著影响。

$$Fextitrade = \beta_{71} + \beta_{72} Exchangrate + \beta_{73} ForeignCH + \beta_{74} Toinvest + \beta_{75} Oinvest + \beta_{76} Tfinvest + \beta_{77} Nfinvest + \sigma_7 \quad (16)$$

因变量选取历年机电产品、农产品、纺织品进出口总贸易额，自变量选取中国历年汇率与历年外汇储备。首先给出历年机电产品、农产品、纺织品出口贸易额的走势图（见图 4.6）。

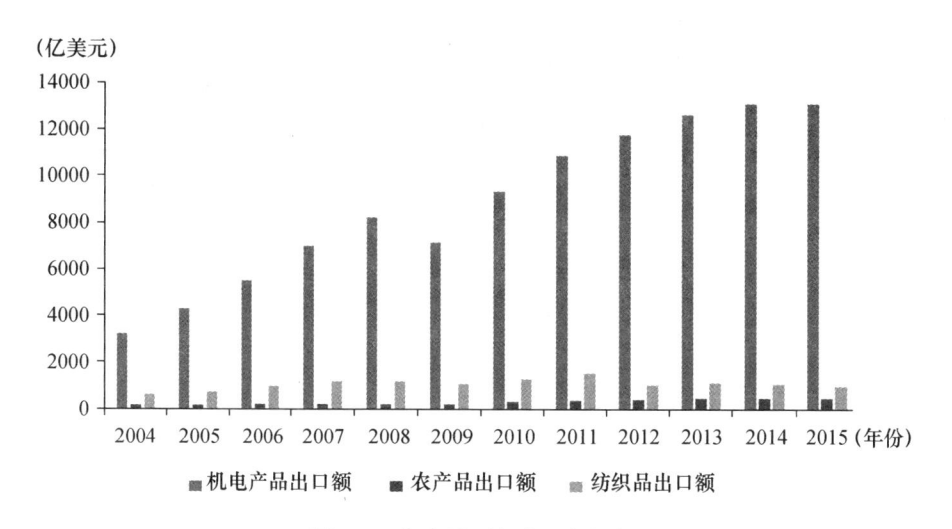

图 4.6　各产品历年出口贸易额

资料来源：中国海关网站 http://www.customs.gov.cn。

从图 4.6 可知，中国历年机电产品、农产品、纺织品出口贸易额整体保持波动上升趋势，2009 年和 2015 年均出现小幅度下滑。

根据建立的模型 14，机电产品出口贸易额与汇率、外汇储备、对外直接投资总量、对外直接投资存量、外商直接投资总量、外商直接投资项目数量的关系如表4.16所示。

表4.16　　　　　机电产品出口贸易额多元回归分析

模型		非标准化系数		标准系数
		B	标准误差	试用版
14	（常量）	35096.445	10778.629	
	汇率	-4589.691	1266.143	-1.029
	外汇储备	0.116	0.082	0.388
	对外直接投资总量	-5.457	6.042	-0.547
	对外直接投资存量	0.759	0.471	0.629
	外商直接投资总量	-1.807	3.452	-0.128
	外商直接投资项目数量	0.143	0.057	0.340

由表4.16可知，汇率系数β_{52}、对外直接投资总量系数β_{54}、外商直接投资总量系数β_{56}为负，说明汇率、对外直接投资总量、外商直接投资总量负向影响中国机电产品出口总额。外汇储备系数β_{53}、对外直接投资存量系数β_{55}、外商直接投资项目数量系数β_{57}为正，说明外汇储备、对外直接投资存量、外商直接投资项目数量正向影响国机电产品出口总额。假设14得到部分验证。

根据建立的模型15，农产品出口贸易额与汇率、外汇储备、对外直接投资总量、对外直接投资存量、外商直接投资总量、外商直接投资项目数量的关系如表4.17所示。

由表4.17可知，汇率系数β_{62}、外商直接投资总量系数β_{66}为负，说明汇率、外商直接投资总量负向影响中国农产品出口。外汇储备系数β_{63}、对外直接投资总量系数β_{64}、外商直接投资项目数量系数β_{67}为正，说明外汇储备、对外直接投资总量、外商直接投资项目数量正向影响中国农产品出口。假设 15 得到部分验证。

表 4.17　　　　　　　农产品出口贸易额多元回归分析

模型		非标准化系数		标准系数
		B	标准误差	试用版
15	（常量）	-45.440	377.953	
	汇率	-14.686	44.397	-0.095
	外汇储备	0.012	0.003	1.111
	对外直接投资总量	0.020	0.212	0.058
	对外直接投资存量	0.016	0.016	0.384
	外商直接投资总量	-0.108	0.121	-0.220
	外商直接投资项目数量	0.007	0.002	0.465

根据建立的模型 16，纺织品出口贸易额与汇率、外汇储备、对外直接投资总量、对外直接投资存量、外商直接投资总量、外商直接投资项目数量的关系如表 4.18 所示。

表 4.18　　　　　　　纺织品出口贸易额多元回归分析

模型		非标准化系数		标准系数
		B	标准误差	试用版
16	（常量）	6253.746	3441.029	
	汇率	-860.386	404.211	-2.814
	外汇储备	-0.021	0.026	-1.005
	对外直接投资总量	0.203	1.929	0.296
	对外直接投资存量	-0.103	0.150	-1.246
	外商直接投资总量	0.555	1.102	0.576
	外商直接投资项目数量	0.031	0.018	1.070

由表 4.18 可以看出，汇率系数 β_{72}、外汇储备系数 β_{73}、对外直接投资存量系数 β_{75} 为负，说明汇率、外汇储备、对外直接投资存

量负向影响中国纺织品出口。对外直接投资总量系数 β_{74}、外商直接投资总量系数 β_{76} 和外商直接投资项目数量系数 β_{77} 为正，说明对外直接投资总量、外商直接投资总量和外商直接投资项目数量正向影响中国纺织品出口。假设16得到部分验证。

第四节 结论

本章对中国对外贸易制度实施的效果进行了评估，在对外贸易制度对中国贸易总量影响的效果评估中，外汇储备、对外直接投资存量、外商直接投资项目数量正向影响中国进出口总贸易额，汇率、对外直接投资总量、外商直接投资总量负向影响中国进出口总贸易额；汇率、对外直接投资总量负向影响中国进口贸易总额，外汇储备、对外直接投资存量、外商直接投资项目数量、外商直接投资总量正向影响中国进口贸易总额；汇率、对外直接投资总量、外商直接投资总量负向影响中国出口贸易总额，外汇储备、对外直接投资存量、外商直接投资项目数量正向影响中国出口总额。

在对外贸易制度对贸易地区影响的效果评估中，外商投资企业进出口贸易总额、汇率和外汇储备负向影响亚洲进出口总贸易额，一般贸易进出口贸易总额、加工贸易进口总额正向影响亚洲进出口总贸易额；汇率和外汇储备负向影响欧洲进出口总贸易额，一般贸易进出口贸易总额、加工贸易进口总额、外商投资企业进出口贸易总额正向影响欧洲进出口总贸易额；外商投资企业进出口贸易总额、汇率负向影响非洲进出口贸易额，一般贸易进出口贸易总额、加工贸易进口总额和外汇储备正向影响非洲进出口贸易额；外商投资企业进出口贸易总额、汇率和外汇储备负向影响北美洲进出口，一般贸易进出口贸易总额、加工贸易进口总额正向影响北美洲进出口总贸易额；加工贸易进口总额负向影响拉丁美洲进出口总贸易额、一般贸易进出口贸易总额、外商投资企业进出口贸易总额、汇率和外汇储备负向影响拉丁美洲进出口贸易额；外商投资企业进出口贸易总额负向影响大洋洲进出口总贸易额，一般贸易进出口贸易总额、加工贸易进口总额、汇率和外汇储备正向影响大洋洲进出口总贸易额。

在对外贸易制度对主要贸易国影响的效果评估中，一般贸易进出口贸易总额、加工贸易进口总额正向影响美国进出口贸易额，外商投资企业进出口贸易总额、汇率和外汇储备负向影响美国进出口贸易额；一般贸易进出口贸易总额、加工贸易进口总额负向影响日本国进出口贸易额，外商投资企业进出口贸易总额、汇率和外汇储备正向影响日本进出口贸易额；一般贸易进出口贸易总额、加工贸易进口总额正向影响韩国进出口贸易额，外商投资企业进出口贸易总额、汇率和外汇储备负向影响韩国进出口贸易额；一般贸易进出口贸易总额、加工贸易进口总额、汇率负向影响德国进出口贸易额，外商投资企业进出口贸易总额和外汇储备正向影响德国进出口贸易额。

在对外贸易制度对主要产品类别影响的效果评估中，汇率、对外直接投资总量、外商直接投资总量负向影响中国机电产品出口总额，外汇储备、对外直接投资存量、外商直接投资项目数量正向影响国机电产品出口总额；汇率、外商直接投资总量负向影响中国农产品出口，外汇储备、对外直接投资总量、外商直接投资项目数量正向影响中国农产品出口；汇率、外汇储备、对外直接投资存量负向影响中国纺织品出口，对外直接投资总量、外商直接投资总量和外商直接投资项目数量正向影响中国纺织品出口。

第五章

国外对外贸易制度及其启示

长久以来,发达国家在对外贸易发展中处于优势地位,在总结对外贸易发展经验的基础上,建立起功能完备、反应迅速的对外贸易制度。通过对国外对外贸易制度变迁情况进行梳理与总结,可为中国对外贸易制度创新提供经验借鉴。

第一节 国外对外贸易制度

一 美国对外贸易制度

美国成立至今两百多年的历史中,作为一个相对落后的殖民地跳跃式地完成了工业革命,逐渐摒弃了原始的经济结构,尤其是近一百年以来,美国在经济和对外贸易的发展过程中一直处于领先地位,成为今天对世界经济产生重要影响的贸易大国和贸易强国。在这个过程中,美国逐渐建立起一整套具有完备功能以及快速反应机制的对外贸易制度。

作为美国宏观经济政策和对外总政策的重要组成部分,美国的对外贸易制度在保持其世界经济和贸易中的主导地位以及提高国际竞争力等方面发挥了至关重要的作用。它可以从贸易法案、年度的"国家贸易政策纲要"、贸易代表在谈判中的立场、态度及有关政策声明和建立双边自由贸易区或关税特惠协定等方面体现出来。①

在美国对外贸易制度变迁的过程中，自由贸易与保护贸易的思想一直交替出现，并在对外贸易制度制定和执行的过程中得以充分体现。总体来看，可以将美国对外贸易制度的发展历史划分为以下几个时期：以保护贸易政策为主导地位时期（从建国初期到罗斯福"新政"时期）；以自由贸易政策为主导地位时期（从罗斯福"新政"时期到1974年贸易法的颁布）；自由贸易政策与新保护贸易政策并行时期（从20世纪70年代中期到次贷危机之前）；隐性保护贸易政策时期（从后危机时代至今）。

1. 美国对外贸易管理主体

（1）国会。作为国家管理体制的重要组成部分，国会在美国对外贸易管理中起到了至关重要的作用。根据美国宪法的相应授权：在对外贸易方面国会具有制定税收制度、对外贸进行管理和禁止对出境税进行征收的议案三项重要权力。在此基础上，美国国会利用制定管理制度的权力和立法权确定自己的身份，也就是"对外贸易管理者"。同时，美国国会对"管理对外贸易"的总体目标进行了系统阐释：管理对外贸易以宪法授权为基本条件，把国家的利益作为最高目标，根据非歧视、公开、公平的原则进行世界贸易，强化美国与世界其他国家的经济关系；在同等、公平竞争的基础上保证美国商业，进一步融合、降低和克服各种贸易壁垒；实现国际贸易关系中的公正与公平。②

（2）总统。作为经济、政治等事件的最高决策者，美国总统在对外贸易管理过程中承担重要责任。一旦面对与美国经济贸易利益相关的重大问题时，总统必须要做出坚决的决策。与此同时，在总

---

① 蔡普华：《当今美国外贸政策调整及其对我国的影响》，《社会科学》1992年第2期。

② 《美国贸易法》第2102节。

统制定各种决策的过程中，美国对外贸易体制为其提供了专业的支持机构——国际贸易委员会和贸易代表办公室，使对外贸易管理中总统的具体决策转变为多部门协调或者单个部门运行的集体决策，这样一来不仅可以减轻总统的执政压力，同时又使美国对外贸易管理的科学性在制度上得以保证。①

（3）国际贸易委员会。作为一个独立的联邦贸易管理机构，美国国际贸易委员会最初成立于1916年9月8日，后来根据《1974年贸易法》第171款的规定，于1975年将美国关税委员会正式更名为国际贸易委员会。从国际贸易委员会具体设置来看，它既不是美国行政机构的构成部分，同时也不会接受美国国会的相关领导；从国际贸易委员会的职权情况看，它具备研究国际贸易状况、法规和措施的权力；国际贸易委员会具有一定的判决权，主要包括判定国外产品是否以低价出售、是否存在非法补贴、是否对本国经济发展产生危害等。一般情况下，美国商务部处理国际贸易纠纷是以国际贸易委员会对贸易问题所进行的调查作为基础的。②

（4）贸易代表办公室。作为总统行政部门的下属机构，根据1963年1月15日总统11075号行政命令创立的美国贸易代表办公室，其主要职责包括代表美国对外签署贸易协定、开展与他国的贸易谈判、制定相关的对外贸易政策。在贸易代表办公室中的办公机构及人员代表具有相应的工作职责，包括制定对外贸易政策、进行贸易谈判和贸易管理、进行信息服务和贸易调查等。

（5）商务部。作为推动进出口贸易发展的重要机构，在美国政府依托国会法令的前提下成立的商务部，其主要职责包括实现进出口贸易的快速发展、强化进出口市场监督、加大进出口贸易监管力

---

① 中国外贸体制改革的进程、效果与国际比较课题组：《中国外贸体制改革的进程、效果与国际比较》，对外经济贸易大学出版社2006年版，第217页。

② 同上书，第220页。

度等。同时，为了能够更好地促进美国对外贸易的发展，美国商务部还设置了多个服务性机构，这些机构职能明确，为美国对外贸易的发展提供直接或间接的技术支持作用。[1]

2. 美国对外贸易法律体系

贸易法律作为对外贸易发展过程中不可或缺的重要因素，在一国对外贸易的发展中起到不可替代的作用。为了实现对外贸易的稳定运行，世界各国均将对外贸易法律体系作为一个国家对外贸易制度的重要组成部分，并建立起一套适合本国需要的对外贸易法律体系。[2] 美国对外贸易制度的建立与其法律体系建立相辅相成、紧密联系在一起。美国宪法中明确规定，对外贸易的管理权由国会直接掌握，其管理权力主要通过决定征税、核准条约、制定法律以及明确开支等实现，对外贸易法的具体实施则由行政部门来负责。

美国建国之初，对外贸易法律就逐渐形成并完善起来。从1789年美国历史上第一部关税法案《麦迪逊关税法案》开始，美国对外贸易法律涉及的领域就不断扩展，内容丰富而具体。以《1934年互惠贸易协定法》及《1988年综合贸易与竞争法》等为代表法案。主要涉及贸易待遇、进口救济与贸易秩序、出口促进与管制等方面的内容。

伴随着美国对外贸易工作的顺利开展及国际贸易环境的变化，美国的对外贸易法律体系日趋完善，在发展过程中呈现出结构完整、内容翔实、调整迅速、针对性强的特点，与此同时，在对外贸易发展过程中美国始终将对外贸易法律体系构建作为其国家利益的

---

[1] 中国外贸体制改革的进程、效果与国际比较课题组：《中国外贸体制改革的进程、效果与国际比较》，对外经济贸易大学出版社2006年版，第208—227页。

[2] 同上书，第245页。

核心目标。①

3. 美国对外贸易政策

（1）建国初期到罗斯福"新政"时期的对外贸易制度（1776—1933年）。美国独立战争结束以后，英国利用其制造业的优势，在向美国大量倾销商品的同时，对美国出口的商品实施较为苛刻的限制，严重影响了美国的经济发展。因此，贸易保护思想在美国应运而生。但是，由于当时美国缺乏一个有效的权力机构，所以难以确立统一的对外贸易制度。为了保护本国市场，美国政府在1781年通过了《邦联条例》，但由于在外交体制方面存在较为严重的缺陷，难以实现对对外贸易的有效保护。后来，在1789年对《邦联条例》进行修改，以美国第一任财政部长汉密尔顿为代表的联邦党人积极主张采取贸易保护主义，致使对外贸易制度在美国成立伊始便具有浓重的贸易保护主义色彩。在宪法中也明确规定政府对关税有决定权，美国的对外贸易制度实现了初步统一。美国的基本国策中确立了以保护贸易为主的对外贸易制度。1789年7月4日，在签署了《关税和吨位法令》后，美国又相继通过了《禁运法案》《关税法》及《克莱妥协关税法》等一系列旨在提高相关商品关税税率的法案，使进口商品的平均关税税率接近60%，正式将贸易保护制度作为基本原则加以确立，以保护国内的幼稚产业。

在南北战争时期，美国通过了《莫里尔关税法》，并先后提高了大多数商品的关税。为了更进一步实施国家工业化战略，美国国会在南北战争结束之后，于1890年通过了著名的《麦金莱关税法》。随着这一法案的提出，美国进口关税平均税率增长到48.4%，②

---

① 中国外贸体制改革的进程、效果与国际比较课题组：《中国外贸体制改革的进程、效果与国际比较》，对外经济贸易大学出版社2006年版，第260页。

② 林珏：《战后美国对外贸易政策研究》，云南大学出版社1995年版，第11页。

使美国工业发展的进程进一步加快。

20世纪初，美国的工业化进程进展迅速，对外贸易竞争力得到大幅提升。在"门户开放"思想的影响下，美国又通过了《佩恩—阿尔德里奇法案》及《安德伍德—西蒙斯法案》等，使这一时期的平均关税税率有所下降。受到第一次世界大战以及全球经济大萧条的影响，美国也爆发了严重的经济危机，出口商品市场受到沉重的打击。为了保护国内经济的发展，美国政府又陆续出台了《对敌贸易法案》《福特尼—麦坎伯关税法案》及《霍利—斯穆特关税法案》等一系列法案，又提高了关税水平。

在这一历史阶段，美国的对外贸易制度的主要特点是实施高关税壁垒的贸易保护主义制度。尤其是第一次世界大战以后，随着美国建立了以贸易保护主义为主要特征的对外贸易制度，其他国家也陆续实施了高额的关税措施。这些措施严重阻碍了国际贸易的发展。

（2）罗斯福"新政"到70年代中期的对外贸易制度（1934—1974年）。经济危机的爆发对包括美国经济在内的全球经济造成了极大的破坏。为了能够克服经济危机的弊端，尽快恢复国内的经济贸易形势，1933年，美国总统罗斯福提出"新政"。罗斯福政府认为过剩的工农业产品生产能力需要通过海外市场进行消化；美国当时对外贸易的发展受到高关税措施严重制约；美国有必要对某些国家出口到本国的产品实施关税减让，原因在于这些国家对从美国进口的产品给予了低关税进口许可。[①] 在克服了种种困难之后，美国国会于1934年6月12日出台了《1934年互惠贸易协定法》。该法案对总统进行对外贸易谈判及其相关权限作出说明，并赋予国会对

[①] 中国外贸体制改革的进程、效果与国际比较课题组：《中国外贸体制改革的进程、效果与国际比较》，对外经济贸易大学出版社2006年版，第250页。

外贸政策的监督功能。① 这在一定程度上促进了美国进出口贸易的增长，从而带动了美国对外贸易的发展，从此美国开始走上贸易自由化之路。至1947年，关税税率已低于1934年的50%，1947—1962年随着以美国为主导的关税与贸易总协定开始全面进入实施阶段，主要资本主义国家进行了五次不同的多边贸易谈判，使得关税水平下降了35%左右。② 1962年，肯尼迪政府为了加强美国与西欧各国的经济关系，缓解国际收支恶化的情况，通过并实施了《1962年扩大贸易法》，在对外贸易及削减关税方面进一步扩大了总统的权力，进一步对国家工业品的平均关税进行大幅度削减。从这里我们可以看出，此阶段的美国对外贸易制度主要是以自由贸易为主。

（3）20世纪70年代中期到次贷危机前的对外贸易制度（1974—2008年）。随着日本、西欧主要国家经济的迅速恢复及新兴工业化国家的崛起，半导体、家用电器、汽车、厨房设备、鞋类以及珠宝等产品在国际市场上占据的比重日益扩大，抢占了美国制成品在国际市场上所占有的份额，使美国面临的市场竞争日益激烈。另外，由于一些发展中国家和地区为了发展本国外向型经济，吸收了大量外资，引进了先进技术，利用自身的比较优势生产产品，成功地打入了美国市场。而与此同时，美国为了追求海外的广阔市场和高额利润，将大量资本和产业转移到国外，导致国内产业"空心化"趋势日益严峻。这一方面使美国自身的经济实力和竞争力不断被削弱；另一方面使其他国家在引进了美国产业和技术之后经济实力和竞争力不断提升。这使得美国五六十年代对外贸易的发展优势及经济霸权地位不复存在，出现了贸易逆差，并且差

---

① 徐泉：《美国外贸政策决策机制的变革——美国〈1934年互惠贸易协定法〉述评》，《法学家》2008年第1期。
② 刘克：《美国外贸政策的战略转变》，《兰州商学院学报》1995年第2期。

额逐步从1974年的55亿美元扩大到1980年的255亿美元，增长了3.6倍。

为了使对外贸易逆差得以缓解和改善，时任美国总统尼克松宣布对所有进口物品征收10%的临时附加税。随后，美国国会又相继颁布实施了《1974年贸易法》和《1979年贸易协定法》，这是两部具有浓厚保护主义色彩的法令。《1974年贸易法》于1975年1月5日正式签署并实施，是一个自由条款与限制条款相混合的立法，它对美国贸易政策中的许多要素加以修正，并增加了对国内产业的保护措施，[①] 主要体现在以下几个方面：一是实现美国对外贸易政策的转变，力图从传统的贸易政策转变为公平贸易政策或管理贸易政策。管理贸易政策也可以说是协调贸易政策，主要指的是一个国家为了应对对外贸易发展，对内制定的一系列贸易制度。[②] 通过贸易制度的制定强化对对外贸易活动的管理，确保本国与其他国家的贸易呈现有序、健康发展的局面。在石油危机爆发后，美国在国际贸易中干预协调和管理本国的对外贸易关系时，大量地运用了管理贸易政策。公平贸易政策是指"贸易合作国间在各种产业中遵守相同的规则"。[③] 但在实际对外贸易的活动中，在不同的时期，公平贸易政策的重点都不尽相同。美国采用公平贸易政策，其主要目的首先是调整国内产业结构以增强自身的国际竞争力；其次是通过政府来消除贸易伙伴"不合理"的贸易政策或做法，为美国向海外出口商品以及资本的海外流动提供有利的帮助。二是加大了美国政府管理对外贸易的权限。在《1974年贸易法》中制定了著名的

[①] 吴莉芳：《贸易保护研究——多边贸易体制下中国的贸易保护》，中共中央党校2003年版，第34页。

[②] 管理贸易政策，百度百科，http://baike.baidu.com。

[③] 韩霜：《美国贸易政策研究——从自由贸易到公平贸易》，山东大学，2009年，第30页。

"301条款"（第301条规定的俗称，即狭义的"301条款"），这一条款是美国制定的一项报复性条款，主要对相关贸易对手国进行有失公平的制裁。根据"301条款"的内容，将对外国影响美国商业的"不合理"的进口加以限制和采用报复措施的权力授予美国总统。[①] 三是国会授予总统"快车道"贸易谈判权。20世纪70年代以来，美国在面临外国经济压力不断增加的情况下，《1974年贸易法》中规定了一种新的授权方式，也就是众所周知的快车道贸易谈判授权。所谓快车道贸易谈判授权就是国会在面对总统与外国签订贸易协定的时候，仅仅有权进行通过或否决的表态，而没有权力对贸易协定的相关内容进行修改。总统有权推翻国会的否决议案，而国会想要推翻总统的否决必须要获得参议院和众议院超过2/3的投票支持。此外，国会在审议时间方面也有限制，必须在一定时间内完成，这一授权在很大程度上强化了政府的谈判能力。随后，国会又颁布了《1979年贸易协定法》，该法对《1974年贸易法》进行了一定的改动（例如，使反倾销的调查时间大幅缩短），同时，该法案中对总统在调整援助、对发展中国家给予进口优惠等权利进行保护。[②] 四是减少或者取消非关税壁垒。《1974年贸易法》中明确规定：总统具备取消非关税壁垒、对贸易进行干扰以及与其他国家开展多边贸易谈判等方面的权力，以便"在相互的基础上协调、降低或取消这些国际贸易壁垒及其他对贸易的干扰"。另外，为了促进农产品的出口，在法案中美国对工业品及农产品做出了削减关税和消除非关税壁垒的规定。

在经历了数次由众多国家参与的多边贸易谈判之后，于1979年4月12日达成了"一揽子协议"：关于反津贴税和反倾销税的问题；关税估价问题；关于政府采购问题；关于贸易上的技术障碍问

---

① 301条款，百度百科，http://baike.baidu.com。
② 尹璐：《20世纪以来贸易保护政策在美国的演进》，云南财经大学，2012年。

题（即关于标准问题）；关于某几次关税谈判的实施问题；关于民用飞机的出售问题；关于农产品问题。美国、欧共体、日本以及其他12个国家在协议上草签，提交各国议会批准，相约1980年1月1日实施。该法案的实施对于美国扭转其经济劣势非常有利，但是对于发展中国家，并无益处。①

到20世纪80年代初，由于在汽车与钢铁这两大支柱产业方面的竞争优势不断被削弱，美国经济实力急剧衰落，贸易逆差持续扩大，从1981年的281亿美元扩大到1990年1110亿美元，为10年前的3.95倍。

自80年代以来，美国历届政府为了扭转对外贸易的逆差，采取了各种有效的措施，不断扩大美国的海外贸易市场。美国时任总统里根在1985年正式宣布实施了"贸易政策行动计划"。通过此计划对美国的对外贸易政策进行系统调整，以实现对外贸易从"自由"向"自由和公平"转变。1988年美国国会通过《综合贸易与竞争力法案》（即《1988年综合贸易法》），该法案为了推动出口贸易的发展，订立了大量的促进条款，并提出如果其他贸易合作国家出现不公平、不合理的贸易做法，总统具有采取制裁措施的权力，也就是"特别301条款"和"超级301条款"②。其中，"特别301条款"与原301条款相比，涉及范围逐步扩大，并将知识产权的有关内容囊括其中。"超级301条款"的主要立足点在于逐步扩大美国对外贸易的市场份额，开拓国外的贸易市场。③

1989年，时任总统布什公布了《美国贸易法修正案》。该法案将开放市场作为战略目标。主要表现在以下几个方面：一是通过乌

---

① 丁溪：《美国经济》，商务印书馆2006年版，第281—282页。
② 同上书，第307页。
③ 尹璐：《20世纪以来贸易保护政策在美国的演进》，云南财经大学，2012年。

拉圭回合谈判,建立使美国竞争优势得以充分发挥的世界贸易新格局;二是促进双边贸易谈判,使市场进入障碍不断消除;三是根据相关程序推动全面贸易自由化进程。另外,布什政府在推动北美自由贸易区快速发展的进程中也做出了重要贡献。[①]

1992年,时任总统克林顿把振兴美国经济放在首要位置,将确保美国的"经济安全"列为对外政策的首位,并把扩张经济作为首要任务。对外贸易政策主要体现在以下几个方面:一是必须治理好美国本土经济。基于美国经济发展的实际情况,克林顿政府从实际出发提出了新的国家经济发展战略,力图实现美国本土经济的有序发展。二是高度重视国家安全并把贸易放到首位。政府应积极采取多元化的贸易政策,利用双边及多边贸易谈判,使美国的对外贸易市场不断向外扩展。三是最大化发挥美国在主要经济大国中的领导作用和影响力。在相关领域如信息技术、劳工标准、关税减让等实现贸易的自由化。四是确保发展中国家经济的稳定运行。对不同的国家和地区有针对性地实施不同的对外贸易政策,使其成为美国产品出口的主要市场。五是增加政府对教育、科技及相关高技术产业的投资和扶持,并不断增强在人力资源开发和技术创新方面的竞争力。1993年,克林顿政府制定了《国家基础设施行动计划》(即信息高速公路计划)及《技术:经济增长的发动机》等计划。这些计划将促使美国以最快的速度共享科研成果并对重点领域进行推动和扶持,使美国在信息、生物工程等高科技产业方面居于领先地位。

21世纪以来,随着世界贸易组织的成立,全球经济相互依存的程度进一步加深,使际经济形势发生了显著的变化,这被公认为是经济全球化发展的另一个黄金时期。而美国进入21世纪之后,

---

[①] 张庆萍:《1980年以来美国的对外贸易政策及对我国的启示》,《北京大学学报》(国内访问学者、进修教师论文专刊)2006年第S1期。

却接连遭遇了股市崩盘、"9·11"事件等严重打击,使经济陷入衰退,对外贸易赤字呈现出扩大的趋势。2001年时任总统小布什为了实现美国经济的快速增长,同时能够更好地发挥总统在美国对外贸易政策制定中的权力,颁布了《2002年贸易法》。2002年7月27日,美国国会通过法案向总统授予"贸易促进权"。对于小布什政府来说,贸易促进权具有十分重要的现实意义,有效地促进了小布什实施以扩展国外市场为核心的对外贸易政策,使小布什在对外贸易谈判中的地位得到进一步提高。随着《2002年贸易法》的实施,美国自由贸易发展的步伐逐步加快,采取的对外贸易政策主要包括:一是单边贸易保护政策。所谓单边贸易保护政策就是指如果美国认为其他合作国家的贸易行为有损于美国的贸易发展或者对美国经济利益造成相关威胁,那么美国就可以单方面的把这种贸易行为诉诸国内贸易法,甚至避开WTO争端解决机制,采取相关措施打击报复其贸易伙伴的"不公平贸易行为"。美国采取的主要报复措施形式多样,主要有反补贴、反倾销、特保措施等。这些措施的采取,一方面可以对其他国家进行贸易制裁;另一方面也可以对本国弱势产业进行保护,从而确保美国对外贸易的有序发展。为了给从国外进口的商品设置障碍从而提升国内传统产业的竞争力,小布什政府开始频繁地采取单边贸易保护措施。一方面通过补贴和加税的方式,对美国国内的钢铁制品、农产品等进行直接的贸易保护;另一方面则是利用《伯德修正案》,规定美国政府在反倾销和反补贴案件中所征收的惩罚性税款无须向财政部进行上缴,而是将其直接补贴给利益受到损害的美国公司。① 二是多边贸易协定。为了促进美国对外贸易的快速发展,小布什政府积极推进与贸易伙伴国之间双边自由贸易协议的签订。自2001年以来,美国先后与约旦、智

---

① 苗迎春:《布什政府的对外贸易政策评析》,《世界经济研究》2005年第7期。

利、新加坡、澳大利亚、摩洛哥、泰国、秘鲁、马来西亚以及韩国等国家签署了自由贸易协议。三是区域贸易政策。为了实现贸易保护，小布什政府于2002年9月20日颁布了《美国国家安全战略》报告，在报告中小布什强调要进一步强化与各发达、发展中国家达成自由贸易协定，并且把非洲南部、美洲中部、澳大利亚、摩洛哥等地区作为发展对外贸易的重点区域。随着世界经济一体化进程的不断加快，小布什政府提出了构建"美国与南非关税同盟自贸区""东盟计划""美洲自贸区"的设想。此外，美国—中东自由贸易区和美洲—多米尼加共和国自由贸易协议的签订和实施也体现了美国以区域贸易的发展来带动本国对外贸易发展的战略。四是多边贸易主义政策。从小布什总统上任伊始，便积极推动了WTO多哈回合多边贸易谈判的启动。在多哈回合的谈判中，美国以削减农业补贴和农产品关税、降低工业产品关税、开放服务业等作为其主要目标。[①]

因此，为了最终目标的实现，在多哈回合的贸易谈判中美国提出了一些具体的措施。另外，在谈判中断时，小布什政府还为推动多哈回合谈判做出努力，并于2004年7月在日内瓦达成"多哈框架协定"。2008年5月18日，小布什在"中东世界经济论坛"上提出要想实现世界经济的增长必须开展自由贸易，为了在各个层面上使完全开放的自由贸易政策得以实行，美国将为此作出持续的努力。

由此可见，在这一阶段美国的对外贸易制度是以强调"公平"和"对等"的带有条件的贸易保护政策为主，美国对外贸易制度的重心是通过签署相关的自由贸易协定来保护本国的经济安全。

（4）后危机时代的对外贸易制度（2009年至今）。2008—2009

[①] 彭峥：《小布什时期的对外贸易政策及其对中国的影响》，河北大学，2010年。

年，美国遭遇了自20世纪30年代以来影响范围最大、持续时间最长的金融危机。这场金融危机使美国股市大幅下跌，失业率上升，贸易逆差持续扩大，导致国内产业承受了越来越大的压力。为了恢复美国不断下滑的经济和对外贸易，时任总统奥巴马继承了历届总统对"公平贸易政策"的理解，并在强调公平贸易的基础上制定了一系列刺激国内经济和对外贸易发展的政策。奥巴马总统在制定对外贸易制度的过程中，其更多地侧重于贸易保护。主要体现在以下几个方面：一是不再积极推动多边贸易体系发展。在上任之初，奥巴马政府就出台了《贸易政策议程》，其中对"支持基于规则的贸易体系"进行着重强调。奥巴马政府针对美国日益严峻的经济形势，在对待多边贸易体系发展的问题上以该体系为基础主要致力于对美国的利益进行维护，而不是促进多边贸易的开展，也使得多哈回合的谈判停滞不前。主要表现在其上任之后，不仅不急于获得"贸易促进授权"，反而有意对其进行削弱，体现国会在自由贸易谈判中的重要性。二是强调用地区和双边贸易来弥补多边贸易的不足。与多边贸易相比，奥巴马政府更重视双边贸易的发展。在重新修订北美自由贸易协定时，奥巴马政府将有关技术贸易壁垒的条款加入其中，包括劳工标准、环境标准、卫生标准等。在美国国会针对美国—哥伦比亚自由贸易协定投票开始之前，奥巴马就认为哥伦比亚方面会加大对贸易工会成员暴力的打击力度；针对美国—韩国自由贸易协定，奥巴马政府为了能够保证韩国向美国开放制造业、农业等方面的市场，重新开启了贸易谈判。三是推行国内经济刺激计划。为了刺激本国经济的发展，奥巴马政府通过国内立法等形式刺激本国经济发展，其中包括"购买美国货"条款。该条款规定，在不违背对国际协定承诺的前提下，美国经济刺激计划支持的工程项目除非由联邦政府确认采购美国钢铁产品及其他制成品的成本过高，且在一定程度上会对公众利益造成损害，否则必须使用国产钢铁和其他制成品；① 在 2009 年颁布实施的《2008 消费品安全改进法案》中明确提出：对于不符合安全条例明确规定的企业将被处以较高的罚款，其生产的产品将会被销毁。2009 年，美国发布了食品卫生标准、农产品等技术性贸易壁垒，同时加强了包括社会、知识产权以及碳关税等隐形壁垒的设置，以提升其在全球范围内的控制力。2010 年，美国首先通过了《汇率改革促进公平贸易法案》，并对征收特别关税的条款进行了设置。其次，为了更好地实现贸易发展，美国还提出了"国家出口动议"，该动议认为，实现经济复苏的主要途径是以出口扩大带动就业增长。在资金支持方面要强化对中小企业的支持力度，强化出口信用机构的扶持功能。② 四是推动国外产业回流。奥巴马政府为了刺激本国经济增长，缓解国内失业，其制定了一系列措施，对把企业业务转移到海外的美国公司所享有的优惠税率相应取消，目的是使这些业务回流，增加国内的就业岗位。③

由此可见，在后危机时代美国的对外贸易制度是以奥巴马政府在秉持前任总统"公平贸易"政策的基础上，结合美国对外贸易发展面临的新情况而逐步形成的，表面上似乎模糊不清，但是具有浓厚的贸易保护主义色彩。

二　日本对外贸易制度

作为第二次世界大战战败国，日本在第二次世界大战之后的综合国力大幅下降，经济陷入崩溃的边缘，工业停滞不前，通货膨胀

---

① 购买美国货条款，百度百科，http://baike.baidu.com。
② 王志：《体系、国家、社会视角下美国对外贸易政策——奥巴马贸易政策为例分析》，《社科纵横》2013 年第 4 期。
③ 王丽娜：《美国奥巴马政府对外贸易政策的特点及我国对策研究》，《黑龙江对外经贸》2010 年第 3 期。

严重，各种资源匮乏，对外贸易也跌至低谷，导致社会局势动荡不安。但日本并没有沉沦在失败的阴影中，而是敏锐地抓住了战后全球经济复苏、国际贸易激增以及国际石油价格低迷等有利条件，结合本国实际国情，采取了正确的经济政策和发展战略，实现经济高速增长，并逐渐超越了英、法、德等国家，一跃成为世界经济强国。

纵观第二次世界大战后日本经济发展的历史，可以看出在"贸易立国"战略的引导下，日本高度重视对外贸易发展，在充分利用国际市场资源、技术和资本等要素的前提下实现日本对外贸易的快速发展，为日本经济的快速恢复和发展提供了众多的有利条件。在日本政府建立的完整有效的对外贸易制度引导下，日本走上了对外贸易快速发展的道路，为日本经济发展提供了强有力的支持。

第二次世界大战后日本经济发展通常被分为经济恢复时期（1945—1954年）、经济高速增长时期（1955—1973年）、经济低速和中速增长时期（1974—1990年）以及经济衰退时期（1991年至今）四个主要阶段。日本对外贸易制度作为经济发展的重要组成部分，在不同的经济阶段也呈现出不同的特点。

1. 日本对外贸易管理机构

日本对外贸易管理机构是日本进行经济贸易发展的重要机构，通过此机构日本进行相应的对外贸易制度制定和行政管理。主要包括以下机构。

（1）出口会议。作为日本对外贸易的最高决策机构，出口会议是由日本政府于1954年9月设立。设立的主要目的是实现日本的出口目标，进一步完善出口政策，1970年之后日本政府将"出口会议"改为"贸易会议"。出口会议包括两个重要部分："最高出口会议"和"产业别出口会议"。"最高出口会议"的主要任务是分析和解决日本在出口贸易中存在的各种问题，按产业确定每一阶段的出口目标,推动工商界的互相交流。"产业别出口会议"的主要任务是在产业发展的基础上制定相应的出口目标,并进一步确定实现出口目标的各种对策,监督和管理相关对策的落实与实施。①

(2) 通产省。作为日本对外贸易的综合性职能机构,通商产业省(简称"通产省")由商工省合并贸易厅于1949年设置。随后于1973年进行大规模改组,成立了现在的机构。2001年1月6日中央省厅再编后,将通产省正式改组为经济产业省。通产省主要由"纵向机构"和"横向机构"两部分构成。纵向机构主管各种工业部门,包括化学工业,知识密集型产业,与国民生活密切相关的纤维、生活消费品、住宅设备器械等产业。横向机构主管产业与贸易政策,主要管理通商政策局、贸易局、产业政策局等。② 作为日本政府干预经济活动、实现产业目标的一个主要渠道,通产省主要负责制定对外贸易制度以及协调国内产业制度与对外贸易制度之间的关系。

(3) 独立行政法人日本贸易振兴机构。作为日本政府开展对外贸易的重要机构,独立行政法人日本贸易振兴机构的前身是著名的"日本贸易振兴会",它成立于1958年。"日本贸易振兴会"设置的主要目的就是要实现日本贸易的全面振兴,1998年与亚洲经济研究所合并,成为特殊法人。2003年10月,正式更名为独立行政法人日本贸易振兴机构。其主要任务是对外宣传日本经济发展情况,为外国企业进入日本市场提供支持和服务,促进外国直接到日投资。

(4) 大藏省。作为日本中央政府财政机关,大藏省始建于日本自明治维新时期,主要负责日本财政、金融、税收的管理。2001年

---

① 张霞:《日本战略性贸易政策的探讨》,对外经济贸易大学,2007年,第9页。

② 通产省,百度百科,http://baike.baidu.com。

中央省厅改革后,大藏省被分解成为今天的财务省和金融厅(主要负责银行监管)。大藏省的主要职权包括:编制国家预算草案;制定税收政策;制定财政投资计划;制定对外汇兑政策;制定国家财政政策;等等。大藏省内设大臣官房以及包括主计局、主税局、关税局、银行局以及国际金融局等在内的9个局。对于对外贸易制度的制定与管理工作,大藏省通常不直接参与,但是在资金等方面辅助通产省贯彻日本政府的对外贸易制度,主要包括对外资金、海关税收、出口补贴等相关业务。在对外贸易管理层面,大藏省通常以关税局和国际金融局为主进行管理。[①]

(5)日本输出入银行。作为日本对外贸易制度主要的业务与执行机构,日本输出入银行建立于1952年,其成立的主要目的是为日本对外贸易提供资金支持。[②] 在20世纪70年代之前,日本输出入银行的主要业务是提供买方信贷和卖方信贷,二者占全部贷款总额的70%以上。70年代之后,为了缓和日益增加的外来压力,日本输出入银行调整了原有的业务,增加了面向外国政府的直接贷款。80年代以后,针对日益严峻的贸易摩擦,日本输出入银行在原有业务基础上进行扩展,增加制成品进口信贷业务,确保政府对外贸易制度的制定和执行可以通过提高资金使用效率得以实现。

(6)进出口组合。作为对外贸易秩序的维护者,进出口组合是以日本进出口交易法为基础建立的,以此来维护对外贸易秩序和防止过度竞争。根据规定,进出口组合可进行行业协定的缔结。在出口方面,以缔结出口商联盟为主要目的,保护日本中小出口商的利益,防止损害日本出口商品的信誉;在进口方面,以缔结进口商联盟为主要目的,保护日本中小进口商的利益。

[①] 大藏省,百度百科,http://baike.baidu.com。
[②] 安四洋:《日本输出入银行》,《国际金融》1988年第3期。

2. 日本对外贸易法律体系

日本对外开展贸易活动时，针对不同对外贸易时期的特点，制定了一系列相关的法律法规。日本对外贸易的法律体系是以《外汇及外贸管理法》为主线构建的，对贸易管理的规定非常详细。

（1）外汇及外贸管理法。《外汇及外贸管理法》作为日本政府对民间对外贸易活动进行管理的一部基本法案，由日本政府于1949年12月制定。该法案的宗旨是实现日本对外贸易的稳定发展，充分利用国内外资源，稳定货币，实现国际收支平衡，并且对对外贸易活动进行有效的管理。该法建立之初日本正处于第二次世界大战后恢复期，针对国内的实际情况，采取了"个别批准、原则禁止"的主要政策方针。随着日本对外贸易和经济的深入发展，日本政府于1979年12月对该法案进行了修正，并与1980年12月正式实行。此后根据日本经济发展变动情况，该法案也进行了适当的调整，但总体原则保持不变。修改后的新法有以下特点：一是以同一个法律体系对外汇、外资、外贸进行管理；二是采取"委任立法"的方式，即由《外汇及外贸管理法》对基本原则进行界定，并且通过实施细则和政令规定具体实施的情况；三是以"原则自由，个别禁止"作为新的对外贸易原则。[①]

（2）进口贸易管理令。《进口贸易管理令》作为《外汇及外贸管理法》的政令细则，由日本政府于1949年12月颁布。该政令中明确四种特殊进口许可情况，一旦出现四种情况之一就需要得到通产大臣的批准方可进行进口交易，这四种情况分别是：进口自特定地区的特定商品；按照配额进口的商品；进口其他需要批准和审批的商品；需要通过特殊方式结算的商品。

（3）出口贸易管理令。《出口贸易管理令》作为《外汇及外贸

[①] 陈增红：《日本政府对外贸易的宏观管理》，《现代日本经济》1996年第1期。

管理法》的政令细则，由日本政府于 1959 年 12 月颁布。其在出口贸易方面做出了详细的政策规定：日本企业对特定地区的特定货物，要经过通产大臣审批同意才能出口。这些特定的货物主要包括国内急需物资、战略物资、超竞争物资、易引发出口对象国限制的物资及禁运物资等。

（4）关税法。《关税法》作为日本关税法律体系的中心内容，在推动日本对外贸易发展方面起到尤为重要的作用。其在关税征收、货物通关等方面做出了只向进口商品征税而不向出口商品征税的明确规定。除此以外，日本政府还制定了《关税定率法》《关税临时措施法》等法律法规。对特殊关税制度、禁止进口产品目录以及临时性的关税税率等做出详细的规定。

（5）进出口交易法。《进出口交易法》作为维护日本对外贸易秩序的核心手段，由日本政府于 1952 年制定。主要目的是避免私人企业在对外贸易中进行不公平交易和盲目竞争，从而引发贸易秩序混乱，更好地维护日本对外贸易的利益。为了避免企业在对外贸易中进行恶性竞争，从而使国内企业的整体利益遭受损失，该法允许日本国内企业在商品的价格、数量和质量等方面缔结协定。日本政府于 1980 年 2 月公布了《进出口交易法实施令》，该实施令对《进出口交易法》进行了完善。

（6）其他法律。日本政府根据本国开展对外贸易的实际情况，还陆续出台了《出口商品会计法》《出口检查法》《进口促进和便利外国投资非常措施法》《出口保险法》《统一支付规则》等相关法律法规，确保日本对外贸易活动的顺利开展。[①]

3. 日本对外贸易政策

作为一个国家经济政策的重要组成部分，日本对外贸易政策主

[①] 李明圆：《论日本产业政策与贸易政策的融合》，对外经济贸易大学，2005 年，第 77—79 页。

要是以优化和健全政府机构在外贸方面的管理措施、方法等为主要内容。在不同的历史时期、不同的环境下，对外贸易政策的内容都各不相同。第二次世界大战后，日本将"贸易立国"总策略及其资源战略和市场战略服务作为对外贸易政策实施的主要目的。日本的外贸政策除了涉及一般商品进出口之外，更注重与其产业政策相结合，通过对本国产业进行扶持以提高国际竞争力，促进本国经济快速发展和产业结构升级。因此，日本的对外贸易政策将"奖出限入，确保合理进口，推动出口发展"作为基本目标[1]。第二次世界大战后日本对外贸易的发展通常被分为：第二次世界大战后恢复阶段（1945—1954年）；高速增长阶段（1955—1973年）；低速增长阶段（1974—1990年）；衰退阶段（1991年至今）四个阶段。在每个阶段针对对外贸易发展的不同情况，日本政府采取了不同的对外贸易政策。

（1）第二次世界大战后恢复阶段（1945—1954年）。这一阶段，由于受到战争的影响，日本国内经济趋于崩溃。主要表现为产业竞争力较弱、资源供应极度贫乏、劳动力严重过剩、外汇极度短缺。因此，日本政府通过采取贸易保护政策对进出口贸易进行全面管制。在进口方面，一是通过法令保护国内产业。日本政府于1949年12月颁布了《外汇及外贸管理法》，通过政府对贸易和外汇进行直接管制保护国内产业免受冲击。《外汇及外贸管理法》明确规定，只有在获得政府许可的条件下，才能够进口商品。在这个时期，被政府准许进口的商品，应当是日本国内工业生产和人民生活所急需的原料和燃料及其他物资。进口的商品种类、数量和外汇等方面，日本政府都进行了直接管制。二是对外汇进行集中管理。日本政府于1952年和1955年实行了"无限制持有外汇集中制"，强调外汇

---

[1] 郑明慧：《论日本"入关"前后的外贸政策及其对我国"入世"的启示》，河北大学，2000年，第2页。

银行对美元和英镑的持有权。1971年5月该项制度被取消。三是设置外汇使用配额制。在"外汇预算制"的指导下，日本政府为国内重点产业部门和优先发展的企业获得外汇提供支持，以便于这些企业能够获得更多的生产资料并引进先进的技术。日本政府还限制可能发生竞争关系的物资和奢侈品的进口，使国内的"幼稚产业"得到充分保护。这项政策在推动当时日本经济的恢复和发展方面起到了至关重要的作用。四是对进口商品数量设置配额。在这一阶段，日本政府对进口贸易坚持进行严格管制，通过设置进口商品配额，达到限制国外同类商品进口，保护本国企业及本国产品的目的。在出口方面，日本政府在实施进口限制措施的过程中也清楚地认识到，单一的限制进口，不能从根本上解决日本当前的贸易状况，难以提升国内产业的竞争力。使对外贸易得以快速发展最好的办法是有效促进商品出口。因此，日本政府在对进口贸易设置苛刻条件的同时，对振兴出口也制定了一系列的政策措施。一是建立了日本贸易振兴会。第二次世界大战后初期，日本企业在并未完全掌握国际市场行情的情况下，盲目进行出口贸易，给企业带来了较大的风险。为了降低风险，促进本国企业出口，日本政府先后设立了日本贸易介绍所协议会、国际博览会协议会、海外市场调查会等组织，并将这些组织于1954年合并为海外贸易振兴会（1958年改为日本贸易振兴会）。其在促进日本出口贸易发展的过程中，起到了非常重要的作用。二是制定了振兴出口贸易的制度和措施。为了有效带动本国出口贸易的发展，日本制定了振兴出口事业的相关措施和制度。如50年代以来陆续出台的《出口企业优惠融资制度》《进出口银行融资制度》《出口信用保险法》及《外汇资金贷款制度和振兴出口税制》等，为日本对外贸易的顺利开展起到了积极的促进作用。

（2）高速增长阶段（1955—1973年）。日本自1956年经济开始走出低迷时期，转而进入了快速增长时期，这一阶段年均经济增长速度超过9%，远远超过同期发达国家的经济发展水平。由于自身土地面积狭小，资源相对匮乏，生产技术落后以及国内劳动力过剩等原因，日本政府通过制定相应的对外贸易政策，加大对国内的弱小产业与新兴产业进行保护和扶持的力度，保持经济高速增长。这一阶段，迫于欧美等国家施加的压力，日本政府开始实施贸易自由化政策，并于1960年6月颁布了《贸易和外汇自由化大纲》，通过贸易自由化的优势带动出口贸易的发展。主要体现在：在进口方面，日本于1955年9月加入关贸总协定，这标志着日本经济开始走向国际舞台，同时也标志着日本从"管理贸易"向"自由贸易"的转变，贸易政策也随之发生变化。一是调整进口限制措施。在20世纪60年代，日本的经济发展面临着许多新形势。例如，国内产业快速发展使进口需求不断增大；日本在加入经济合作与发展组织之后，必须按照规定在一定程度上开放国内市场等。针对这些新的变化，日本政府认为单纯的限制进口已经难以适应日本经济快速发展的客观要求，因此，对进口贸易的限制进行调整，对进口商品数量以及品种的限制逐步缩减，实行有节制的进口贸易自由化政策。20世纪60年代，日本政府颁布实施了《促进贸易和外汇自由化计划》和《贸易和外汇自由化计划大纲》，对各种商品取消进口限制的目标和日程做出了详细的说明。与此同时，伴随着日本国内经济的快速发展，1963年，日本成为了《关税及贸易总协定》第十一条款的国家，这一条款的实质就是不允许以本国国际收支恶化为由采取进口限制。[①] 但是在这个阶段，日本在实施贸易自由化政策方面还存在很大的局限性，即并非完全自由化，只是从全国性的保护主义逐步向选择性的保护主义进行转变。主要表现为日本政府在实

---

① 任建：《战后日本外贸管理政策及其启示》，《现代日本经济》1992年第4期。

行进口贸易自由化政策的同时，仍然对一些商品实行较严格的进口限制措施，使一些竞争性较强的商品进口依然受到限制。在60年代中期，日本受到进口限制的商品仍然高达160多种，例如在工业制成品中，实行贸易自由化较晚的重点产品有轿车、机床、电子机械等。二是调整关税制度。这一阶段日本政府实行进口贸易自由化政策的主要措施就是调整关税制度。随着20世纪60年代进口贸易自由化的广泛实施，直接进口数量限制以及被关税政策所替代成为推行贸易政策的重要手段。[1] 日本对关税制度的调整主要包括调整关税税率、实行紧急关税及关税配额、在布鲁塞尔税则目录基础上制定的新税则目录等。三是重视非关税壁垒。在实行贸易自由化政策以后，日本开始大量采取非关税壁垒措施来代替较为明显的贸易保护措施。常用的非关税壁垒主要包括进口配额制、进口许可制、卫生检疫标准、技术标准等，以此达到限制进口的目的。由于非关税壁垒具有极强的灵活性和隐蔽性，与传统关税壁垒相比其保护作用更加明显，在很大程度上减轻了贸易自由化给日本经济带来的冲击。[2] 在出口方面，进入20世纪60年代后，日本经济实现高速增长，产业竞争力得以逐步提高，为了推动出口产业的发展，扩大出口规模，日本政府实行灵活多样的对外贸易政策和措施。日本政府及时调整了对贸易政策以适应促进出口贸易发展的要求。一是"最高出口会议"1970年改组为"日本贸易会议"。该组织对出口贸易的各项重大问题进行定期讨论，确定出口目标并督促出口企业按期完成。政府对出口中有重大贡献的企业进行表彰，并给予相关的优惠待遇。二是积极加入各种国际经贸组织。日本在"入关"后，加

---

[1] 郑明慧：《论日本"入关"前后的外贸政策及其对我国"入世"的启示》，河北大学，2000年，第4页。

[2] 李冬：《日本贸易自由化与外贸政策的实践》，《东北亚论坛》1996年第1期。

快了同其他国家恢复经贸关系的进程。最先与日本恢复通商条约的国家包括瑞士、瑞典等国，此后又通过"战争赔偿"的形式，对部分亚洲国家扩大出口。三是完善与出口贸易相关的制度和措施。日本政府与1957年颁布了《出口商品检验法》，标志着日本出口商品制度的进一步健全与完善，目的是提升本国出口商品的信誉和质量。日本政府1961年调整并修改了《日本进出口银行法》，使其对进出口企业的融资范围不断扩大。与此同时，为了保证对外贸易的顺利开展，日本政府还对《出口保险法》的相关法规进行修改，进一步完善了出口贸易制度。四是为企业扩展海外市场提供服务。日本政府为了帮助国内企业走向海外市场，设立了"海外市场调查会"，通过外派调查员以及设立海外办事处的方式为企业收集海外的经贸信息。为了充分了解国际市场动态，日本政府还鼓励国内企业在海外成立分支机构。五是全面推行加工贸易政策。60年代以后，日本政府加大了推行加工贸易政策的力度，使企业的加工贸易方式呈现出多样化的特点，主要包括国外组装贸易、委托加工贸易、分期付款、开发式进口贸易以及补偿贸易等形式，逐步形成了日本加工贸易在战后发展中的特有发展模式。

（3）低速增长阶段（1974—1990年）。自20世纪70年代以来，随着固定汇率制度的瓦解以及石油危机的爆发，世界经济发展形势发生了巨变，日本经济的发展也不可避免受到影响。依据当时日本经济的发展实际，日本政府调整了一系列对外贸易政策。在进口方面，70年代以来，日本尽管受到石油危机的影响，对外贸易的增速明显回落，但是仍保持强有力的增长势头，贸易收支从总体看也保持顺差状态。因此，如何避免因贸易顺差引起的与其他国家之间的贸易摩擦成为日本政府面临的严峻考验。针对这种情况，日本政府进口贸易政策的调整主要体现在以下几个方面：一是深入推行贸易自由化政策。日本政府为了扩大市场，逐渐减少对进口商品的种类限制。60年代末受限制的进口商品种类为100多种，到1973年受限的进口商品已经减少为30种。1979年12月，在公布部分修订的《外汇及外贸管理法》时，日本放宽了对进口贸易的限制，把进口贸易的"原则禁止"基本转变为"原则自由"，减少了受限制的进口商品数量。二是积极推行进口市场多元化政策。石油危机爆发后，为了缓解能源供应问题，日本政府积极与中东地区、中国以及苏联等建立经贸关系，目的是从这些国家和地区获取石油、煤炭等资源，以多元化的进口市场形式实现其目的。三是不断降低进口门槛。1981—1985年，日本政府在短短的4年内先后实施了八次开放市场的对策。例如，1985年7月，日本政府公布了《市场开放行动计划》，并提出了市场开放的基本原则是："原则自由，例外限制"，其中心内容是削减了1853种产品的进口税，其中关税税率低于20%的商品有1780种，取消了34种商品的进口税，同时还取消了低于2%的商品进口税，[①] 这样就进一步降低了农、林、水产品和矿产品的关税，达到了扩大进口的目标。这一系列的措施大大降低了日本的关税负担，与同期欧洲共同体和美国相比，日本的国家关税负担率更低。[②] 同时，日本对国内"看不见的贸易壁垒"也开始进行调整。四是实施促进企业进口贸易的新策略。为鼓励企业加大进口力度，日本政府设立了"企业进口表彰制度"等措施。例如，日本政府于1983年6月对在个人和企业进口方面做出的贡献进行表彰，以此鼓励企业扩大外贸规模。同时对企业从事进口贸易给予了行政指导。例如，1985年日本通产省对134家企业进行指导，采取措施鼓励其扩大进口规模，并成立了制成品进口促

[①] 李寒梅等：《21世纪日本的国家战略》，社会科学文献出版社2000年版，第266页。

[②] 马成三：《日本对外贸易概论》，中国对外经济贸易出版社1991年版，第148页。

进协会,通过向国外派遣促进进口代表团,帮助其他国家寻找适合在日本市场销售的产品和对日本出口的方法等。[①] 在出口方面,为了更好地缓解贸易摩擦,扩大出口,日本政府调整了出口贸易政策。一是不断调整产业结构。日本政府结合日本经济发展的实际情况,给过度依赖进口并易引发贸易摩擦的企业提供帮助,使其适应市场变化。例如,1989年年底,日本通产省对汽车工业生产企业给予行政指导,并结合实际要求其缩减生产等。这些政策的实施使日本国内的产业结构进一步向技术密集和知识密集型转变,对日本缓解与其他国家之间的对外贸易摩擦起到了重要的作用。二是采取自愿出口限制政策。80年代后,日本与欧美等国家之间的贸易摩擦逐渐增多,使日本的商品出口受到较大的影响。为了弱化矛盾,日本政府对自愿出口限制政策进行了更加广泛的使用。例如,日本在轿车贸易问题上与美国发生了摩擦,于是在1981年5月1日针对此问题采取了限制措施,对美国汽车出口实施自愿出口限制,这对缓和日美汽车贸易摩擦起到了积极的作用。三是推动对外直接投资及国际经济合作。面对严峻的出口贸易形势,日本政府通过放宽金融管制条件、设立全球性的银行金融网络以及为企业提供优惠出口贷款等方式,以此来不断推动国内企业扩大对外投资规模、企业海外生产规模及出口市场规模。日本政府还试图同发展中国家广泛建立良好的贸易关系,以此扩展国际经济合作的领域,从而为扩大出口创造有利条件。与此同时,日本政府还积极实施对外投资和对外经济技术援助政策,对推动日本出口贸易发展起到了重要作用。四是提出"科技立国"战略。日本政府将贸易顺差扩大的原因归结为日本出口商品国际竞争力强,而技术优势是保持出口商品竞争力的关键。正因如此,日本政府提出了"科技立国"战略,通过研发自

---

① 王莉珍:《20世纪80年代日本对外贸易政策调整研究》,苏州大学,2005年,第15—18页。

主技术，使出口商品的优势得以持续。因此，日本政府在开发替代能源降低对石油的依赖程度、大力发展高新技术产业、实现出口产品知识密集化以及促进科学技术向国际化迈进等方面制定了一系列措施，积极推动了"科技立国"战略的实施。

（4）衰退阶段（1991年至今）。进入20世纪90年代以来，由于"泡沫经济"的破灭，日本经济增长速度下降，失业率不断攀升，通货紧缩严重，日本经济进入了第二次世界大战以来历时较长的萧条时期。尤其是金融危机的爆发，使欧美等国家经济遭受沉重的打击，作为贸易伙伴国的日本在商品出口方面也受到了严重的影响。针对较为低迷的经济形势，日本政府重新调整了对外贸易政策。在进口方面，全面建立技术贸易壁垒。为了保护国内相关产业以带动经济的发展，日本在萧条时期广泛地设置了技术贸易壁垒，以限制商品进口。主要表现为设立种类繁多的技术标准及法规，如《电器使用与材料控制法》《消费生活用品安全法》《食品卫生法》等。这些技术标准与法规的要求往往比国际标准更为苛刻，商品出口国往往难以达到这些标准的要求。同时，日本政府还运用了包括政府采购政策等在内的更加隐蔽的贸易措施对国内产业进行保护，有效地限制了许多商品的进口。在出口方面，一是加强区域性经贸合作。自从日本以及欧美等主要贸易伙伴国的经济受到金融危机的重创之后，日本认识到对欧美等国的高度依赖对缓和日本低迷的经济难以起到有效的作用。于是，在"贸易投资立国"战略的引导下，日本政府加快了参与区域经济合作的进度，继续实施EPA战略（经济伙伴协定），有效推进自由贸易区发展进程。[①] 加强与亚洲国家的贸易往来，尤其是在金融危机爆发之后，亚洲经济快速复苏，以中国为代表的一些新兴市场经济增长速度较快，这对于缓解

---

① 许玲玲：《中日对外贸易机制比较和借鉴研究》，中国海洋大学，2011年。

日本经济的衰退有较好的作用。二是大力改善出口商品结构。在国际市场上，高新技术已经成为保持经济增长不可或缺的要素，而以高新技术为核心的技术贸易也成为具有较高附加值的贸易形式。在"科技立国"政策的指引下，日本投入较大精力进行新产品和新技术的研究与开发，在技术贸易方面也呈现出较为明显优势。在国内逐渐形成以高新技术产品为主的产业结构，钢铁、机械以及运输设备等行业具有较强的出口竞争力。高新技术的发展有效改善了日本的出口商品结构，使出口商品的附加值和出口贸易竞争力得到较大的提升。三是扩大服务贸易出口。随着本国经济陷入低迷，日本政府对原来偏重于货物贸易的贸易政策进行调整，开始注重服务贸易的发展。服务贸易额不断增长，服务贸易逆差快速缩小。日本对外贸易实现了由"一条到腿走路"到"两条腿并行"的转变，顺应了国际贸易发展的新形势。[①]

三　德国对外贸易制度

作为两次世界大战的战败国，德国在1945年被分为两部分，即东德与西德。1990年10月3日随着德意志民主共和国正式加入联邦德国，德国统一。德国是欧洲最大的经济体之一，也是欧盟等国际组织的重要成员国。德国经济在第二次世界大战后陷入了严重的衰退状态，但是作为世界贸易大国，并有美国制定的"马歇尔计划"的有力支持，德国抓住经济发展机会，迅速摆脱了低迷的发展态势，在20世纪五六十年代进入了经济增长"黄金时代"。在德国经济快速发展的过程中，对外贸易被视为经济发展的"发动机"。自1952年起，德国连续62年实现贸易盈余，尤其在进入21世纪以后，德国的对外贸易长期保持顺差状态，2003—2008年连续6年

---

① 张倩：《经济衰退以来的日本外贸政策调整及其成效分析》，《日本问题研究》2005年第4期。

成为世界最大出口国，尽管经历了2008年全球金融危机以及欧债危机所带来的影响，德国仍然凭借自身的经济实力，迅速摆脱危机带来的低迷状态，使经济发展快速恢复到危机之前的水平，成为欧洲经济的"火车头"。目前德国已经成为世界第三大贸易国，仅次于中国与美国。一半以上的就业岗位与出口有关，企业收入的1/3来自于对外贸易收入。

在联邦德国成立之初，政府就将"贸易立国"作为国家的基本国策。在对外贸易的拉动下，德国实现了国民经济的迅速腾飞，提高了人民生活水平。通过德国对外贸易发展的历史情况可以看出，德国历来主张贸易自由化，在确立了社会市场经济制度后，德国逐步转变了对外贸易的发展重点，从政府统制外贸经营、部分放宽外贸管理，过渡到了由企业自主进行，政府不再直接对外贸经营进行干预，将重心转移到宏观调控的模式。①

第二次世界大战后，德国对外贸易制度通常分为两个阶段，即完全自由贸易阶段（第二次世界大战后至20世纪70年代初）与鼓励出口阶段（20世纪70年代以后）。德国对外贸易制度在不同的阶段也呈现出不同的特点。

在社会市场经济体制确立后，德国一直主张自由贸易，政府不干预企业的对外贸易活动。德国以联邦经济能源部为对外贸易主管的部门，由对外经济政策司负责具体工作。联邦经济能源部的中心任务是振兴社会市场经济，保持长期创新和加强社会结构，同时还要不断保证竞争力和高水平的就业情况。

1. 德国对外贸易法律体系

联邦德国正式建立之后，将社会市场经济作为国家经济政策的指导原则。所谓社会市场经济，实质上是资本主义市场经济由国家

---

① 李邦君：《中国与德国对外贸易制度的比较与启示》，《国际商务研究》2003年第3期。

进行调节。在这种经济政策的指导下，德国颁布了大量的经济法规，以实现对国家经济进行改革、调整和管理，取得了比较显著的效果，对德国战后的经济发展起到重要的支撑作用。

在德国颁布的众多经济法规中，1961年9月1日颁布的《对外经济法》是对外贸易活动的基本依据，同时生效的还有《对外经济法实施细则》。在《对外经济法》中，规定大中小企业和个人同国外的经济领域的商品、劳务、资本、支付和其他经济往来，以及国内公民在对外经济往来范围内的外币和黄金往来，原则上是自由的。这种外贸的自由原则包含：企业和个人拥有对外贸易活动的自由经营权，政府通常对企业和个人的外贸自主经营权不进行直接干预，而只是通过法律、法令和贸易政策，以及通过财政、信贷、税收统计等经济手段进行管理和监督。[①] 但是在维护自由贸易的同时，德国政府也规定了在特定情况下有权对外贸活动进行干预的基本原则，主要包括：为保证国与国之间协议所规定义务的正常履行；为防止或抵消外国采取的有害措施对德国经济造成的不良后果；为防止或抵消外国采取的政策不符合自由贸易的原则而对德国造成的不利影响；为保证德国安全和世界和平，政府有权对武器、弹药和有关设备、专利的进出口权利加以限制。另外，《对外经济法》还对商品的进出口从资金流向、服务贸易等方面的具体内容做出明确规定。这些规定是德国政府使用限制性权力的法律依据，在一般情况下不可轻易动用。

在《对外经济法》实施至今的50多年中，德国已经发展成为世界贸易强国之一。该法案对德国经济的快速发展起到了积极的促进作用。但是，随着欧盟一体化进程不断深入，德国政府在对外经济贸易领域的管理权已向欧盟委员会及其下设相关机构逐步转移。

---

① 顾俊礼：《德国社会市场经济的运行机制》，武汉出版社1994年版，第164—165页。

作为欧盟成员国，德国有义务在本国的对外贸易法案中，将欧盟在对外贸易方面做出的规定，以国内法的形式加以执行和具体化。根据德国最新修订的《对外经济法》的规定，虽然部分对外贸易法规未经德国国内法重申，但是已经在欧盟通过，这些法规在德国也可以直接生效。由此可见，《对外经济法》在德国对外贸易领域中的作用已经被逐渐削弱，最终将被欧盟统一的对外经济立法所取代。

除了《对外经济法》这一基本法规之外，德国在对外贸易方面的法规还有《战争武器控制法》《化学武器协定实施细则》及《瓦森纳安排》等。[1]这些法律法规的制定与执行，对德国对外贸易发展提供了强大的法律支持。

2. 德国对外贸易政策

国际贸易自由化是德国对外贸易一直坚持的基本战略，因此，对外贸易政策措施的制定都围绕这一基本战略来进行，但在不同的历史阶段侧重的内容也有所不同，主要体现在以下几个方面。

（1）完全自由贸易阶段（第二次世界大战后至20世纪70年代初）。从第二次世界大战后到20世纪70年代初，德国政府对本国出口工业不进行任何干预，除了有关国际条约和本国法律所禁止的个别情况以外，对外贸易活动完全由企业自行开展，国家不进行任何干涉与控制。这种对外贸易政策的实施归因于这一阶段德国企业生产的产品无论是品质还是工艺和服务都居于国际领先水平，具有很强的市场竞争力。同样，国家也没有向企业提供出口资助的义务。

（2）鼓励出口阶段（20世纪70年代至今）。进入20世纪70年代以来，由于两次石油危机引发的全球性经济衰退以及债务危机的爆发等原因，德国的产品出口在国际市场上遇到了严峻的挑战。

---

[1] 沈伯明：《世界主要国家经济与贸易》，中山大学出版社1999年版，第138—139页。

因此，德国政府在贸易政策方面显现出较为明显的干预倾向，即通过建立贸易促进体系来鼓励国内企业向外出口产品。

在财政金融政策支持方面，长期以来，德国政府在鼓励企业出口方面主要运用财政、金融等经济手段。一是采取财政补贴措施。第二次世界大战后，德国政府通过采取财政补贴等措施对汽车、机械制造等主导产业进行扶持，使其成为德国工业的支撑体系。20世纪80年代以来，德国制定了科研发展政策，通过财政拨款和补贴等方式直接或间接地支持产业科技进步，从而带动德国对外贸易的发展。20世纪90年代以后，针对国内中小企业在出口贸易中存在的劣势，德国政府在技术、财政以及市场信息等方面向其提供帮助，保持中小企业对外贸易的优势，推动德国对外贸易的发展。二是制定出口退税政策。德国《增值税法》中规定：对欧盟境内的货物出口以及从欧盟出口至第三国的货物，根据目的国征税原则给予免税。① 德国出口退税政策之所以能够有效实施，主要原因在于其征税管理机构与退税管理机构相互制约又相互促进。三是制定出口信用担保政策。为了鼓励国内产品出口到其他国家，德国政府以提供官方担保的形式，对出口企业和商业银行给予支持，即赫尔梅斯担保。赫尔梅斯出口信用保险公司成立于1926年，其主要职责是面向发展中国家和非市场经济国家出口提供担保。德国政府规定，出口信贷的贷款对象均需办理出口信贷保险。②

在设立对外贸易服务机构方面，德国联邦经济能源部第五司主要负责对外经济工作，其下一共设立了四个分管司：A分管司、B分管司、C分管司、D分管司。其中，A分管司主要负责介绍本国国情、贸易政策和对外经济发展政策，其下设两处作为德国政府负

---

① 朱强、王建中：《德国外贸管理对中国的启示》，《中国证券期货》2013年第4期。

② 同上。

责贸易促进的主要部门，直接负责对外贸易促进工作以及本国基本国情的介绍。德国联邦经济能源部在全球范围内还设立了促进对外贸易的支柱机构，[①] 这些支柱机构主要有：一是驻外使馆商务代表处。在全球范围内，德国一共设立了220个使馆和总领馆，这些使馆和总领馆的主要工作就是为在海外开展经贸业务的德国企业提供服务，维护德国企业的海外利益，扩大德国的海外市场。二是海外商会。德国海外商会的规模也较为庞大，德国先后在90个国家共设立了130家海外商会办事处。海外商会为德国企业提供有关市场、产品相关信息与咨询、法律与关税咨询和指导企业交流等服务。三是联邦外贸与投资署。德国政府于2009年将德国投资署、联邦对外经济署和联邦外贸信息服务局合并成立了联邦外贸与投资署。主要任务是在全球约50个城市建立相关机构，为德国企业提供各项服务，加强与海外商会的合作。四是经济之家。1995年德国政府首先在新加坡建立了经济之家，也称德国中心。目前，德国已在新德里、墨西哥、莫斯科、北京等多个国家的多个城市建立了经济之家。其主要任务是为德国中小企业开拓市场提供服务，为德国企业与当地企业建立联系搭建平台。除了官方设立的机构以外，在民间也有相关的贸易促进机构，如德国的行业协会。通常德国行业协会由三大系统构成，主要包括德国雇主协会、德国工业联盟以及德国工商联合会。[②] 企业可以自主加入不同的组织，其中法律规定必须加入的组织是工商联合会，加入后的德国企业需要向工商联合会汇报自己真实的经营状况。德国行业协会的基本任务是向企业提供信息咨询服务，另外还通过其庞大的信息网络为企业介绍国外市场行情，使国内企业在进行进出口贸易时有充分的准备和明确的方

[①] 彭继增：《德国贸易促进体系建设及其对我国的启示》，《价格月刊》2006年第2期。

[②] 赵文华：《德国的行业协会及其作用》，《中国物资流通》1997年第9期。

向，最大限度降低了企业开拓海外市场的风险和成本。

在举办展览会方面，展览业在德国非常发达，为了使企业能够更好地向国内外市场宣传自己的产品，德国政府通常与经济协会、海外商会、德国展览委员会"国外展会工作小组"等相关机构共同商议，定期举办各种展览会，以设立信息平台、企业结伴参展以及召开研讨会等形式推动企业参展，以此促进产品出口。与此同时，德国政府还在资金方面给予参展企业大力支持，鼓励企业去参展。另外，行业组织也积极推动企业参展。例如，作为德国最权威的展览业组织，成立于1907年的德国展览业协会，在协调组织德国企业参加国内外展览会、提供相关信息咨询、维护其共同利益等方面承担主要责任。

20世纪70年代初期石油危机爆发后，德国贸易政策呈现出国家干预的倾向，在鼓励出口企业自主经营的同时，也有选择地对战略物资进行调控。德国政府对进口商品的限制通常以非关税壁垒的形式为主。船舶、飞机等军工产品是德国最受保护的产品，因此德国政府对其采取补贴方式；对国外轻纺产品，德国政府使用进口数量型许可证；除此之外，德国政府还对进口商品设置技术性贸易壁垒。德国对进口商品的限制主要集中在少数部门以及少量品种。

第二节　国外对外贸易制度的启示

一　美国对外贸易制度的启示

一国在面临不同的国内外政治经济形势时，或者采取自由贸易政策以促进市场开放，或者选择保护贸易政策以保护国内产业发展。作为世界经济贸易强国代表的美国，在对外贸易制度的建立及发展过程中，积累了许多经验。总的来说，美国在对外贸易的发展中，一直都通过直接或间接的形式对国内企业实施贸易保护，有效地推动了美国经济的快速发展。中国对外贸易制度建设应该积极借鉴美国经验，不断补充和完善各项对外贸易制度。

1. 建立贸易保障法律体系

一国的对外贸易法律体系是服务于该国对外贸易管理的重要手段，并服务于一国经济与对外贸易的发展、产业安全及市场稳定[①]。美国对外贸易立法中，贸易保障措施是一项重要的内容，该保障措施就是所谓的"201条款"。随着美国政府不断完善贸易保障立法，使其对外贸易取得了较大的发展。美国《1974年贸易法》中，对贸易保障措施的实施程序做出了详细规定，从对外贸易权限分配到行政复查和司法检查都做出了详细的规定，以此来保证对外贸易中的各项权利不被滥用，同时也保证了对外贸易保障措施的高效运行。[②] 而中国在贸易保障措施方面的立法建设起步较晚，2002年1月1日《中华人民共和国保障措施条例》才正式施行。因此，中国应广泛借鉴美国的经验，完善贸易保障措施的法律基础，在法律允许的合理范围内，灵活运用各种手段，对国内相关产业进行保护，对中国对外贸易制度的合理实施提供保障。

2. 加强区域贸易合作

区域贸易是实现全球贸易自由化的一个必经过程。虽然保护贸易的滋长在一定程度上归因于区域贸易的发生，但区域贸易在短期内更容易形成统一的规则，能够解决在WTO相关贸易协议中的利益冲突。

美国正是看中了区域贸易合作的有利前景，先后成立了相关的自由贸易区，各国可以在区域经济体的内部开展自由贸易，以推动对外贸易快速发展。当前中国要努力参与区域经济合作，加强与欧

[①] 中国外贸体制改革的进程、效果与国际比较课题组：《中国外贸体制改革的进程、效果与国际比较》，对外经济贸易大学出版社2006年版，第260页。

[②] 魏南枝：《美国贸易保障措施研究》，清华大学，2003年，第67页。

美以及其他国家和地区的经济交流与协作,全力推动区域经济一体化的进程。减少与其他国家的贸易摩擦,改善对外贸易发展环境。

3. 适度保护国内产业

美国政府为了提升本国产业的发展速度,提升竞争优势,采取了贸易保护政策。而中国在对外贸易的发展中一直以贸易自由化为根本方向,在加入WTO之后,逐步开放国内市场,削减关税,取消非关税壁垒,进一步将本国市场融入世界市场。但需要明确的是,中国目前仍处于产业发展的初级阶段,很多产业基础薄弱,竞争力较差,因此在合理的范围内,要对国内相关产业采取适度的保护措施。适度贸易保护措施的具体包含:一是要符合国情,在中国目前可承受的范围内开展国际竞争;二是有利于促进生产力的发展,充分发挥国内、国际两个市场的作用,并使国内市场与国际市场机制保持有机联系;三是进一步向国际规范靠拢。[①]

在后危机时代,为了挽救受金融危机影响而下滑的经济水平,世界各国先后实施了贸易保护措施。中国的对外贸易尽管受到危机影响,但仍保持较快的发展速度,因此在国际市场上产生了更为激烈的贸易摩擦。中国政府应借鉴美国的经验,充分利用WTO的相关规则,通过给予支持或补贴以及灵活设置非关税壁垒等形式,对国内企业进行贸易保护。

二 日本对外贸易制度的启示

通过对第二次世界大战后日本对外贸易发展的过程进行研究,可以看出工业制成品是日本主要的出口商品,随着日本产业结构的不断优化升级,日本出口制成品由劳动密集型产品逐步转向为知识、技术和资本密集型产品。有利的外部环境、产业结构的优化升

---

① 任烈:《贸易保护理论与政策》,立信会计出版社1997年版,第191页。

级、国际竞争力的不断提升，成为第二次世界大战后推动日本对外贸易迅猛发展的主要原因。现阶段，中国在与世界各国的经济联系日益紧密的同时，也受到了更多的影响和冲击。因此，借鉴日本对外贸易制度的成功经验，对于中国制定行之有效的对外贸易制度有着重要的指导作用。

1. 抓住机遇利用有利资源

第二次世界大战后日本对外贸易得以快速发展的一个重要原因是日本敏锐地抓住有利的时机，并利用在人力资源方面的优势与国际环境密切结合。目前，中国正面临着全球经济发展带来的机遇与挑战，如何利用本国的有利资源并与外在机遇相结合，进而推动对外贸易的快速发展，是迫切需要解决的问题。一方面，中国应该充分利用国内现有的技术、资源、劳动力等优势条件，谋取动态比较利益，这样可以有效地为经贸发展积累资本；另一方面，中国要牢牢把握住经济全球化的发展机遇，充分利用其他国家先进的技术优势，改善国内技术条件，为中国出口贸易的稳定发展以及由粗放型向节约型转化奠定基础。[①]

2. 发挥政府主导作用

针对对外贸易发展的实际情况，制定与之相适应的对外贸易政策，支持外贸企业快速发展，同时，政府也要加强干预，以保障对外贸易的健康发展。第二次世界大战后，在对外贸易的发展中，日本政府通过建立相关的对外贸易制度，结合实际积极对其进行干预，使日本跻身于世界贸易强国之列。现阶段，中国不能够单纯依靠企业自身的力量发展对外贸易，还需要政府作为坚强的后盾给予强有力的支持。随着国际市场的竞争情况日趋激烈，全球经济的发展速度不断提升，以中国为代表的发展中国家，在国际分工和利益

[①] 王素芹：《日本对外贸易发展经验及借鉴》，《商业时代》2007年第27期。

分配中常常处于不利地位，仅靠企业的力量很难改变这种不利局面，只有通过加强政府与企业间的合作来实现。因此，在中国对外贸易发展的过程中，必须充分发挥政府的主导作用和有力的支持，引导和规范企业市场行为，培育和提升企业的综合竞争力，从而不断提高企业对外贸易发展水平。

3. 提高企业竞争能力

通过第二次世界大战后日本对外贸易的发展可以看出，推动其对外贸易走向繁荣的根本途径是日本企业快速提升国际竞争力。在提升企业国际竞争力的过程中，一方面，注重将技术引进与创新紧密结合。第二次世界大战后，日本为更快地发展本国经济，大量引进西方先进的科学技术，并且在技术引进之后，又对这些技术进行了一定的改造和创新，使其更有效地为日本经贸发展服务。另一方面，注重对现代科学管理方法的吸收与创新相结合。第二次世界大战后，日本为了提高企业的生产率，从美国引进了一系列现代科学管理方法，并结合本国企业管理的实践，形成了一套日本特有的企业制度。由此可见，现代企业制度的建立以及先进生产经营技术的引进，对日本第二次世界大战后经济的快速发展、企业国际竞争力的大幅提升，起到了巨大的推动作用。日本提升企业国际竞争力的经验表明，从国外引进技术时，在注重国内企业对于技术的消化能力的同时也应注重将引进技术与技术改造紧密结合，通过政府的引导，使先进技术能真正应用到企业发展的实践中。中国从国外引进现代企业制度时，应从中国企业发展特点出发，明确企业改革的主体。企业只有实现独立经营才能够寻找到最能提高企业效率的企业制度，并在企业过程发展中将其不断完善。[①]

[①] 张印昊：《战后日本对外贸易发展研究及对我国的启示》，首都经济贸易大学，2006年，第37—38页。

三 德国对外贸易制度的启示

作为德国社会市场经济制度的重要组成部分,德国对外贸易制度在实现对外贸易平衡及保护对外贸易的利益方面起到了重要作用。德国政府为了推动对外贸易的发展,对出口企业采取"放任自流"的态度,使企业在对外贸易领域拥有绝对的自主经营权。为了实现对外经济目标,德国政府通过颁布《对外经济法》以及相关的法律法规、制定对外贸易政策等方式来引导和规范出口企业的业务行为,促进对外贸易的快速发展。在石油危机爆发后,在对出口加以鼓励的同时,针对德国所面临的国际市场形势,对进口通过非关税壁垒的形式也进行了一定控制。由此可见,通过制定合理有效的对外贸易制度,德国已经建立起企业自主经营与政府宏观调控相结合的外贸发展模式。这种模式对促进德国对外贸易发展、保持德国贸易大国地位具有重要的意义。① 因此,德国对外贸易制度对中国对外贸易制度的完善有重要的借鉴意义。

1. 完善贸易促进体系

一是明确对贸易促进机构的职责。在开展贸易促进工作时,应借鉴德国的丰富经验,突出主管商务部门在贸易促进中的核心作用,充分发挥中介组织的协调作用,更好地为国内企业服务。二是完善贸易促进工作的外部环境。中国外贸主管部门可以通过与海关、银行、税务等部门的协调与配合,制定一系列对外贸易政策,从而为中国外贸企业出口营造良好的外部发展空间。三是完善出口信用担保制度。德国的出口信用担保制度在促进国内企业出口方面起到了积极的作用。中国需要借鉴德国在出口信用担保制度方面的成熟经验,加大国内出口信用保险制度建立力度,提高国内企业抵

---

① 李邦君:《中国与德国对外贸易制度的比较与启示》,《国际商务研究》2003年第3期。

御风险的能力以及在国际市场的竞争力。四是推动中国展览业发展。从德国展览业发展的成功经验中可以看出，展览业的持续发展对外贸企业开展进出口贸易活动有着非常重要的推动作用。因此，中国可以借鉴德国展览业的发展模式，大力推动中国展览业的发展。加快展览业相关行业组织的建立，制定详细的标准与行业规范，加大行业协会对参展企业的服务范围与力度，提高国内企业参与展会的积极性，从而推动对外贸易的发展。

2. 完善进口贸易体制

加入 WTO 之后，中国已经在对外贸易制度建设方面做出了许多重大调整，进口贸易体制也已经基本符合国际规范，但是按照 WTO 规则的要求，还有明显的差距。根据入世承诺，到 2015 年中国大部分行业和领域的过渡期已经结束。在开放外贸经营权、降低关税总体水平、取消相关的非关税措施以及开放服务贸易领域基本上已经履行完承诺。对中国来说正面临一个如何既放又限的局面。因此，德国针对少数产业、少量品种集中限制和保护而采取的措施，对中国在完善进口体制方面有十分重要的参考价值。

通过上述分析可以看出，尽管德国劳动力成本较高，自然资源相对匮乏，但是在对外贸易的发展中仍然取得了巨大的成就，这与其制定的有效的对外贸易制度密不可分。在现阶段，中国尽管在对外贸易发展中处于世界前列，增长速度较快，但是这种粗放式增长模式国际竞争力相对较弱。借鉴德国的经验，对中国应对后危机时代所面临的各种问题，有效提升对外贸易国际竞争力有着重要的启发意义。

第 六 章

完善中国对外贸易制度的目标及对策建议

　　新制度经济学路径依赖理论认为制度变迁产生的根本原因包括两个方面：一是利益诱致。当一项制度能使各行为主体实现利益最大化，人们就不会去改变这项制度。相反，如果一项制度难以满足各行为主体利益最大化的需求，人们就有强烈的意愿对制度进行改变。但是在现实生活中，制度往往难以满足所有行为主体获得最大利益的需求，因而制度就处于不断变迁的状态。由利益诱致所引发的制度变迁是由各行为主体自发实施的。二是政府强制。主要是指政府通过强制性的手段如法律、政策等所推动的制度变迁。在全球经济发展过程中，对外贸易制度变迁路径的研究主要分析各国由保护贸易制度向自由贸易制度转变的过程。纵观中国对外贸易制度变迁的历程，可以看出，中国对外贸易制度变迁是以政府为主导的，对外贸易制度每一次变迁与创新都是政府做出的理性抉择。作为一国经济制度的重要组成部分，对外贸易制度变迁与创新必须以本国经济发展为目标。因此，建立符合中国国情的对外贸易制度，有效解决阻碍中国对外贸易发展中制度层面的问题，有利于在新常态下转变对外贸易发展方式，培育对外贸易竞争新优势。

第一节　完善中国对外贸易制度的目标

完善中国对外贸易制度的目标是提高对外贸易效率、提升整个国民经济发展水平、增强公众福利。要实现这一点，需要确定以下目标。

在提高对外贸易的公平性方面，公平是市场经济的基本原则，中国在发展对外贸易的过程中，通过制度创新要切实提高中国对外贸易制度的公平性。首先，地区公平性。政府采取对外贸易"试点改革"政策虽然可以使部分地区、贸易区等在短时间内提高经济效益，但从国家宏观角度来看，"试点改革"并不符合中国区域经济平衡发展的要求。政府应一视同仁，采取统一的贸易政策，对所有符合对外贸易的地区加以扶持，平衡发展各地区的对外贸易经济。其次，产业公平性。对外贸易公平性原则还应该反映在各种产业上，对具有出口优势的产业继续保持贸易促进政策，对于有出口可能性或潜力的其他产业，同样给予促进政策，推动对外贸易可持续发展。最后，制度公平性。中国政府应通过制度创新来实现对外贸易制度的统一，主要体现在不违反制度要求、不损害国家利益、不危机国家安全的各项条件下，将对外贸易政策透明化，以便各地区政府、各贸易商、个人能及时了解法律法规的政策要求。

在提高对外贸易自由化程度方面，自由贸易是世贸组织对国际贸易活动和对成员国的要求，也是市场经济体制下对外贸易发展的必然路径。改革开放开始推行社会主义市场经济体制，2001年加入WTO成为世贸组织的重要成员国，都要求中国必须并快速提高对外贸易的自由性。中国建国之后实行的是政府主导的计划经济，对外贸易制度也是如此，由国家统一制订计划、分配任务、规定方向。尽管改革开放后的制度变迁朝着市场经济的方向改革，入世之后大大提高了贸易的自由水平，但传统计划经济的残余力量仍然存在。要实现对外贸易的转型，必须要通过制度创新进一步提高外贸的自由性，建立与全球相适应的对外贸易自主经营和对外贸易公平自由竞争机制，是中国对外贸易制度变迁的重要目标之一。需要指出的是，这里所强调的对外贸易的自由化不是绝对的，而是相对的。对外贸易制度创新要实现的是有限的自由化而不是无政府主义的盲目自由化，大量事实表明，过度的自由化会极大地增加一国对外贸易及经济运行的风险。在当前复杂的国际经济形势下，更不能实施完全的自由化政策。

在优化对外贸易结构方面，中国的对外贸易水平要实现不断提升，必须要优化目前的对外贸易结构。目前，中国已经成为世界贸易大国，虽然带来的经济收益相当可观，但面临着对外贸易结构不优化的问题，使中国在国际经济中处于不利地位，位于产业链的低端，不利于对外贸易的转型。中国出口商品的模式是粗放式的，重量不重质，缺少知识产权，而且通常出口到国外的多为一些初级产品和工业制品，科技含量较低。当前，中国经济已经进入了新常态，不可能像过去那样保持着惊人的增长速度，要保质增效，不过度地追求数量的增加。对外贸易发展也是如此，可以保持一个相对稳定的发展速度，以此来保证发展方式的转变及质量的提升。对此，制度创新要着眼于中国对外贸易结构的调整及发展新常态的形成，通过良好的制度，激励相关主体优化外贸产品结构，提高外贸产品质量，多出口高附加值的产品，增加中国出口产品的特色和种类，努力建立中国自己的知识产权，科技兴贸，形成国际竞争的比较优势。

在降低对外贸易依存度方面，对外贸易存在大量不确定性与信息不对称，对一国或地区的经济稳定发展造成较大的风险。稳定的对外贸易制度必然会对中国经济的发展产生极为重要的影响。由于对外贸易的依存度较高，一旦中国对外贸易活动出现问题，对整个国民经济运行将产生不良影响，例如，美国金融危机使得中国南方大量的出口型民营企业倒闭，引发了失业等一系列的社会经济问题。中国对外贸易依存度过高的原因除了外贸导向战略之外，还有中国国内的消费水平不够等其他原因，十分复杂。中国外贸大国的称号是靠出口大国来维持的，而且对外贸的依存度较高表现为对外贸出口的依存度较高，因此，优化对外贸易结构相当重要的一步就是要优化中国外贸进出口的结构。2008年金融危机爆发，世界各国为了本国利益设置了大量进口壁垒，减少了进口，努力增加出口，对中国的外贸打击很大。原因之一在于，中国的贸易顺差太大，贸易结构很不稳定，一旦遭遇危机就很容易受冲击，因此平衡进出口是制度创新的重要要求。制度创新的过程是一个降低不确定性，缓解信息不对称的过程。因此，对外贸易制度创新必须要以缓解信息不对称和不确定性来控制好经济对对外贸易的依存度，采取各种有效的措施，一方面控制对外贸易过快盲目发展，另一方面，在经济形势不利时，可以减少对外贸易的损失给本国经济造成的负面影响。

在促进网络对外贸易发展方面，中国国内贸易的电子商务发展极其迅速，已经形成了巨大规模，对传统贸易造成了巨大冲击。基于现代互联网信息技术的跨境电子商务贸易是未来国际贸易的重要发展趋势，网络贸易方式交易成本低，工作效率高，对传统贸易方式构成了巨大挑战。"互联网+"是中国经济转型的有效思路及路径，完全可以应用于对外贸易之中。因此，中国对外贸易制度创新必须要紧紧把握这个发展趋势，对电子商务和网络交易积极进行制度创新，充分发挥其对对外贸易的促进作用，同时规范其发展，抑制网络信息技术所带来的各种风险。

在形成制度比较优势方面，随着中国经济的快速发展及人口结构的变动，中国对外贸易中劳动力比较优势正在不断削弱，给对外贸易造成了冲击，亟须寻找新的比较优势。交易成本的大小也决定着不同国家间贸易开展的可能性，同时也成为各国对外贸易竞争的有效工具，交易成本越低，可以形成竞争的比较优势就越大。如何降低交易成本将是扩大对外贸易的关键。由此可见，对外贸易的交易成本大小同样可以形成一个国家的比较优势。而这种比较优势来源于该国内生的制度因素，即制度比较优势。制度优劣决定交易成本的大小，这不仅会影响一国对外贸易的规模，还会影响贸易利益的分配。无效的对外贸易制度会增加交易成本，进而减少贸易的利益，甚至阻碍贸易的发生；此外，无效的对外贸易制度还会对生产率的提高造成阻碍，使分工生产成本较高，获利空间较小。因此，两国间贸易的发生在很多情况下取决于制度比较优势，而不是由要素禀赋、生产技术和生产成本形成的比较优势决定。这就可以解释为何一些发展中国家在资源禀赋和要素价格方面存在比较优势，而实际的对外贸易规模却很小，原因就在于这些国家对外贸易制度安排不完善，使得交易成本居高不下，从而阻碍了对外贸易的扩大，压缩了获利空间。因此，中国对外贸易制度创新不能仅仅着眼于提高产品技术、提升产品质量、促进资本积累，而要认识到制度本身就可以构成一种比较优势。中国应当在符合本国国情的情况下，打造有中国特色的对外贸易制度体系，形成与他国竞争中的制度比较优势，促进中国对外贸易的稳定发展。

第二节　完善中国对外贸易制度的对策建议

完善对外贸易制度应当以政府为主体，坚持市场的决定性作用，从一个完整的层面上组成一个制度创新行动团体，大力推动。具体来说，应当做到以下几点。

一 培育完善的市场经济制度

不断培育完善的社会主义市场经济体系,为对外贸易制度提供良好的市场条件。

第一,培育成熟的市场经济。中国已经初步建立了社会主义市场经济体系,但距离发达程度还相差较远。在国内市场竞争中,虽然表面制度上的歧视已经基本消除,但仍存在国有企业垄断的现象,市场经济被行政力量干扰,增加了不确定性与机会主义行为倾向,不利于激发竞争活动及中国对外贸易活动的开展。正因为如此,在入世时,中国在特定条件下接受了"非市场经济国家"的认定,现在这种承诺期即将到期,中国将面临更大的市场开放压力。政府必须努力继续培育成熟的社会主义市场经济体系,坚持市场的决定性地位与作用,持续完善市场竞争环境,明晰国有外贸企业产权,通过制定各项法律法规切实赋予国有企业与非国有企业同等的市场机会,让它们在竞争中使自身实力得以提高,开展对外贸易活动的能力得以增强,同时提供一个良好的对外贸易制度环境,提高自身服务水平,保证对外贸易能够低成本的开展。

第二,加快内对外贸易制度融合。政府作为宏观经济制度的制定者在内外贸一体化进程中,应为企业提供完善的制度与良好的服务,主要包括以下几点。

(1)创造宽松的制度环境。政府应加快内外贸一体化管理制度创新的进程,管理制度的制定要同时考虑国际市场与国内市场,改变企业以往只关注国外市场发展的情况,打破内外贸管理制度相互分割的局面,提高市场运行的效率,积极协调各方面的利益,为企业从事国内外贸易创造较为宽松的制度环境。

(2)制定公共服务制度。政府应不断完善市场准入、市场信息引导等公共服务制度,为内外贸一体化的发展提供各种制度保障。

例如，面对目前内外贸易逆差较大的情况，在市场准入方面，政府应该扩大投资准入的领域，积极鼓励民间资本的进入，以满足投资多元化的需求；在金融支持方面，可针对企业提供多种形式的资金支持，以此扩大内需，缩小内外贸易逆差。[①]

（3）建立流通管理制度。随着中国对外贸易发展进入"新常态"，扩大内需成为拉动经济发展的重要举措。流通业作为转变经济发展方式、拉动经济发展的核心产业，在国民经济中的地位不断提高。但是，长久以来在中国经济发展中形成了"轻流通"的思想，在这种思想的影响下，流通行业在发展中存在秩序混乱、效率低下以及流通成本较高等问题，严重制约了流通行业的发展。因此，现阶段根据国家"扩大进口、扩大消费"的要求，应建立完善的流通管理制度以促进流通业健康发展。一是创新联合采购模式。可通过建立国际商品的联合采购服务平台，实现集中采购，并在国内进行统一分销，实现消费品流通模式的创新，以此达到减少流通环节、降低流通成本的目的。二是创新流通方式。建立流通业促进制度，促进现代流通方式与电子商务相结合，推进商务领域大数据公共信息服务平台建设。同时要完善适应电子商务快速发展的法律制度以规范交易行为，对线上线下的企业进行平等监管。[②]

第三，与国际贸易制度接轨。既然选择对外开放、加入世界贸易组织，那么必须接受并履行国际市场的规则。因此，中国要努力适应国际贸易制度，遵守游戏规则，根据自身承诺和国际贸易规则，进一步改革对外贸易审批制度，加快融入经济全球化的浪潮，使对外贸易制度进一步与国际接轨，获得更多国家的认可，减少由

[①] 李丽：《内外贸一体化视角下的我国内外贸协调发展探析》，《商业时代》2012年第28期。

[②] 商务部：《建国内贸易立法体系》，网易，http://money.163.com/14/1130/10/AC9SA49D00253B0H.html，2014年11月30日。

于制度摩擦产生的成本。

二 加快对外贸易法律制度建设

在经济全球化进程日益加快的时代背景下，中国需要加大力度开展对外贸易相关法律法规的研究工作，完善对外贸易法律制度，弥补已有的法律真空，构建层次分明、有机集合、相互协调、有中国特色的对外贸易法律体系。

第一，树立开放与法治观念，加强法制建设理论研究。法律制定者要牢牢树立开放与法治观念，在法律制定的过程中，充分尊重每一个市场竞争主体的平等地位，坚持市场的决定性地位，严格规范政府行为，对政府职能的界定要符合市场竞争原则。在具体的执法过程中，对国企、民企及外资一视同仁，公正司法，严格执法。根据中国对外贸易发展的需要，加强对重要法律问题的理论研究，重视前沿性、创新性、特色性，加强经济学、管理学、法学、国际政治等学科的跨学科交叉研究，为对外贸易法律的健全提供坚实的理论依据。需要强调，在构建中国对外贸易法律制度时，既要有坚定的政治立场，又要有理性的学术判断，对于国外对外贸易的法律成果和经验，要吸取有益部分，但不能盲目照搬，一定要符合社会主义的国家性质。同时，积极构建有利于中国的双边多边贸易法律制度，适时向其他国家和国际社会进行法律输出，扩大中国在世界法学研究和法律实践中的话语权。①

第二，依照国际管理和规则，不断修订对外贸易法律法规。加入WTO后，中国根据WTO规则及入世承诺对很多法律法规进行完善与修订，如《中华人民共和国进出口商品检验法》《中华人民共和国保险法》《对外贸易壁垒调查暂行规则》《中华人民共和国商

---

① 袁仁辉:《市场开放视角下的中国对外贸易法律制度——成就"问题"挑战与完善》，《北京邮电大学学报》（社会科学版）2014年第6期。

业银行法》《中华人民共和国反倾销条例》《中华人民共和国反补贴条例》《中华人民共和国证券法》等。今后，需要在此基础上，对不符合要求的法律法规进行进一步的修订，切实履行中国承诺。

第三，提高立法层次，完善实施细则。对于一些仅有部门管理条例，但尚未成为成文法的对外贸易活动，要加大立法建设，提高立法层次。例如，出口信用保险制度。目前尚没有专门的立法，可以基于国情，借鉴国外先进经验，研究制定专门的法律。还有一些对外贸易制度，虽然出台了相应的法律，但是缺乏详细的实施细则，在具体实施过程中，实用性大打折扣。对此，需要尽快完善相应的实施细则，确保相关法律的有效实施。

第四，解决制度冲突，弥补制度真空。与对外贸易活动有关的法律法规种类繁多，覆盖范围很广，在适用范围、司法解释等方面经常出现制度冲突。对此，中国对外贸易法律体系在建设过程中，基于法治精神及法学理论，对冲突的法律条文进行科学解释，给出权威的解决方案。同时，对于仍然处于空白的领域，要尽快弥补，可以先出台试行的部门规章，在条件成熟时再进行立法。

三 健全对外贸易知识产权制度

后危机时代，在全球经济陷入衰退以及中国经济进入"新常态"的背景下，中国对外贸易想要实现快速发展，需要对传统对外贸易制度进行创新。对外贸易知识产权制度在保障对外贸易可持续发展方面起到至关重要的作用，因此，在对外贸易制度创新的过程中，也要不断健全对外贸易知识产权制度，主要包括以下几个方面。

第一，制定对外贸易知识产权制度。目前，中国已经颁布并实施了《国家知识产权战略纲要》，很多行业根据其核心思想并结合本行业的实际情况，制定了适用于具体行业的知识产权战略。但是，在对外贸易领域还没有明确的知识产权战略，这与对外贸易在中国经济发展中的重要地位极不相称。因此，应责成商务部以及各级知识产权主管部门，在遵循《国家知识产权战略纲要》的基础上，根据对外贸易发展的实际需要，科学制定对外贸易知识产权战略，以此来保障知识产权为对外贸易发展提供良好服务。

第二，建立对外贸易知识产权管理机构。中国现有的对外贸易知识产权管理机构主要包括商务部、海关总署、国家工商总局以及知识产权局等，由于涉及部门较多，难以协调。另外，由于对外贸易领域的知识产权问题通常涉及与其他贸易伙伴国之间的争端或纠纷，因此，应建立专门的对外贸易知识产权管理机构。一方面，负责各级知识产权管理部门之间的沟通与协调；另一方面，负责建立专业数据库，收集并分析国内外对外贸易知识产权的相关信息，为对外贸易企业提供相关的信息及咨询服务。

第三，创造有利的国际知识产权制度。近年来，发达国家逐渐将国内与知识产权有关的立法转化为有利于本国的国际规则，使其追求利益最大化的目标得以实现。由此可见，中国应借鉴发达国家的经验，利用WTO的相关规则，推进国内对外贸易知识产权制度朝国际化方向发展。中国与其他有共同诉求的国家建立相关的机构，联合推动知识产权制度国际化进程，从而建立有利的国际知识产权制度。

四　降低对外贸易交易费用

第一，进一步建立健全各项优惠制度。进一步建立健全各项扶持外贸企业走出去的优惠制度，对海外投资企业的扶持与引导承担一部分交易成本。承担一部分企业人员培训、法律咨询、技术研发等方面的成本。推进外贸企业人员的培训制度化，提供必要的法律、技术与咨询服务。搭建海内外外贸服务平台，建立完善的外贸信息库，系统研究海外投资数据、突发事件、危机管理、风险评估、信息处理、战略执行等。构建多位一体的防风险机制，建立健全国际贸易风险的评估和预警机制。充分利用法律、外交等多种手段，利用多双边高层交往和对话磋商机制，加强与重点国家的外贸合作与对话，建立互惠互利的多边贸易体制，推动区域性经济合作，反对贸易保护主义，充分熟悉和利用 WTO 条款，积极维护外贸企业权益。加强中国驻外机构的信息搜集、处理及供给职能，做好信息的整理与发布工作。在政府主导下，各行业、各地区可以根据需要建立集管理、信息收集、宏观战略研究、培训等功能于一身的外贸商会机构，各商会机构间要加强交流，企业之间要加强信息交流与行动协调，实现资源、信息共享，避免内部过度竞争。为了鼓励企业发展对外贸易，政府需要减少对企业过多的行政审批程序，尽可能地减少企业资源由国内转向国外的成本，增强其竞争力。

第二，减少政府对外贸活动的不合理干预。市场中存在大量壁垒，资源流动不畅。对外贸易存在大量风险，极易产生沉淀成本，这是制约企业外贸活动的重要因素。当前中国的市场经济中，虽然减少了大量的行政审批制度，但是仍存在较高的市场壁垒，需要企业付出一定的沉淀成本，导致资源流动不畅。为了提高对外贸易自由度，应最大程度地减少政府的不合理干预。提高贸易自由度的关键是政府要转变角色。政府的主要职能要从要求指令和控制干预退居到行政调控，在宏观层面对外贸主体进行正确的引导，并在必要的时候进行保护。无论是中央还是地方不再给企业配置强制性任务，不再干预企业的经营方向，保护进行对外贸易经营活动企业的自主经营权。必要的时候由国家统一对全国的对外贸易经营事项进行宏观管理并提供方向，改革地方的外贸行政机关，政府不再参与外贸主体的经济活动，使市场充分发挥作用，让市场本身的力量来引导并影响企业之间的竞争和发展方向。

第三，完善中央、省、市三级分级化管理纵向体系。一国对外贸易管理体制影响着对外贸易制度的运行和方向，有必要完善对外贸易中中央政府、省政府、市政府的分级管理体系。对各个层级的权责利加以明确。在这个三级的管理体系中，居于核心的是中央的管理。首先，国家外贸部门要积极参与WTO规则的修订及国际经济竞争规则的制定，维护中国在世界贸易中的利益，用主动争取代替被动接受。其次，分析全国的外贸产品结构，找出中国的优势产品和劣势产品，根据实际情况制定相应的政策，采取各种措施优化出口贸易结构。最后，也是国家最基本的功能，就是要为各外贸企业及外贸行政部门及时提供完备的国际及国内信息，让各外贸主体及时应对各种问题。而省、市两层的主要任务是分析和管理各自区域的外贸问题，分析本省本市的对外贸易优势和劣势，扬长避短，制定符合自身的外贸运行制度，为最基层的企业提供根本的保障。需要指出，由于政府处于宏观层面，对微观层次把握会存在偏差，制定对外贸易具体制度时，在尽可能的情况下，适当考虑企业所提出的合理建议，从宏观和微观两个层次把握好制度体系的制定，使对外贸易更加合理化。

第四，健全贸易摩擦应对体系及对外贸易的快速反应机制。受金融危机及贸易保护主义的影响，中国一些具有比较优势的商品在对外出口时会遇到各种各样的贸易摩擦，而且程度越来越大，日益剧增。对此，中国应该健全贸易摩擦应对体系，以此来有效应对这些贸易摩擦，尤其是技术性的贸易壁垒，探索如何使自身产品的比较优势得以提高，制定出应对技术贸易壁垒的行之有效的方案。对一些出口比例较大的产品，或者说易遭受国外反倾销的商品进行重点关注，对各种信息进行及时搜集及处理，做好紧急应对工作。根据不同国家贸易政策的变化，及时反馈有关信息，分析别国的政策变化对中国是利还是弊，对对外贸易有着怎样的影响，还需要评估是不是符合之前签订的贸易协议，对于当前的变化应当如何应对，以此指导中国对外贸易制度能够尽快调整以适应新变化。

五　推动自由贸易区制度建设

为了进一步推进自贸区制度建设，带动整个对外贸易制度创新，政府需要采取以下措施。

第一，由点到面，不断扩大试点范围。上海自由贸易试验区自成立以来，取得了一些成果同时也出现了一些新的问题。政府应当充分总结上海经验及教训，灵活调整具体的自贸区政策，选取条件成熟的地区，扩大试点范围。这个过程会耗费相当长的时间，也会遇到大量的风险和阻碍，是制度创新过程中不可避免的，需要政府审时度势，严控风险，稳步推进。

第二，加大理论研究力度，充分借鉴国外有益经验。虽然全球有100多个自由贸易区，但是与中国自贸区相比，在性质和职能方面存在较大的区别。上海自贸试验区承担着一定的政策和战略职能，充当全国改革的先锋，不可能像其他国家那样完全的市场化。所以，中国自贸区的建设要在实践中不断加大理论研究力度，一分为二地借鉴国外经验，准确把握国际贸易的新趋势与新特点，不断摸索出符合中国国情的自贸区制度。

第三，完善法制建设，优化自贸区管理体制。坚持法制理念，以全国人大、相关部委和地方政府为主体，完善相关法律法规，出台层次较高的法律，将自贸区管理规范化及法制化。管理部门要以法律为准绳，出台可操作性的事实细则。随着相关法律法规的不断完善，逐步推进自贸区管理体制的改革创新。优化管委会职能，保证其权威性。在国家层面设立相应的自贸区管理部门，制约管委会行为。明确界定管委会职能，准确划分政府管理与市场调节的界限，切实履行好管委会职能，减少对外贸活动的过多干预，努力摆脱传统多头管理、条块管理的弊端，探索扁平化的管理体制。

第四，优化监督体系，提高监管水平。各职能部门要加强工作上的有机协调，实现对外贸活动的全过程有效监管，将市场自治与政府监管有机结合，形成市场与政府有机结合的协作管理制度。为了保证监管效率，还需要建立科学的监管评价体系，采取科学的方法及工具考察监管对外贸活动及社会经济发展的影响，以此来作为政府制度创新的重要依据。

六 建立有效的对外贸易管理制度

为了保证对外贸易制度的公平及有效性，需要建立有效的对外贸易制度评价体系，制定相应的法律法规，设立相关的组织机构，增强国家对对外贸易制度运行状况的掌握，为制度的不断健全提供保障。

1. 建立并完善对外贸易制度评价体系

（1）建立科学的对外贸易制度评价体系。在国内外已有研究的基础上，结合中国对外贸易发展实际，对对外贸易制度进行科学分类，将定量分析与定性分析有机地结合起来，选取科学的评价指标，构建完善的评价体系，动态考察不同制度安排对于对外贸易各项活动的影响，如国有企业产权制度变化对对外贸易出口量的影响，行政审批制度变化对外贸出口量的影响等。这对信息的时效性及模型的科学性有很高要求，需要进行大量的理论与实证研究，政府有关部门与科研部门应当承担起这一职责。

（2）根据评价指标及时完善制度。根据评价体系，对各项制度的效率进行评价，运行良好的制度可以保留并适度完善，存在严重问题的制度要尽快完善，进行制度创新，要么进行大幅度的修改，要么重新制定新制度。

（3）在有效时间内对制度创新进行评价。制度创新具有时滞性，新制度实施后，需要在一个时间范围内重新对其进行评价，以明确制度创新的效果是否达到预期目标，如果没有达到，则要继续进行制度创新。

（4）对对外贸易制度创新效果进行评价。在对对外贸易制度创新效果进行评价时，一方面需要宏观信息，由政府负责提供；另一方面，还需要微观信息，由外贸企业提供。所以，在具体的评价过程中，政府要注重外贸企业对制度的评价，将宏微观信息有机结合起来，对对外贸易制度安排做出科学的评价。

2. 开创新的对外贸易交易模式

制度是降低交易成本的有效工具。在对外贸易中，技术创新同样能够减少交易成本。随着通信技术和信息技术的快速发展，对外贸易中的通信成本大大降低，贸易双方可以通过互联网等新兴通信手段进行谈判和讨价还价，大大节省了交易成本。尤其是近些年来，随着电子商务的发展，提高了交易效率，为对外贸易的可持续发展开辟了一条新路径。在重视对外贸易制度创新的基础上，还要加快技术创新。技术创新与制度创新就是相互促进的关系。技术创新会推动相关的制度创新，而针对技术创新的制度创新又会促进技术创新。在对外贸易制度创新的过程中，要与技术创新密切地结合，形成相互促进的有效机制。

现阶段，技术创新的一个典型表现就是互联网技术的迅猛发展。随着互联网技术的快速发展，社会已经进入了互联时代，人与人、人与组织、组织与组织之间的信息沟通及交往模式发生了根本性的变化。所以如何更好地利用互联网改变人们的生活方式显得尤为重要。2015年3月十二届全国人大三次会议上，李克强总理首次提出"互联网+"的行动计划。"互联网+"即后互联网时代，是指以互联网思维为基础，在经济、社会等领域深度融合互联网创新的成果，推动技术进步、效率提升、品质优化和组织变革，提升全社会的创新力以及生产力，形成经济发展的新形态。"互联网+"充分发挥网络在社会资源配置中的优化和集成作用，以信息流带动物质流，改变了交易场所，加快了交易速度，丰富了交易品类，减少了中间环节，减少了交易成本，对各个领域产生了变革式的影响。对于对外贸易而言，"互联网+对外贸易"有助于减少传统对外贸易活动的交易环节，改变价值链，大大挤压过去由贸易商、批发商及进口商所分得的利润，一方面使消费者成本大幅降低，另一方面使出口商利润不断增加，从而加快对外贸易的发展。同时，利用全球互联网、电子商务以及现代物流和支付等手段及工具，可以大大减少出口环节的交易成本，降低产品出口的壁垒，进而增强中国产品和企业的竞争力，这对于中小企业的发展具有重要意义，阿里巴巴的成功就充分证明了这一点。因此，需要大力进行"互联网+对外贸易"制度创新，解决出口产品缺乏特色、质量难以保证、跨境物流渠道不畅通等问题。

（1）大力发展跨境电子商务综合试验区。为了深化对外贸易改革，利用现代互联网信息技术促进对外贸易发展，2015年3月，国务院批准杭州设立跨境电子商务综合试验区，在跨境电子商务交易、支付、物流、通关、退税、结汇等方面先行先试。这标志着中国开始"互联网+对外贸易"模式的制度创新。在今后的试验区建设过程中，地方政府应当在商务部等部门的指导下，制定科学的实施方案，完善试验区各项规章制度，尽快建成试验区并投入使用。"中央和国务院有关部门要按照职能分工，加强指导和服务。要加强部门之间的沟通协作和相关政策衔接，深入调查研究，及时总结经验，指导和帮助地方政府切实解决综合试验区建设发展中遇到的困难和问题。商务部要加强综合协调、跟踪分析和督促检查，适时对综合试验区试点成果进行评估，重大问题和情况及时报告国务院。"①

（2）优化电子商务出口产品处理及检测机制。建立成熟的产品订单处理流程，对各种零散的出口产品实施科学的分类处理机制。利用现代信息技术手段，创新出口产品质量检测方式，确保出口产品质量，严禁存在质量问题的产品走出国门。

（3）构建跨国高效的物流体系。电商企业要主动探索成本低廉的物流渠道，创新与物流企业尤其是境外物流企业的合作机制。国家要在加强国内物流管理、提高物流效率的基础上，与其他国家进行跨境物流一体化的谈判及协商，帮助外贸企业降低物流成本。

3. 完善对外贸易促进制度

现阶段，促进中国对外贸易发展的核心是培育对外贸易新的竞争优势。鉴于传统的对外贸易促进制度更多强调扩大对外贸易的数量，在当前中国对外贸易发展进入新常态的情况下，应注重提升对外贸易的结构优化，从而使对外贸易发展获得持续动力。

（1）出口退税制度方面。一是改善出口退税分担制度。当前中国在出口退税方面采取的是中央与地方共同分担的制度。通常在征收增值税时，没有包含出口退税的部分，从而导致退税时出现资金紧张的情况，加重了中央与地方的财政负担。因此应进一步改善出口退税分担制度，用"先退税后分配"的形式代替现行的"先分配后退税"，也就是中央国库先统一收入增值税，再统一扣除出口退税，剩余部分按比例分配给中央与地方，从而有效缓解了中央政府的财政压力。从长远来看，要对现有的增值税制度进行创新，以目前"营改增"为核心，将中央与地方政府共同分担的税收制度逐渐转变为由中央政府独立负担。二是合理设置出口退税率。合理的

---

① 《关于同意设立中国（杭州）跨境电子商务综合试验区的批复》，中华人民共和国中央人民政府网，http://www.gov.cn，2015年3月12日。

出口退税率有利于出口退税制度的有效实施，结合中国当前对外贸易发展的新形势，在设置出口退税率时应将其与对外贸易结构转型升级紧密联系起来，以出口产品的类别为依据设置有差别的出口退税率。对于高污染、高能耗以及资源型产品应设置较低的出口退税率或者是取消出口退税；对于高技术含量、高附加值的产品应设置较高的出口退税率，从而在制度层面鼓励企业不断提高产品的技术含量，提升产品附加值，促进对外贸易结构升级。

（2）出口信贷制度方面。一是扩展现有出口信贷制度的范围。中国现有的出口信贷制度主要是针对国有企业以及大型资本货物设置的，对中小企业及小商品在出口信贷制度安排方面还存在较大的空白。近年来，中小型对外贸易企业在中国对外贸易发展中所占比重不断增加，但由于其在资金及技术方面的不足，在一定程度上限制了其发展速度。因此，应进一步扩展出口信贷制度服务的范围，设置为中小型企业提供出口信贷的业务内容，以促进其在对外贸易方面取得更好的发展。二是创新出口信贷资金筹集制度。目前，中国出口信贷资金主要来源于国家，出口信贷业务办理审批过程效率低下，难以满足企业的需求。因此，应创新出口信贷资金筹集制度，除了由国家提供资金以外，还可以通过设置专项基金、引进外资等方式增加出口信贷资金的筹集渠道，更好地为企业提供出口信贷服务。[①]

七 构建利用外资的新制度

20世纪90年代以来，中国在利用外资方面得到长足发展，利用外资规模不断扩大，有效地带动了对外贸易的发展。这也充分说明了中国对外贸易在发展中取得了显著的成绩。因此，中国应不断

---

① 赵英帆、田海霞：《我国出口信贷现状及对策研究》，《商场现代化》2016年第7期。

创新利用外资制度,从而进一步促进对外贸易的健康有序发展,主要包括以下几个方面。

第一,提高利用外资制度质量。随着外资的流入,一方面弥补了国内资金的短缺;另一方面也提升了国内相关产业的技术水平,因此,中国应继续采取实施利用外资制度,但与此同时,要注重利用外资质量的提升。一是注重"溢出效应",将外资引进与先进技术、管理经验和人才等要素的引进紧密结合,扩大外资在技术以及管理方面的溢出效应;二是提升政府效率,建立健全利用外资的法律体系,提高知识产权保护水平,更有效地为吸引外资服务。

第二,调整利用外资优惠制度。近年来,中国在坚持对外开放基本国策的前提下,利用外资的重心已逐渐发生改变,因此,应将原有利用外资的优惠制度进行调整。一是建立利用"高层次"外资优惠制度。现阶段,中国利用外资的重心已经转变为将外资引进与先进技术、管理经验和人才等要素的引进紧密结合。因此,未来中国在吸引外资时,应建立利用"高层次"外资的相关优惠制度,以便于实现中国利用外资的目标。二是合理调整税收优惠制度。中国在利用外资方面长期采取全面优惠制度,导致引进的外资质量良莠不齐,并且对国内资源形成"挤出效应"。因此,今后在利用外资时,中国应逐步有针对性地调整税收优惠制度,根据不同地区、不同行业等条件结合产业发展的需要实施税收优惠。

第三,创新利用外资模式。上海自贸区在利用外资方面采取准入前国民待遇和负面清单管理的新模式,通过创新利用外资的模式来转变吸引外资的条件。另外,随着中国对外开放制度的制定和实施,尤其是"一带一路"战略的推进,中国中西部以及沿边沿江地区逐渐成为新的对外开放领域。长久以来,中西部地区外资利用水平较低,因此,应进一步创新利用外资模式,加快制定中西部外商投资优势产业指导目录,放宽外资进入中西部地区的准入领域。

第四，合理引导外资流向。当前，中国正处于经济快速增长的重要时期，产业结构转型升级是推动中国经济增长的重要因素。因此，应对外资流向进行合理引导，使其满足国内产业结构调整的需求。一是鼓励外资进入高新技术产业、现代农业、生产性服务业以及环保产业等领域，加大这些领域利用外资的政策倾斜力度，提高其利用外资的比重。二是促进加工贸易实现转型升级。现阶段，跨国公司在中国的主要投资领域仍是加工贸易。因此，应利用其在加工制造业布局的优势，延长加工贸易的产业链，形成区域产业配套能力，实现国内大、中、小型加工企业的产业链配套和产业集群发展。

参考文献

一　外文文献

［1］ Acemoglu, D., J. Simon, J. Robinson, "The Rise of Europe: Atlantic Trade, Institutional Change, and Economic Growth", *American Economic Review*, 2005, 95 (3).

［2］ Aghion, Philippe, Eve Carloli and Cecilia Garcia penalosa, "Inequality and Economic Growth: The Perspective of the New Growth Theories", *Journal of Economic Literature*, 1999, 12.

［3］ Antràs Pol and Davin Chor, "Organizing the Global Value Chain", *Econometrica*, 2013, 11.

［4］ Balassa, B., *The Structure of Protection in Developing Countries*, The Johns Hopkins Press Ltd, 1973.

［5］ Belloc, M., Bowles S., *International Trade, Factor Mobility and the Persistence of Cultural-Institutional Diversity*, CESifo Working Paper No. 2762, 2011.

［6］ Berkowitz, D., J. Moenius and K. Pistor, "Trade, Law, and Product Complexity", *The Review of Economics and Statistics*, 2006, 88.

［7］ Butter, F. A. G. den. And Mosch R. H. J, "Trade, Trust and Transaction Costs", Tinbergen Institute Discussion Paper TI 2003 –

082/3, 2003.

[8] Corden, W. M., *Trade Policy and Economic Welfare*, Clarendon Press, 1982.

[9] Corden, W. M, *Trade Policy and Economic Welfare*, Oxford University Press, 1974.

[10] Douglas North, *Institutions, Institutional Change and Economic Performance*, Cambridge University Press, 1990.

[11] Feenstra, Robert, Chang Hong, Hong Ma and Barbara J. Spencer, "Contractual versus Non-contractual Trade: The Role of Institutions in China", NBER Working Paper 17728, 2012.

[12] H. L. F. De Groot, G. J. Linders, P. Rietveld, U. Subramanian, "The Institutional Determinants of Bilateral Trade Patterns", *Kyklos*, 2004, 57 (1).

[13] Joseph Francois, Miriam Manchin, "Institutions, Infrastructure, and Trade", CEPR Discussion Paper No. 6068, 2007.

[14] Levchenko, A. A., "Institutional Quality and International Trade", *Review of Economic Studies*, 2007, 74 (3).

[15] Levchenko, A. A., "International Trade and Institutional Change", *Journal of Law, Economics, and Organization*, 2012, 12.

[16] Méon, P. G., Sekkat, K., "Institutional Quality and Trade: Which Institutiona? Which Trade?", *Economic Inquiry*, 2008, 46 (2).

[17] R. H. Coaes, "The Natural of the Firm", *Economica*, 1937, 11.

[18] Rodrik, D., *Imperfect Competition, Scale Economies and Trade Policy in Developing Countries*, University of Chicago Press, 1988.

［19］Treisman, D., "The Causes of Corruption: A Cross-National Study", *Journal of Public Economics*, 2000, 76 (3).

二 中文图书

［1］陈宝森、王荣军、罗振兴：《当代美国经济年》（修订版），社会科学文献出版社 2011 年版。

［2］陈维：《制度的成本约束功能》，上海社会科学院出版社 2000 年版。

［3］程虹：《制度变迁的周期》，人民出版社 2000 年版。

［4］崔岩：《美国战略性贸易政策研究》，吉林大学出版社 2012 年版。

［5］戴维斯、诺思：《财产权利与制度变迁》，上海三联书店 1994 年版。

［6］道格拉斯·C.诺思：《经济史中的结构与变迁》，上海三联书店、上海人民出版社 1994 年版。

［7］丁溪：《日本经济》，商务印书馆 2010 年版。

［8］冯绍雷、安源：《制度变迁与对外关系》，国际文化出版公司 1999 年版。

［9］国彦兵：《新制度经济学》，立信会计出版社 2006 年版。

［10］顾俊礼：《德国社会市场经济的运行机制》，武汉出版社 1994 年版。

［11］何永江：《美国贸易政策》，南开大学出版社 2008 年版。

［12］何增科：《新制度主义：从经济学到政治学》，载《公共论丛：市场社会与公共秩序》，上海三联书店 1996 年版。

［13］黄少安：《产权经济学导论》，山东人民出版社 1995 年版。

［14］金仁淑：《日本经济制度变迁及绩效研究》，中国经济出版社 2012 年版。

[15] 康芒斯：《制度经济学》，商务印书馆1962年版。

[16] 柯武刚、史漫飞：《制度经济学》，商务印书馆2000年版。

[17] 拉坦：《诱致性制度变迁理论 财产权利与制度变迁》，上海三联书店1994年版。

[18] 李寒梅等：《21世纪日本的国家战略》，社会科学文献出版社2000年版。

[19] 林珏：《战后美国对外贸易政策研究》，云南大学出版社1995年版。

[20] 林毅夫：《关于制度变迁的经济学理论》，载《财产权利与制度变迁》，上海三联书店1994年版。

[21] 刘振环：《美国贸易政策研究》，法律出版社2010年版。

[22] 刘振林：《中国对外贸易概论》，东北财经大学出版社2014年版。

[23] 卢现祥：《新制度经济学》，武汉大学出版社2004年版。

[24] 马成三：《日本对外贸易概论》，中国对外经济贸易出版社1991年版。

[25] 诺思：《制度、制度变迁与经济绩效》，上海三联书店1994年版。

[26] 彭光细：《新制度经济学入门》，经济日报出版社2014年版。

[27] 秦海：《制度、演化与路径依赖》，中国财政经济出版社2004年版。

[28] 青木昌彦：《比较制度分析》，上海远东出版社2001年版。

[29] 曲如晓：《中国对外贸易概论》，机械工业出版社2013年版。

[30] 任烈：《贸易保护理论与政策》，立信会计出版社1997年版。

[31] 沈伯明：《世界主要国家经济与贸易》，中山大学出版社1999年版。

[32] 盛洪昌：《国际贸易理论与实务》（第二版），上海财经大学

出版社 2014 年版。

[33] 舒尔茨：《制度与人的经济价值的不断提高》，载《财产权利与制度变迁》，上海三联书店 1994 年版。

[34] 苏科五：《新编中国对外贸易概论》，上海财经大学出版社 2013 年版。

[35] 陶伟军：《产权安排与消费行为》，经济科学出版社 2006 年版。

[36] 谭祖谊：《中国经济结构演进中的贸易政策选择》，人民出版社 2008 年版。

[37] 谭祖谊：《制度变迁与贸易战略——中国经验的启示》，知识产权出版社 2014 年版。

[38] 汪洪涛：《制度经济学》，复旦大学出版社 2003 年版。

[39] 王绍媛、李艳丽：《中国对外贸易》（第三版），东北财经大学出版社 2010 年版。

[40] 伍贻康：《区域整体体制创新》，上海财经大学出版社 2003 年版。

[41] 吴敬琏：《比较》，中信出版社 2005 年版。

[42] 夏英祝：《中国对外贸易》，人民邮电出版社 2014 年版。

[43] 徐复：《中国对外贸易概论》（第三版），南开大学出版社 2012 年版。

[44] 袁庆明：《新制度经济学教程》（第二版），中国发展出版社 2014 年版。

[45] 赵春明：《低碳经济环境下中国对外贸易发展方式转变研究》，人民出版社 2014 年版。

[46] 周其仁：《产权与制度变迁》，社会科学文献出版社 2002 年版。

[47] 中国外贸体制改革的进程、效果与国际比较课题组：《中国外贸体制改革的进程、效果与国际比较》，对外经济贸易大

学出版社 2006 年版。

三 中文期刊

［1］阿不都斯力木·阿不力克木：《乌兹别克斯坦对外贸易政策及其对中国的启示》，《经济问题探索》2010 年第 9 期。

［2］安四洋：《日本输出入银行》，《国际金融》1988 年第 3 期。

［3］蔡普华：《当今美国外贸政策调整及其对我国的影响》，《社会科学》1992 年第 2 期。

［4］蔡雪丽、耿涛：《后危机时代中国对外贸易发展对策研究》，《财经界》2010 年第 11 期。

［5］曹广伟、宋利朝：《全面深化经济体制改革的"试验田"——中国年（上海）自由贸易试验区的制度创新》，《中国特色社会主义研究》2013 年第 6 期。

［6］陈德铭：《实施更加积极主动的开放战略全面提高开放型经济水平》，《求是》2012 年第 24 期。

［7］陈利强、屠新泉：《为后危机时代中国贸易自由化立法》，《国际贸易问题》2011 年第 6 期。

［8］陈建、付静：《后危机时代中国对外贸易战略的新思考》，《教学与研究》2010 年第 4 期。

［9］陈晋文：《抗战时期国民政府对外贸易统制政策述论》，《抗战史料研究》2013 年第 1 期。

［10］陈永杰：《工业外贸发展方式转变战略——我国基本实现工业化的战略选择研究之六》，《经济研究参考》2013 年第 68 期。

［11］陈慰荣：《浅论外贸企业建立现代企业制度》，《企业天地》2002 年第 2 期。

［12］陈增红：《日本政府对外贸易的宏观管理》，《现代日本经济》

1996 年第 1 期。

[13] 陈震：《从制度角度看外贸对我国经济的影响》，《经贸论坛》2001 年第 6 期。

[14] 陈震、秦慧丽：《从制度的角度看外贸对中国经济的影响》，《财贸经济》2001 年第 11 期。

[15] 陈功：《窥探美国外贸政策的方向标——TPA 授权析解》，《特区经济》2008 年第 9 期。

[16] 崔大沪：《后危机时代美国外贸政策的调整及其影响》，《世界经济研究》2011 年第 12 期。

[17] 崔华伟：《制度安排对外贸出口的影响机制及对我国的启示》，《呼伦贝尔学院学报》2012 年第 4 期。

[18] 崔日明、张志明：《中国对外贸易新型竞争力发展战略研究》，《经济学家》2014 年第 2 期。

[19] 代明明：《德国经济成功的原因及对我国的启示》，《中外企业家》2014 年第 22 期。

[20] 戴桂林、苏萌：《中国贸易战略的实施对对外贸易的影响分析》，《国际贸易问题》2006 年第 6 期。

[21] 戴龙：《日本应对国际贸易摩擦的经验和教训及其对中国的启示》，《当代亚太》2011 年第 4 期。

[22] 戴军：《美国对外贸易政策的价值取向》，《求索》2007 年第 10 期。

[23] 戴明辉：《从贸易生态化视角看中国对外贸易可持续发展变迁：一个 PSR 模型的量化评估》，《国际贸易问题》2015 年第 1 期。

[24] 戴志强：《我国对外贸易法律制度发展进程述评》，《时代经贸》2006 年第 12 期。

[25] 邓敏、王清：《改革开放 30 年：我国外贸法律法规的回顾与

展望》,《国际贸易问题》2009年第2期。

[26] 丁艳稚:《战后日本外汇外贸立法研究》,《日本学刊》1994年第6期。

[27] 董婉馨:《我国对外贸易的立法现状和完善途径研究》,《法制与经济》2012年第5期。

[28] 杜荣:《我国对外贸易政策60年变迁探析》,《经济纵横》2009年第8期。

[29] 范越龙、杨莉:《经济制度创新对中国制造业国际竞争力的影响机制》,《经济研究导刊》2008年第19期。

[30] 范巍:《对海关职能转变与管理创新实现形式的探索与思考》,《海关与经贸研究》2014年第2期。

[31] 范文祥、齐杰:《中国外贸政策与产业政策协调分析》,《石家庄经济学院学》2013年第10期。

[32] 方晨光:《当前贸易环境下对我国外贸体制改革的思考》,《商场现代化》2006年第5期。

[33] 方悦:《我国实行对外贸易制度合理性探析》,《现代商贸工业》2015年第2期。

[34] 符正平:《新竞争经济学及其启示：评波特竞争优势理论》,《管理世界》1999年第3期。

[35] 高维新:《WTO框架下我国外贸体制的变革与创新》,《对外经贸实务》2008年第4期。

[36] 龚雪、曾瀚知:《结合中国入世后的外贸立法和实践论中国的外贸救济法律制度》,《商业文化》（学术版）2007年第5期。

[37] 关利欣、洪俊杰:《从贸易中介入手加快我国对外贸易转型升级》,《国际贸易》2012年第3期。

[38] 郭松:《"走出去"外汇政策支持体系》,《中国金融》2015

年第 3 期。

[39] 郭秀君、刘瑞：《科学发展观在我国对外贸易宏观调控政策中的体现——以出口退税政策为例》，《国际商务》（对外经济贸易大学学报）2009 年第 4 期。

[40] 谷克鉴：《中国对外贸易发展中的竞争政策选择》，《中国社会科学》2000 年第 3 期。

[41] 韩瑞、李建军：《战后日本贸易政策的变迁：从利用主义到构建主义》，《国际贸易》2008 年第 4 期。

[42] 郝璐、年志远：《比较优势、交易成本与对外贸易制度创新——兼论我国对外贸易制度改革》，《云南社会科学》2015 年第 6 期。

[43] 郝璐、年志远：《交易成本与中国企业海外投资分析》，《当代经济管理》2015 年第 11 期。

[44] 何莉：《对外贸易、制度变迁与地区经济增长的差异性》，《财经科学》2008 年第 8 期。

[45] 黄汉民：《我国贸易体制演变的路径依赖问题》，《中南财经政法大学学报》2007 年第 5 期。

[46] 黄静波：《中国对外贸易改革的总体评价和展望》，《经济评论》2000 年第 2 期。

[47] 黄志峰：《加快我国对外贸易制度创新》，《理论导报》2005 年第 10 期。

[48] 胡海峰、李雯：《对制度变迁两种分析思路的互补性思考》，《人文杂志》2003 年第 4 期。

[49] 胡超、张捷：《制度环境与服务贸易比较优势的形成：基于跨国截面数据的实证研究》，《南方经济》2011 年第 2 期。

[50] 阚大学、吕连菊、罗良文：《制度差异与我国对外贸易流量的实证研究——基于贸易引力模型》，《经济经纬》2013 年第

2期。

[51] 胡国恒:《制度质量、比较优势与国际生产的组织变迁》,《国际经贸探索》2013年第4期。

[52] 胡乃武、殷献民:《我国对外贸易的现状、问题和对策》,《经济理论与经济管理》2003年第2期。

[53] 胡文显、刘愚:《从贸易竞争到制度竞争——比较优势动态变迁》,《商业现代化》2005年第5期。

[54] 黄梅波、范修礼:《奥巴马政府的贸易政策探析》,《现代经济探讨》2010年第8期。

[55] 黄蕾、汪元群:《后危机时代国际贸易政策变化分析》,《当代经济》2015年第19期。

[56] 黄艳艳、虞佳楠:《后危机时代新贸易保护主义的新特点及对策》,《大众标准化》2015年第2期。

[57] 黄志峰:《加快我国对外贸易制度创新》,《理论导报》2005年第10期。

[58] 姜敏:《浅谈进出口商品检验中的问题与对策》,《中国新通信》2013年第20期。

[59] 姜明:《浅论美国对外贸易管理模式的调整》,《山东大学学报》(哲学社会科学版)1996年第2期。

[60] 蒋和平:《德国外贸竞争力提升经验及启示》,《国际经济合作》2011年第2期。

[61] 蒋和平:《德国提升对外贸易竞争力的措施及借鉴》,《经济导刊》2010年第11期。

[62] 金祥荣:《多种制度变迁方式并存和渐进转换的改革道路》,《浙江大学学报》2000年第10期。

[63] 课题组:《后危机时代中国外贸政策的战略性调整与体制机制创新》,《国际贸易》2010年第3期。

[64] 课题组：《后危机时代中国外贸发展战略之抉择》，《国际贸易》2010年第1期。

[65] 孔庆峰、朱俊丽：《中国贸易政策的政治经济学分析——基于2002—2007年FDI和对外贸易的面板数据》，《山东社会科学》2011年第1期。

[66] 来新夏、李喜所：《第一次鸦片战争前清政府的对外贸易政策》，《文史哲》1980年第2期。

[67] 蓝春汛、周升起：《改革开放以来中国对外贸易管理制度演变特征及趋势分析》，《经济研究导刊》2010年第1期。

[68] 李邦君：《中国和德国对外贸易制度的比较和启示》，《国际商务研究》2003年第3期。

[69] 李本美：《我国对外贸易壁垒调查制度评析》，《特区经济》2010年第10期。

[70] 李翀：《从国际经济贸易的发展趋向谈外贸体制改革》，《国际商贸》2013年第4期。

[71] 李冬：《日本贸易自由化与外贸政策的实践》，《东北亚论坛》1996年第1期。

[72] 李好：《印度对外贸易政策改革的经验教训》，《南亚研究季刊》2010年第3期。

[73] 李汉君：《后危机时代中国对外贸易发展路径选择》，《国际贸易》2010年第6期。

[74] 李建民：《俄罗斯对外贸易运行与贸易政策》，《俄罗斯中亚东欧市场》2008年第5期。

[75] 李晋阳：《中国对外贸易管制的演化及优化》，《东方企业文化》2014年第13期。

[76] 李静：《布什政府与奥巴马政府对华贸易政策比较分析》，《中国集体经济》2010年第22期。

[77] 李景峰、孙英:《贸易的新制度经济学分析》,《国际经贸探索》2004年第3期。

[78] 李慢:《低碳经济条件下我国对外贸易发展方式的转变》,《时代金融》2015年第7期。

[79] 李巍:《霸权护持:奥巴马政府的国际经济战略》,《外交评论:外交学院学报》2013年第3期。

[80] 李远:《二战后日本对外贸易政策的变迁》,《经济体制改革》2005年第6期。

[81] 李珍:《基于外贸发展方式转变的福建贸易强省策略研究》,《长春工业大学学报》(社会科学版)2013年第9期。

[82] 厉以宁:《中国外贸体制改革和发展外向型经济问题》,《社会科学辑刊》1989年第4期。

[83] 连玉如:《21世纪新时期"德国问题"发展新考》,《德国研究》2012年第4期。

[84] 刘厚俊、韩波涌:《目前美国外贸政策的特点和趋向》,《国外社会科学情况》1995年第3期。

[85] 刘国晖、张如庆:《论困境倒逼下的我国对外贸易发展方式转变》,《经济学家》2014年第2期。

[86] 刘建党、杨秋荣:《美国外贸政策的演变轨迹及启示》,《经济研究导刊》2009年第5期。

[87] 刘军梅:《俄罗斯对外贸易战略演进的理论逻辑与政策选择》,《经济社会体制比较》2014年第2期。

[88] 刘克:《美国外贸政策的战略转变》,《兰州商学院学报》1995年第2期。

[89] 刘庆林:《建国以来我国对外贸易制度创新的路径分析》,《山东社会科学》2004年第5期。

[90] 刘社建:《论上海自由贸易实验区的制度创新》,《区域经济

评论》2014 年第 1 期。

［91］刘晓玲：《后危机时代，我国外贸健康发展研究》，《宜春学院学报》2012 年第 7 期。

［92］刘振亚：《中国对外贸易：发展态势、体制变迁与改革取向》，《教学与研究》1998 年第 4 期。

［93］柳思维：《中国走向贸易强国的制度创新思考》，《中国流通经济》2011 年第 7 期。

［94］陆亚东：《改革现行外贸财务体制的探索》，《国际贸易问题》1987 年第 4 期。

［95］陆志强：《捷克十多年来的对外贸易政策和经贸状况》，《俄罗斯中亚东欧市场》2005 年第 2 期。

［96］鲁越：《论后金融危机时代我国的对外贸易现状和宏观经济政策》，《特区经济》2010 年第 11 期。

［97］吕凌燕、车英：《WTO 体制下我国环境关税制度的构建》，《武汉大学学报》（哲学社会科学版）2012 年第 11 期。

［98］吕哲、程玉林：《转变我国对外贸易增长方式的制度分析》，《中国贸易导刊》2012 年第 29 期。

［99］罗霄、王伟：《浅析如何构建有中国特色的进出口商品检验检测体系》，《法制与经济·经济观察》2014 年第 9 期。

［100］马虎兆、马辉：《对外贸易中知识产权执法保护的国际经验》，《国际经贸探索》2009 年第 2 期。

［101］马涛：《中国对外贸易绿色发展的挑战和应对》，《生态经济》2015 年第 7 期。

［102］毛和文、毛定云：《美国对外贸易法要览》，《法制与经济》2013 年第 8 期。

［103］毛其淋：《改革开放 30 年我国外贸出口与经济增长：基于外贸体制改革的视角》，《兰州商学院学报》2009 年第 12 期。

[104] 毛显强、周宇：《绿色进出口信贷：绿色贸易的破局之策》，《环境经济》2008 年第 11 期。

[105] 孟祺：《涉外经济体制改革的路径研究》，《经济体制改革》2014 年第 3 期。

[106] 苗迎春：《布什政府的对外贸易政策评析》，《世界经济研究》2005 年第 7 期。

[107] 慕海平：《我国对外贸易发展的基本战略》，《国际贸易》1994 年第 5 期。

[108] 倪斐：《对外贸易壁垒调查制度立法理念比较研究》，《安徽师范大学学报》（人文社会科学版）2008 年第 6 期。

[109] 倪晓菁、唐海燕：《论制度创新与我国对外贸易发展》，《石家庄经济学院学报》2005 年第 5 期。

[110] 聂元贞：《美国贸易政策的演变与我国目前的应对策略》，《郑州轻工业学院学报》（社会科学版）2006 年第 2 期。

[111] 潘宏、陈戈：《论中国对外贸易体制改革的 60 年历程》，《管理学刊》2009 年第 12 期。

[112] 潘平：《中国 60 年外贸制度创新的路径分析》，《对外经贸实务》2009 年第 12 期。

[113] 裴长洪：《中国对外贸易 65 年的基本线索：变革与增长》，《中国经济史研究》2013 年第 3 期。

[114] 彭继增：《德国贸易促进体系建设及其对我国的启示》，《价格月刊》2006 年第 2 期。

[115] 齐国锋、徐邢斌：《中小外贸企业经营机制创新分析》，《郑州航空工业管理学院学报》2001 年第 12 期。

[116] 齐晓安：《入世后我国外贸体制改革面临的问题及对策》，《北华大学学报》（社会科学版）2002 年第 9 期。

[117] 綦小菁、付远欣：《违约救济条款在我国对外贸易中的应

用——基于后金融危机时代金融深化的背景》,《西南金融》2014 年第 4 期。

[118] 任东方:《我国对外贸易中出口信用保险法律制度的研究》,《国际商贸》2012 年第 5 期。

[119] 任建:《战后日本外贸管理政策及其启示》,《现代日本经济》1992 年第 4 期。

[120] 阮卫华:《入世过渡期后我国对外贸易制度创新方向探析》,《生产力研究》2009 年第 1 期。

[121] 单晓蓉:《浅析 21 世纪以来的中国—德国双边贸易 (2001—2011)》,《科技信息》2012 年第 25 期。

[122] 沈根荣:《论外贸企业制度创新》,《国际商务研究》1995 年第 6 期。

[123] 沈开艳、徐琳:《中国上海自由贸易试验区:制度创新与经验研究》,《广东社会科学》2015 年第 3 期。

[124] 沈四宝:《论 WTO 后过渡期中国对外贸易法律制度的梳理和完善》,《河北法学》2006 年第 10 期。

[125] 盛斌:《中国贸易自由化福利效果的实证分析》,《经济研究》1995 年第 11 期。

[126] 盛建明:《论美国贸易自由化进程中贸易调整援助制度》,《政法论丛》2009 年第 8 期。

[127] 史晋川、沈国兵:《论制度变迁理论与制度变迁方式划分标准》,《经济学家》2002 年第 1 期。

[128] 史晓丽:《我国对外贸易壁垒调查制度实体规则研究》,《法学杂志》2011 年第 7 期。

[129] 孙杰:《克鲁格曼的理论"接口"和诺思的"贸易由制度启动命题"——关于贸易理论的发展和制度创新比较优势的思考》,《经济研究》1997 年第 12 期。

[130] 孙益武：《美国对外贸易区知识产权执法制度研究》，《首都经济贸易大学学报》2014年第2期。

[131] 孙玉琴：《我国外贸制度变迁的劳动就业效应》，《特区经济》2005年第9期。

[132] 孙哲、李巍：《美国贸易代表办公室与美国国际贸易政策》，《美国研究》2007年第1期。

[133] 谭祖谊：《我国对外贸易政策经济绩效的实证检验》，《国际商务（对外经济贸易大学学报）》2009年第4期。

[134] 谭潇寒：《二战后日本德国崛起对我国外贸发展的启示》，《商业时代》2011年第9期。

[135] 唐海燕：《中国对外贸易创新系统构建及其路径》，《国际贸易》2005年第8期。

[136] 唐海燕、胡立法：《中国对外贸易创新的制度培育》，《国际贸易问题》2005年第6期。

[137] 唐海燕、毕玉江、贾德奎：《后危机时代加快转变对外经济发展方式的若干问题》，《华东师范大学学报》（哲学社会科学版）2011年第1期。

[138] 唐兴霖：《制度创新：主体、过程和途径的探讨》，《南师范大学学报》（哲学社会科学版）1997年第1期。

[139] 唐永红：《制度创新：国际贸易增长的重要因素》，《云南财贸学院学报》1999年第6期。

[140] 唐永红：《制度创新与外贸发展——关于我国发展外贸的制度经济学思考》，《云南财贸学院学报》1999年第6期。

[141] 陶传平：《我国外贸体制改革进程述评》，《外向经济》2000年第6期。

[142] 佟家栋：《中国外贸体制改革探讨》，《南开学报》1998年第1期。

[143] 涂玉华：《谈美国外贸管理模式的调整》，《郑州航空工业管理学院学报》2001年第12期。

[144] 席桂桂、陈水胜：《精致的公平？奥巴马公平贸易观与对华贸易政策》，《美国问题研究》2012年第2期。

[145] 徐元康：《论制度创新与我国的外贸战略走向》，《当代财经》2003年第11期。

[146] 严汉平、白永秀：《不同视角下制度创新路径的比较——一个关于制度创新路径的文献综述》，《经济评论》2005年第5期。

[147] 杨瑞龙：《我国制度变迁方式转换的三阶段论——兼论地方政府的制度创新行为》，《经济研究》1998年第1期。

[148] 杨亚琴：《经济开放与中国制度变迁——对外开放效应的若干思考》，《社会科学》2002年第4期。

[149] 有英、翁梓：《浅议"外贸中介组织"在我国对外贸易中的作用发挥》，《理论界》2007年第10期。

[150] 余大乐：《改革开放以来我国海关管理目标与实现机制演进研究（一）》，《海关与经贸研究》2014年第4期。

[151] 俞剑平、张小蒂：《制度创新：国际贸易增长的重要因素》，《经济理论与经济管理》2001年第8期。

[152] 袁青峰、张江涛：《后危机时代中国对外贸易发展战略选择》，《河南商业高等专科学校学报》2010年第2期。

[153] 袁青峰：《后危机时代中国对外贸易发展战略思考》，《国际商务财会》2010年第3期。

[154] 袁欣、宁静：《中国对外贸易管理体制的演化路径分析》，《广东外语外贸大学学报》2008年第11期。

[155] 汪若尘、陆煊：《中国（上海）自由贸易试验区的制度创新及其评估——基于全球比较的视角》，《外国经济与管理》

2014 年第 10 期。

[156] 王楚琪：《浅谈我国的对外贸易经济》，《知识经济》2014 年第 23 期。

[157] 王佃凯：《比较优势陷阱与中国贸易战略选择》，《经济评论》2002 年第 2 期。

[158] 王海燕、滕建州、颜蒙：《强化我国对外贸易政策与产业政策协调的研究》，《经济纵横》2014 年第 7 期。

[159] 王洪：《后危机时代对外贸易发展态势及路径选择》，《商业时代》2012 年第 23 期。

[160] 王厚双、安江：《浅析金融危机后日本的对外贸易》，《日本学刊》2011 年第 4 期。

[161] 王立国：《试析日本外贸结构、外贸政策及外贸竞争力》，《科技致富向导》2010 年第 2 期。

[162] 王杰：《日美对外贸易政策的取向及启示》，《学术交流》2005 年第 5 期。

[163] 王菁、姚军：《中国外贸制度改革的博弈分析》，《改革与战略》2013 年第 1 期。

[164] 王丽娜：《美国奥巴马政府对外贸易政策的特点及我国对策研究》，《黑龙江对外经贸》2010 年第 3 期。

[165] 王培志、刘雯雯：《中国出口贸易结构变迁及影响因素分析——基于技术附加值的视角》，《宏观经济研究》2014 年第 10 期。

[166] 王诗莹：《论我国外汇管理的新体制》，《经营管理者》2014 年第 3 期。

[167] 王申宁：《关于后危机时代外贸政策创新的思考》，《国际贸易》2010 年第 2 期。

[168] 王帅：《浅析我国对外贸易政策的变化及效果》，《经济论

坛》2014 年第 7 期。

[169] 王素芹：《日本对外贸易发展经验及借鉴》，《商业时代》2007 年第 27 期。

[170] 王涛生：《制度创新影响国际贸易成本竞争力的内在机理研究》，《经济学动态》2010 年第 2 期。

[171] 王新建：《经济全球化与中国立法的应对》，《法制博览》2014 年第 2 期。

[172] 王颜红：《后危机时代对外贸易可持续发展问题研究》，《企业家天地》（下旬刊）2010 年第 10 期。

[173] 王志：《体系、国家、社会视角下美国对外贸易政策——奥巴马贸易政策为例分析》，《社科纵横》2013 年第 4 期。

[174] 王纵横：《中国对外贸易的可持续发展问题略论》，《中国商贸》2014 年第 15 期。

[175] 文锦标：《新时期我国对外贸易经营管理体制改革研究》，《现代经济信息》2013 年第 2 期。

[176] 翁曼莉：《浅析后危机时代我国对外贸易的可持续发展——基于低碳经济的视角》，《内蒙古农业大学学报》（社会科学版）2012 年第 5 期。

[177] 魏彩慧、张开旺：《后危机时代我国对外贸易发展问题研究》，《北京市经济管理干部学院学报》2013 年第 12 期。

[178] 魏浩、何晓琳、赵春明：《制度水平、制度差距与发展中国家的对外贸易发展——来自全球 31 个发展中国家的国际经验》，《南开经济研究》2010 年第 5 期。

[179] 魏亮亮、何淼：《中国经济体制改革的公平与效率分析——基于我国对外贸易管理体制改革的研究》，《技术与市场》2010 年第 11 期。

[180] 魏巍、玉海国：《WTO 下我国外贸制度的变迁》，《边疆经

济与文化》2006年第3期。

[181] 徐元：《制定和实施对外贸易知识产权战略的思考——写在〈国家知识产权战略〉实施五周年之际》，《财政研究》2014年第4期。

[182] 吴渤：《建立现代企业制度是我国外贸公司的根本出路》，《辽宁经济》2005年第1期。

[183] 吴蒙丹：《抓制度建设防经营风险——试论外贸企业的管理制度建设》，《上海企业》2012年第8期。

[184] 吴明奇：《德国贸易促进政策体系对我国的启示》，《统计与管理》2013年第4期。

[185] 吴敬琏：《制度重于技术》，《经济与社会体制比较》1999年第5期。

[186] 吴杨伟：《后危机时代我国外贸管制问题探析》，《商业时代》2011年第2期。

[187] 吴云翔、叶明华：《从自由贸易走向公平贸易——80年代美国贸易政策转向及其原因》，《求实》2003年第11期。

[188] 吴振华、黎芸：《日本对外贸易政策措施评析》，《大众科技》2012年第4期。

[189] 夏玲玲：《我国外贸体制改革中的政府职能转变》，《商场现代化》2009年第5期。

[190] 肖怡文：《"德国模式"外贸发展成功经验及对中国的启示》，《西南石油大学学报》（社会科学版）2015年第3期。

[191] 谢猛、王琛：《对我国外贸体制改革的探讨》，《经济师》2005年第10期。

[192] 谢娟娟：《后危机时代我国对外贸易政策取向探索》，《国际经济合作》2009年第12期。

[193] 熊丹、石慧：《我国外贸增速放缓的现状分析及政策建议》，

《国际经济合作》2013年第4期。

[194] 徐斌：《评美国对外贸易政策与全球经济格局的演变》，《国际贸易问题》1991年第12期。

[195] 徐华：《后危机时代我国外贸战略的调整与金融支持》，《金融经济：理论版》2010年第7期。

[196] 徐京：《后危机时代我国外贸发展现状分析》，《中小企业管理与科技》（下旬刊）2013年第12期。

[197] 徐泉：《美国外贸政策决策机制的变革——美国〈1934年互惠贸易协定法〉述评》，《法学家》2008年第1期。

[198] 徐元康、杨奕：《美国的战略性贸易政策：一种新贸易保护政策》，《经济论坛》2014年第5期。

[199] 许宁宁：《1929年经济危机对日本传统外贸结构的冲击》，《重庆科技学院学报》（社会科学版）2013年第7期。

[200] 薛荣久：《50年的探索——对建国以来中国外贸理论的回顾与思考》，《国际贸易》1999年第10期。

[201] 严复雷：《新国际贸易环境下外贸体制改革研究》，《西南科技大学学报》（哲学社会科学版）2006年第6期。

[202] 颜文杰：《外贸体制改革初探》，《哈尔滨职业技术学院学报》2007年第5期。

[203] 杨岚：《完善我国进出口商品检验的对策思考》，《中国商贸》2011年第8期。

[204] 杨青龙：《基于制度要素的比较优势理论拓展——以交易成本经济学为视角》，《财贸研究》2013年第4期。

[205] 杨小辉：《后危机时代贸易政策与竞争政策的冲突与协调》，《新余学院学报》2014年第2期。

[206] 杨娅婕：《构建我国绿色关税制度的若干思考》，《经济界》2011年第4期。

[207] 姚东：《政府治理能力现代化视阈中的政府制度创新——以中国（上海）自由贸易试验区为例》，《云南社会科学》2015年第2期。

[208] 叶蓁：《中国出口企业凭什么拥有了较高的生产率？——来自江苏省的证据》，《财贸经济》2010年第5期。

[209] 易柏水：《外贸发展与外贸体制改革》，《改革与战略》1988年第1期。

[210] 易先忠、欧阳峣、傅晓岚：《国内市场规模与出口产品结构多元化：制度环境的门槛效应》，《经济研究》2014年第6期。

[211] 银明东：《制度创新——转变外贸增长方式的关键》，《成都电子机械高等专科学校学报》1999年第6期。

[212] 尹翔硕：《中国对外贸易政策取向的变化及贸易格局的变动》，《世界经济》2004年第3期。

[213] 余少云：《出口退税制度改革对我国对外贸易的影响》，《湖北社会科学》2004年第10期。

[214] 原玲玲：《美国对外贸易政策对我国贸易发展的启示》，《理论前沿》2005年第14期。

[215] 袁璟：《后危机时代我国对外贸易管理创新研究——以农产品进出口贸易为例》，《天下商道》2011年第8期。

[216] 袁仁辉：《市场开放视角下的中国对外贸易法律制度——成就、问题、挑战与完善》，《北京邮电大学学报》（社会科学版）2014年第12期。

[217] 岳谦厚、韩晋成：《晋西北抗日根据地的对外贸易政策》，《中国高校社会科学》2015年第4期。

[218] 曾珠：《后危机时代日本贸易政策对中国的借鉴意义》，《兰州商学院学报》2012年第12期。

[219] 张超、张雪峰：《结合我国外贸立法及其实践试析外贸救济法律制度》，《法制与经济》2012 年第 9 期。

[220] 张二震：《论美国外贸政策的战略调整》，《国际贸易问题》1994 年第 2 期。

[221] 张加强：《德国经济"奇迹"及展望》，《宏观经济管理》2011 年第 3 期。

[222] 张建：《奥巴马政府对华贸易政策走向》，《世界经济与政治论坛》2009 年第 3 期。

[223] 张杰、李勇、刘志彪：《制度对中国地区间出口差异的影响：来自中国省际层面 4 分位行业的经验证据》，《世界经济》2010 年第 2 期。

[224] 张红丽、胡成林：《制度创新、企业技术创新与出口贸易协同演化研究——基于国有高新技术企业的实证研究》，《石河子大学学报》（哲学社会科学版）2014 年第 5 期。

[225] 张斌、高培勇：《出口退税与对外贸易失衡》，《税务研究》2007 年第 6 期。

[226] 张海伟：《国际贸易中的制度影响因素》，《北方经贸》2009 年第 9 期。

[227] 张建：《日本自贸协定战略动向与 TPP 问题分析》，《国际观察》2014 年第 5 期。

[228] 张建中、梁珊：《后危机时代中国对外贸易发展趋势及其政策措施》，《云南财经大学学报》2011 年第 6 期。

[229] 张杰军：《贸易制度创新与 90 年代美国经济繁荣》，《当代亚太》2000 年第 2 期。

[230] 张钱江、徐伟红：《中国外贸制度变迁的微观基础解读》，《新商务》2002 年第 12 期。

[231] 张杰军：《贸易制度创新与 90 年代美国经济繁荣》，《当代

亚太》2000年第2期。

[232] 张钱江、徐伟红：《中国外贸制度变迁的微观基础解读》，《新商务》2002年第12期。

[233] 张倩：《经济衰退以来的日本外贸政策调整及其成效分析》，《日本问题研究》2005年第4期。

[234] 张清津、门延功、陈汉臻：《对外贸易的制度竞争力探析——以山东省为例》，《东岳论丛》2007年第9期。

[235] 张庆萍：《1980年以来美国的对外贸易政策及对我国的启示》，《北京大学学报》（国内访问学者、进修教师论文专刊）2006年第S1期。

[236] 张生玲、张丽平：《我国外贸体制改革三十年理论回顾》，《国际贸易》2008年第7期。

[237] 张旭菲：《"新政治经济学"理论对我国外贸改革的启示》，《国际贸易问题》1998年第11期。

[238] 张伟：《论制度因素对发展中国家贸易的影响——以中国的外贸发展为例》，《云南民族学院学报》（哲学社会科学版）2003年第3期。

[239] 张小蒂、李晓钟：《影响比较优势转化为竞争优势的主要因素分析》，《数量经济技术经济研究》2003年第8期。

[240] 张亚斌：《论制度影响国际贸易的内在机制》，《国际贸易问题》2000年第12期。

[241] 张幼文：《邓小平外贸理论与中国外贸战略》，《国际商务研究》1999年第6期。

[242] 张震：《从制度角度看外贸对我国经济的影响》，《国际经贸探索》2001年第6期。

[243] 章昌裕：《走出比较优势困境实现对外贸易增长方式转变》，《开放导报》2006年第4期。

[244] 赵家章、池建宇：《信任、正式制度与中国对外贸易发展——来自全球65个国家的证据》，《中国软科学》2014年第1期。

[245] 赵经彻：《国有企业建立现代企业制度的思考与探索》，《管理世界》2000年第2期。

[246] 赵柯：《德国在欧盟的经济主导地位：根基和影响》，《国际问题研究》2014年第5期。

[247] 赵奇峰：《美国贸易政策分析》，《思想战线》2009年第S1期。

[248] 赵伟：《制度创新：转变外贸增长方式的关键环节》，《国际贸易问题》1996年第10期。

[249] 赵伟、陈勇：《20世纪90年代以来的美国外贸政策——多层次与多侧面的一种审视》，《亚太经济》2003年第1期。

[250] 赵文华：《德国的行业协会及其作用》，《中国物资流通》1997年第9期。

[251] 钟滨：《我国外贸制度变迁》，《江西金融职工大学学报》2004年第2期。

[252] 钟昌元：《中国关税研究二十年综述》，《上海海关学院学报》2011年第4期。

[253] 钟宁波：《试论我国对外贸易的体制变迁》，《企业导报》2011年第10期。

[254] 仲鑫：《我国外贸体制改革进程的特点与政策性思考》，《产业经济研究》2005年第1期。

[255] 种淑娴：《金融危机背景下中国进出口贸易政策的调整》，《当代经济》2009年第3期。

[256] 周健、王淑婧：《中国对外贸易与可持续发展》，《东岳论丛》2014年第4期。

[257] 周丽霞：《拉美外贸体制现状》，《拉丁美洲研究》2001年

第 1 期。

[258] 周其仁:《市场里的企业:一个人力资本与非人力资本的特别合约》,《经济研究》1996 年第 6 期。

[259] 周文:《我国对外贸易制度变迁》,《安阳工学院学报》2006 年第 10 期。

[260] 周艳娜:《试论 1956—1966 中国对外贸易政策的变迁》,《网络财富》2009 年第 4 期。

[261] 朱强、王建中:《德国外贸管理对中国的启示》,《中国证券期货》2013 年第 4 期。

[262] 朱宇华:《关于新贸易理论与制度创新的思考》,《国际经贸探索》2003 年第 8 期。

四 学位论文

[1] 关春华:《印度对外贸易政策改革绩效研究》,辽宁大学,2010 年。

[2] 关嘉麟:《转型时期中国对外贸易政策研究》,吉林大学,2013 年。

[3] 李丹:《美国贸易保护政策探析及对中国的启示》,吉林大学,2010 年。

[4] 李浩:《中国对外贸易变迁及其影响(1978—2010)》,上海师范大学,2014 年。

[5] 李中:《我国经济发展方式转变中的制度创新》,中共中央党校,2012 年。

[6] 林晓金:《美国贸易保护政策探析》,吉林大学,2011 年。

[7] 刘会巧:《我国进口贸易结构问题研究》,东北财经大学,2012 年。

[8] 刘振环:《美国贸易政策取向的历史演变》,吉林大学,2010 年。

［9］卢欣：《印度对外贸易政策选择研究》，东北财经大学，2011年。

［10］缪德刚：《1979—2005年中国外贸体制改革研究》，贵州财经学院，2010年。

［11］彭峥：《小布什时期的对外贸易政策及其对中国的影响》，河北大学，2010年。

［12］尹璐：《20世纪以来贸易保护政策在美国的演进》，云南财经大学，2012年。

［13］许玲玲：《中日对外贸易机制比较和借鉴研究》，中国海洋大学，2011年。

［14］杨灿：《国际金融危机爆发后中国贸易发展受到的冲击影响》，西南财经大学，2013年。

［15］王磊：《后金融危机时代中国外贸行业发展战略抉择》，华东师范大学，2010年。

［16］王涛生：《制度创新影响国际贸易竞争优势的机理、模型与实证研究》，湖南大学，2013年。

［17］吴景贤：《我国进出口商品检验制度研究》，苏州大学，2014年。

［18］杨曼曼：《新时期中国对外贸易政策演变研究》，山东轻工业学院，2012年。

［19］杨瑞：《新中国关税制度的变迁及其经济效应分析》，云南财经大学，2012年。

五　报纸及电子文献

［1］《2015年棉花进口关税配额外继续实行滑准税》，中国棉花交易网，http://www.socotton.com，2014年12月17日。

［2］301条款，百度百科，http://baike.baidu.com。

[3] 大藏省，百度百科，http：//baike. baidu. com。

[4] 《第十二个五年规划纲要》，楚荆网，http：//news. cnhubei. com。

[5] 对外贸易经营者管理制度，百度百科，http：//baike. baidu. com。

[6] 工业制成品，百度百科，http：//baike. baidu. com。

[7] 购买美国货条款，百度百科，http：//baike. baidu. com。

[8] 管理贸易政策，百度百科，http：//baike. baidu. com。

[9] 《关于全面推进"一次申报、一次查验、一次放行"的公告》，http：//www. bjciq. gov. cn/Contents/Channel_ 1198/2014/1224/51249/content_ 51249. html，2014年12月30日。

[10] 《关于同意设立中国（杭州）跨境电子商务综合试验区的批复》，中华人民共和国中央人民政府网，http：//www. gov. cn。

[11] 《关于完善社会主义市场经济体制若干问题的决定》，中华人民共和国中央人民政府门户网，http：//www. gov. cn，2008年8月13日。

[12] 《国务院关于加快和深化对外贸易体制改革若干问题的规定》，中华人民共和国中央人民政府门户网站，http：//www. gov. cn。

[13] 《国务院关于进一步深化对外贸易体制改革的决定》，中华人民共和国中央人民政府门户网站，http：//www. gov. cn。

[14] 胡锦涛：《坚定不移沿着中国特色社会主义道路前进，为全面建成小康社会而奋斗》，人民网，http：//cpc. people. com. cn，2012年11月8日。

[15] 霍建国：《后危机时代外贸可持续发展的关键：科学把握我国外贸发展思路》，《国际商报》2010年3月19日。

[16] 路虹：《外贸体制改革开启尘封的大门》，《国际商报》2008年8月5日。

[17] 进出口商品检验管理，百度百科，http：//baike.baidu.com。

[18] 牟新生：《肩负历史使命忠实履行职责》，《法制日报》2007年6月28日。

[19] 沈建光：《"新汇改"的双重意义》，和讯网，http：//opinion.hexun.com，2015年8月12日。

[20] 《中国共产党第十八届中央委员会第三次全体会议公报》，新华网，http：//news.xinhuanet.com，2013年11月12日。

[21] 通产省，百度百科，http：//baike.baidu.com。

[22] 张琳：《中国区域自由贸易协定的新发展》，网易网，http：//money.163.com，2015年2月10日。

[23] 张婧：《增速连续三年"未达标"，但在提升质量、优化结构等方面取得积极进展——2014年中国外贸：增速换挡，稳中提质》，《中国经济导报》2015年1月15日。

[24] 《中国入世降税承诺完成关税从15.3%降至9.8%》，中国新闻网，http：//www.chinanews.com，2010年8月3日。

[25] 《中国外汇管理体制的沿革》，新浪网，http：//finance.sina.com.cn，2010年8月3日。

[26] 中华人民共和国国家质量监督检验检疫总局，百度百科，http：//baike.baidu.com。

[27] 《中外贸易摩擦加剧向高端产品范围延伸》，商务部网站，http：//www.mofcom.gov.cn，2014年6月16日。

[28] 中国社会科学院财经战略研究院课题组：《我国对外贸易新形势和新增长点》，《人民日报》2013年9月5日。

[29] 周世俭：《中美经贸关系呈现三大转变》，《国际商报》2015年2月25日。

［30］周世俭：《美国经济的亮点与难点》，《光明日报》2015 年 2 月 15 日。

［31］自由贸易区，MBA 智库百科，http：//wiki. mbalib. com/wiki/。